Veronika Hermes
Psychologie für die Arbeit mit Menschen mit Lernschwierigkeiten

Psychologie für Soziale Berufe

Herausgegeben von
Eva Wunderer | Christiane Heigermoser

Psychologie ist die Lehre vom Verhalten, Erleben und den mentalen Prozessen des Menschen. Sie schaut auf das Individuum, begreift den Menschen jedoch auch in seinen sozialen Zusammenhängen, als aktiven Teil eines größeren Systems. Psychologie beschreibt und erklärt, wie Menschen denken, fühlen, handeln und sich in Gruppen und Systemen bewegen; wie sie Probleme zu lösen versuchen und sich daraus möglicherweise Störungsbilder ergeben. Sie entwickelt Interventionen und versucht Vorhersagen über zukünftiges Verhalten zu treffen.
In Sozialen Berufen Tätige haben mit Menschen zu tun – was also liegt näher als die Psychologie? Sei es in der Diagnostik, in der Erklärung von Erleben, Verhalten, Problemen und Störungen, in der Beratung und Behandlung, in der Anwendung von Forschungsmethoden oder bei der professionellen Selbstsorge, überall fließt psychologisches Wissen ein.
Neben der Lebenslage nehmen Soziale Berufe die Lebensweise ihrer Klient*innen in den Blick. Diese Reihe führt beide Sichtweisen gewinnbringend zusammen und macht die Psychologie für Soziale Berufe nutzbar. Dies geschieht durch die Auswahl der Bände der Reihe wie auch durch didaktische Mittel: Anknüpfungen an die Praxis, Fallskizzen und Handlungsempfehlungen als Grundlage für Reflexionsanstöße für in Sozialen Berufen Tätige.

Und so hoffen wir als Reihenherausgeberinnen, dass Sie als Leser*in psychologische Sachverhalte, die Sie aus dem Berufs- oder Studienalltag kennen, einordnen können, zugleich aber neue entdecken und neugierig werden, Menschen zu verstehen; dass Sie Erlebnisse und Ereignisse aus verschiedenen psycho-sozialen Perspektiven betrachten, reflektieren und hinterfragen; dass Sie Ihre „professionelle Brille“ durch eine psychologische Färbung anreichern.

Veronika Hermes

Psychologie für die Arbeit mit Menschen mit Lernschwierigkeiten

Die Autorin

Veronika Hermes ist Diplom-Psychologin, systemische Paar- und Familientherapeutin und systemische Supervisorin. Neben ihrer Arbeit im psychologischen Fachdienst in einer Einrichtung für Menschen mit Lernschwierigkeiten ist sie als Supervisorin, Dozentin und Fachautorin tätig.

Dieses Buch ist erhältlich als:
ISBN 978-3-7799-6345-5 Print
ISBN 978-3-7799-5651-8 E-Book (PDF)

1. Auflage 2022

Herstellung: Ulrike Poppel
Satz: text plus form, Dresden
Druck und Bindung: Beltz Grafische Betriebe, Bad Langensalza
Beltz Grafische Betriebe ist ein klimaneutrales Unternehmen (ID 15985-2104-100)
Printed in Germany

Weitere Informationen zu unseren Autor_innen und Titeln finden Sie unter: www.beltz.de

Inhalt

Einleitung

In der Arbeit mit Menschen mit Behinderung spielen viele Disziplinen eine Rolle, allen voran die pädagogischen Fachrichtungen; klassische Berufsbilder in der Behindertenarbeit sind Heilerziehungspflege, Heilpädagogik, Sonderpädagogik, Soziale Arbeit, Pädagogik und Kranken- und Altenpflege. Impulse aus der Psychologie, der Soziologie, der Medizin und der Philosophie sind aus diesem Arbeitsfeld jedoch nicht wegzudenken und mehr oder weniger selbstverständlich. Häufig verwischen sich die Grenzen zwischen den einzelnen Fachrichtungen und als Psychologin in einer großen Komplexeinrichtung der Behindertenarbeit weiß ich gelegentlich gar nicht mehr, ob das jetzt „noch Psychologie" ist, was ich da mache, oder „schon Pädagogik". Dennoch erkenne ich an mir immer wieder „typisch psychologische" Denkmuster und im Verbund mit den anderen Fachrichtungen erlebe ich darin eine Bereicherung für die Arbeit.

Ziel dieses Buches ist es, Ihnen psychologisches Wissen zu vermitteln, das in der Arbeit mit Menschen mit einer sogenannten geistigen Behinderung (eine Klärung der Begrifflichkeiten folgt) meiner Erfahrung nach hilfreich ist. Der Aufbau orientiert sich an den einzelnen Teildisziplinen der Psychologie, wobei Sie immer wieder Fallbeispiele und Anregungen zur (Selbst-)Reflexion finden werden, um den Transfer von der Theorie in die Praxis zu erleichtern. Doch zunächst ist zu klären, was unter *Behinderung* zu verstehen ist und mit was sich die *Psychologie* eigentlich genau beschäftigt und welche Menschenbilder sie dabei zugrunde legt (Kapitel eins). Das zweite Kapitel widmet sich der *Entwicklung* des Menschen mit besonderem Augenmerk auf der *sozio-emotionalen*, der *psycho-sexuellen* und der *kognitiven Entwicklung*, bevor sich Kapitel drei ausführlicher den Befunden der *kognitiven Psychologie* zuwendet. Hierzu zählen neben Prozessen wie Wahrnehmung, Gedächtnis und Informationsverarbeitung auch die Intelligenz, respektive die Konstruktion von Intelligenztests. Es ist bekannt, dass Menschen mit kognitiven Einschränkungen drei- bis viermal häufiger von einer psychischen Erkrankung betroffen sind als Menschen ohne eine solche Einschränkung – Kapitel vier beschäftigt sich daher mit den Ergebnissen der *klinischen Psychologie*, den Besonderheiten, die es bei dieser Klientel in diesem Zusammenhang zu beachten gilt, und möglichen Erklärungs- und Therapieansätzen. Die *Posttraumatische Belastungsstörung* und *Demenz* sind Krankheitsbilder, die erst in jüngerer Zeit in das Bewusstsein von in der Behindertenarbeit Tätigen rückten, so dass ein Überblick hier lohnenswert erscheint. Da wir uns alle in sozialen Kontexten bewegen, liefern Erkenntnisse aus der *Sozialpsychologie* wertvolle Hinweise (Kapitel fünf). Das Kapitel beginnt mit der *Familie* als kleinste soziale Gruppe, betrachtet *Dynamiken und Prozesse in größeren Gruppen* und endet mit gesamtgesellschaftlichen Betrachtungen zu *Diskriminierung, Stereotypen und Inklusion.*

Das Buch ermöglicht Ihnen, Themen aus Ihrem Arbeitsalltag durch eine „psychologische Brille" zu betrachten. Würde dies in aller Ausführlichkeit geschehen, läge allerdings ein Werk mit mehreren hundert Seiten vor – stattdessen finden Sie zur Vertiefung regelmäßig Literaturtipps. In einigen Bereichen gibt es so große Überschneidungen zu anderen Fächern, dass ich darauf verzichtet habe, sie hier aufzuführen. Dies betrifft z. B. die pädagogische Psychologie.

1. Grundlagen

In der Psychologie wird stets großer Wert auf eine Definition der Begriffe gelegt. Gerade weil menschliches Verhalten so komplex ist, müssen zunächst die Grundlagen geklärt werden, über die man eigentlich redet. Daher erfolgt auch hier zunächst eine Gegenstandsbestimmung: Von welcher Klientel spreche ich als Autorin in diesem Buch und in welcher Form? Und was versteht man gemeinhin unter Psychologie?

1.1 Gegenstandsbestimmung des Begriffes der sogenannten geistigen Behinderung

> Lernschwierigkeiten, Intelligenzminderung, intellektuelle Entwicklungsstörung, intellektuelle Beeinträchtigung, kognitive Beeinträchtigung, geistige Behinderung

Dies sind die Begriffe, mit denen der Personenkreis, um den es in diesem Buch geht, aktuell im deutschen Sprachraum bezeichnet wird und über deren Verwendung zuweilen hitzige Diskussionen geführt werden. Sprache bedeutet immer auch Definitionsmacht und begründet Einstellungen und Handeln, ein sensibler Umgang mit Sprache ist also angezeigt.

Kübra Gümüşay beschreibt die Sprache als ein Museum, in dem zwei Kategorien von Menschen vorkommen: die Benannten und die Unbenannten. Sie schreibt dazu Folgendes: „Die *Unbenannten* (hervorgehoben im Original) sind Menschen, deren Existenz nicht hinterfragt wird. Sie sind der Standard. Die Norm. Der Maßstab. Unbeschwert und frei laufen die Unbenannten durch das Museum der Sprache. Denn es ist für Menschen wie sie gemacht. Es zeigt die Welt aus ihrer Perspektive. Das ist kein Zufall, denn es sind Unbenannte, die die Ausstellung des Museums kuratieren.“ (Gümüşay 2021, S. 53). Davon unterscheidet sie die Benannten: „Sie sind zuerst einfach nur Menschen, die auf irgendeine Weise von der Norm der Unbenannten abweichen. Anomalien im Weltbild der Unbenannten. Nicht vorhergesehen. Fremd. Anders. Manchmal auch einfach nur ungewohnt. Unvertraut. Sie erzeugen Irritationen. Sie sind nicht *selbstverständlich* (hervorgehoben im Original). Die Unbenannten wollen die Benannten verstehen – nicht als Einzelne, sondern im Kollektiv. Sie analysieren sie. Inspizieren sie. Kategorisieren sie. Katalogisieren sie. Versehen sie schließlich mit einem Kollektivnamen und einer Definition, die sie auf Merkmale und Eigenschaften reduziert, die den Unbenannten an ihnen bemerkenswert erscheinen" (ebd., S. 54).

So gesehen sind alle oben genannten Begriffe Kollektivnamen,

- die in verschiedenen Kontexten gebräuchlich sind,
- die zur Bezeichnung einer sehr heterogenen Gruppe dienen,
- die die Gefahr des Verlustes an Individualität für die Bezeichneten birgt und
- vielleicht der notwendige Krückstock sind, der es ermöglicht, über eine bestimmte Gruppe von Menschen mit definierten Gemeinsamkeiten zu sprechen.

Die Bezeichnung *geistige Behinderung* wird zunehmend als stigmatisierend empfunden und vermutlich in den nächsten Jahren abgelöst werden. Im Moment ist sie jedoch noch sozialrechtlich relevant. Welcher Begriff als Ersatz dienen wird, ist noch unklar. *Intelligenzminderung* und *intellektuelle Entwicklungsstörung* stammen aus dem psychiatrischen, *kognitive Beeinträchtigung* eher aus dem psychologischen Sprachschatz. *Intellektuelle Beeinträchtigung* wird aktuell häufig in Fachdiskursen (also von den Unbenannten) verwendet, und People first, der bekannteste Selbsthilfeverband in Deutschland (also die Benannten), setzt sich für den Begriff *Lernschwierigkeiten* ein. Dabei ist zu beachten, dass auch die frühere Bezeichnung dieser Personengruppe als „Idioten", der in heutigen Ohren geradezu schmerzhaft klingt, ursprünglich ein wertneutraler Begriff war.[1] Elternverbände setzten sich in den 1970er Jahren massiv und erfolgreich für dessen Abschaffung ein und setzten den Begriff „geistige Behinderung" als wertneutral und nicht stigmatisierend durch. Was ich damit sagen will: Egal welcher Begriff gewählt wird, kann nur zunehmende Inklusion verhindern, dass dieser nach einiger Zeit abwertend benutzt oder als abwertend empfunden wird. Ich habe mich dazu entschieden, in diesem Buch „Lernschwierigkeiten" bevorzugt zu verwenden, den Begriff jedoch anzugleichen, wenn er im jeweiligen Kontext passender erscheint.

Anregung zur (Selbst-)Reflexion

Eine Kollegin hatte in ihrer Einrichtung (der Behindertenarbeit) eine Sammlung durchgeführt, welche Worte dort benutzt werden, wenn über die Klient*innen gesprochen wird. Sie kam auf über 70! Welche Bezeichnungen verwenden Sie? Haben Sie Ihre Klient*innen schon einmal danach gefragt, welcher Begriff ihnen am liebsten wäre?

1 bidok.uibk.ac.at/library/firlinger-begriffe.html#idm192 (Abfrage: 04.09.2021)

Definitionen

Unabhängig von der Bezeichnung ist an diesem Punkt eine genauere *inhaltliche* Bestimmung notwendig, wer zu dem bezeichneten Kreis zählt:

Die Basis bildet die Behindertenrechtskonvention (BRK) der Vereinten Nationen: „Zu den Menschen mit Behinderungen zählen Menschen, die langfristige körperliche, seelische, geistige oder Sinnesbeeinträchtigungen haben, welche sie in Wechselwirkung mit verschiedenen Barrieren an der vollen, wirksamen und gleichberechtigten Teilhabe an der Gesellschaft hindern können." (BMAS 2011, S. 10). Diese Definition beinhaltet neben den Beeinträchtigungen (körperlich, seelisch, geistig, die Sinne betreffend), die in einer Person verankert sind, die sozialen und gesellschaftlichen Zusammenhänge, welche die *Beeinträchtigung* erst zu einer *Behinderung,* also einer Teilhabeeinschränkung, machen. In diesem Sinne werden die Begriffe auch in diesem Buch verwendet: Ich spreche von Beeinträchtigung, wenn es in erster Linie um die individuelle/körperliche Einschränkung geht, und von Behinderung, wenn der gesellschaftliche Bezug im Vordergrund steht. Die Unterscheidung in Beeinträchtigung und Behinderung ist relativ neu: In der Tradition von Psychologie, Heilpädagogik und Medizin konzentrierte man sich jahrzehntelang auf den beeinträchtigten Menschen, einhergehend mit einer Orientierung an den Defiziten und entsprechender Pathologisierung der Person. Ein Gegengewicht hierzu bildete Jantzen, der bereits in den 1970er Jahren den Aspekt der sozialen Konstruktion von Behinderung aufzeigte (Jantzen 1974/2018). Er beschrieb Behinderung schon damals als gesellschaftliche Konstruktion und Bewertung oder, wie Schablon (1996, S. 1) es ausdrückt: „Ohne Personen, die als Beobachter ein bestimmtes Individuum als geistig behindert beschreiben, gibt es keinen geistig behinderten Menschen". Der interdisziplinäre Ansatz der Disability Studies (siehe Kapitel 1.2.2) greift diese Sichtweise auf. Manche Autor*innen (so auch ich) vertreten eine Perspektive des „Sowohl-als-auch": Körperliche und biologische Verschiedenheiten werden benannt, ohne die sozialen Auswirkungen außer Acht zu lassen. Oder andersherum formuliert, die systemischen Interaktionen, aus denen heraus eine Behinderung entsteht, können betrachtet werden, ohne einen körperlichen Aspekt zu negieren (Kastl 2017). In diesem Sinne agiert auch die ICF (International Classification of Function, Disability and Health, siehe Kapitel 4.1.4), für die zur Bestimmung des Grades einer Behinderung die Beeinträchtigung des Körpers, der Aktivitäten und der Teilhabe erfasst werden muss. Die Teilhabeeinschränkung hängt dabei auch stets von der individuellen Situation der Person ab. Beispielsweise wäre meine berufliche Teilhabe (Psychologin in der Behindertenarbeit) weit weniger eingeschränkt als die eines Zimmerers, wenn wir beide bei einem Unfall einen Arm verlieren würden.

Zur genaueren Spezifikation der sogenannten geistigen Behinderung formuliert die Weltgesundheitsorganisation:

> „Geistige Behinderung bedeutet eine signifikant verringerte Fähigkeit, neue oder komplexe Informationen zu verstehen und neue Fähigkeiten zu erlernen und anzuwenden (beeinträchtigte Intelligenz). Dadurch verringert sich die Fähigkeit, ein unabhängiges Leben zu führen (beeinträchtigte soziale Kompetenz). Dieser Prozess beginnt vor dem Erwachsenenalter und hat dauerhafte Auswirkungen auf die Entwicklung. Behinderung ist nicht nur von der individuellen Gesundheit oder den Beeinträchtigungen eines Kindes abhängig, sondern hängt auch entscheidend davon ab, in welchem Maße die vorhandenen Rahmenbedingungen seine vollständige Beteiligung am gesellschaftlichen Leben begünstigen.“[2]

Zur Diagnostik einer sogenannten geistigen Behinderung müssen „alle verfügbaren Informationen“ zusammengeführt werden, beruhend auf dem klinischen Eindruck, psychometrischen Tests und unter Einbezug des kulturellen Hintergrunds (WHO 2011, S. 255). Der Intelligenzquotient ist zur Beurteilung einer Intelligenzminderung demnach als alleiniger Indikator nicht ausreichend – auch wenn dies vielfach vermittelt wird. Die WHO unterscheidet des Weiteren zwischen leichter, mittlerer, schwerer und schwerster Intelligenzminderung (WHO 2011).

Eine Schädigung kann vor, während und nach der Geburt auftreten (prä-, peri- und postnatal). Die gesellschaftlichen Faktoren spielen jedoch insbesondere bei leichter Intelligenzminderung eine große Rolle: Laut Bundschuh (2008) dürften in Deutschland bei ca. 20 % der Kinder, die ein Förderzentrum mit dem Schwerpunkt geistige Entwicklung besuchen, Milieufaktoren für die diagnostizierte geistige Behinderung ursächlich sein. Der Zusammenhang zwischen Armut und niedriger Intelligenz in den westlichen Staaten ist unbestritten (Siegler/DeLoache/Eisenberg 2011). Nicht weil arme Kinder weniger intelligent sind, sondern weil ihre Ausgangsposition ungleich schwieriger ist. Entsprechend zeigen Hilfsprogramme für Vorschulkinder in Armut weitreichende positive Effekte. Dies bedeutet, dass gesellschaftliche Zusammenhänge einen maßgeblichen Einfluss auf die kognitive Entwicklung haben (Siegler/DeLoache/Eisenberg 2011).

---

2 www.euro.who.int/de/health-topics/noncommunicable-diseases/mental-health/news/news/2010/15/childrens-right-to-family-life/definition-intellectual-disability (Abfrage: 03.09.2021)

1.2 Grundlegende Fragen der Psychologie

> „Die *Psychologie* (Hervorhebung im Original) beschäftigt sich mit Fragen, die uns Menschen schon immer bewegt haben: Was ist der menschliche Geist? Wie denken, lernen, erinnern wir? Woher kommen unsere Gefühle? Warum tun wir, was wir tun und warum machen wir es so, wie wir es tun? Wie werden wir, wer oder was sind wir, wie sollen wir unser Zusammenleben mit anderen gestalten? Wie können wir beurteilen, welche Verhaltensweisen normal, welche ungewöhnlich und welche schädlich oder krank sind, und wie können wir psychisches Leiden heilen?“ (Zimbardo 1995, S. 3)

Die Fragen, die Zimbardo aufzählt, zeigen den unmittelbaren Zusammenhang von Psychologie und dem menschlichen Leben und auch den umfassenden Anspruch, den die Disziplin der Psychologie erhebt. Etwas komprimierter ausgedrückt spricht man von der Wissenschaft, die das *Erleben* (innere psychische Prozesse) und *Verhalten* (äußerlich beobachtbar) des Menschen erforscht, mit dem Ziel, diese zu *beschreiben*, zu *erklären* und *vorherzusagen* (Zimbardo/Johnson/McCan 2016; Lübeck 2020). Damit sind Erkenntnisse aus der Psychologie für alle Professionen nützlich, die mit Menschen arbeiten. Elementar dabei ist die *wissenschaftliche Erforschung* der Inhalte. Es geht nicht um Meinungen oder theoretische Gedanken von Expert*innen, sondern darum, Theorien in Hypothesen zu „zerlegen“ und diese in Studien (empirisch) zu überprüfen. Hypothesen müssen „falsifizierbar“ sein, d.h. es gibt immer auch eine Gegenhypothese (Nullhypothese genannt). Diesen Allgemeinheitsanspruch betreffend sollte jedoch einschränkend beachtet werden, dass der Löwenanteil der psychologischen Forschung in den letzten Jahrzehnten aus westlicher und männlicher Sicht erfolgte.

Literaturtipp

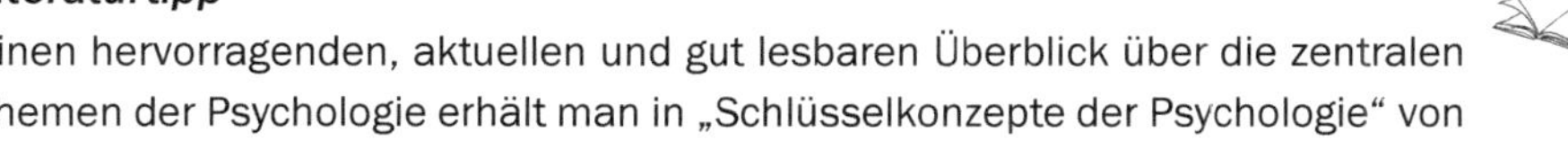

Einen hervorragenden, aktuellen und gut lesbaren Überblick über die zentralen Themen der Psychologie erhält man in „Schlüsselkonzepte der Psychologie“ von Zimbardo/Johnson/McCan (2016).

1.2.1 Psychologische Paradigmen und ihre Bezüge zur Arbeit mit Menschen mit Lernschwierigkeiten

Die meisten Autor*innen sind sich einig, dass der Beginn der Psychologie als Wissenschaft gegen Ende des 19. Jahrhunderts verankert werden kann (Zimbardo/Johnson/McCan 2016). In den fast 150 Jahren, die seither vergangen sind, blickt sie auf eine bewegte Geschichte zurück, in der immer wieder andere Menschenbilder zugrunde gelegt wurden. Diese Veränderungen werden auch als Paradigmenwechsel bezeichnet, da sie den Blickwinkel so radikal erneuern, dass daraus folgende Forschungsansätze und Theorien sich grundlegend unterscheiden. Diese sind jedoch nicht nur geschichtlich relevant, sondern spielen auch heute noch eine Rolle – auch wenn sich, wie Lübeck es ausdrückt, in der Praxis „längst Entspannung dahingehend breitgemacht [hat], dass es weniger um ein ‚Entweder-oder' der verschiedenen Sichtweisen oder Paradigmen gehen kann, sondern vielmehr um ein ‚Sowohl-als-auch'" (Lübeck 2020, S. 15). Dennoch hat die Theorie, die wir bevorzugen, direkte Auswirkungen auf die Interpretation und den Umgang mit Verhalten, das uns im Alltag begegnet. Es lohnt sich daher, einen Blick auf sie zu werfen, um das eigene professionelle Handeln einordnen und reflektieren zu können:

Biopsychologisches Paradigma

Grundannahme des biopsychologischen Paradigmas ist, dass Verhalten auf biochemische und physikalische Strukturen des menschlichen Körpers zurückzuführen ist (Zimbardo 1995). Die Neurowissenschaften, welche Erkenntnisse über die Funktion des Gehirns liefern, kommen ebenso aus diesem Bereich der Psychologie wie Wissen über psychophysiologische Veränderungen im Körper, das wiederum die Grundlagen für Psychopharmaka ist.

Literaturtipp

Roth/Strüber (2018) schlagen in ihrem Buch „Wie das Gehirn die Seele macht" den Bogen von neurophysiologischen Grundlagen zur Entwicklung der Persönlichkeit, psychischen Krankheiten und Psychotherapie.

Bezüge zur Arbeit mit Menschen mit Lernschwierigkeiten: Die Sichtweise der Biopsychologie einzunehmen bedeutet, Erleben und Verhalten ganz auf das Individuum zu konzentrieren und die gesellschaftliche Ebene außer Acht zu lassen. Dies verleitet im Hinblick auf kognitive Beeinträchtigungen leicht zu einer defizitorientieren Sichtweise, bei der beispielsweise festgestellt wird, welche Gehirnregionen weniger ausgebildet sind oder welche neuronalen Störfaktoren vorliegen – eine Vorstellung, bei der den meisten in der Behindertenarbeit Tätigen mulmig werden dürfte und die natürlich zu kurz gedacht ist, um einem Individuum in seinen gesellschaftlichen Bezügen gerecht zu werden. Genauso würde es aber zu kurz greifen, die Forschungsergebnisse über den Zusammenhang von Verhalten und Biopsychologie zu ignorieren. In der Tradition der Biopsychologie wurden beispielweise die sogenannten Verhaltensphänotypen erforscht, eine Beschreibung typischer Verhaltensweisen, die bei bestimmten Syndromen auftreten. Ihr ist es auch zu verdanken, dass die Zusammenhänge zwischen Down-Syndrom und Alzheimer-Demenz verstehbar sind (siehe Kapitel 4.2.3), die Liste ließe sich noch lange fortsetzen.

Anregung zur (Selbst-)Reflexion

Falls Sie mit Menschen mit einer Lernschwierigkeit und psychischen Störungen arbeiten, werden üblicherweise auch Psychopharmaka eingesetzt. Vielleicht ging Ihnen bei manchen Klient*innen schon durch den Kopf: „Wir müssen die Medikamente verändern, um das Verhalten zu ändern." In diesen Fällen haben Sie die biopsychologische Brille auf.

Literaturtipp

Bei Neuhäuser et al. (2013) findet sich ein Kapitel über genetische und biologische Grundlagen bei Intelligenzminderung; Sarimski (2014) beschreibt in einem umfassenden Werk die wichtigsten genetischen Syndrome und deren Auswirkungen; bei Schanze (2014) findet man unter anderem ein ausführliches Kapitel zu Psychopharmaka und deren Wirkweise.

Das psychodynamische Paradigma

Mit dem psychodynamischen Paradigma ist der Name Sigmund Freud untrennbar verbunden. Freud entwickelte Anfang des 20. Jahrhunderts seine psychoanalytische Theorie, die menschliches Verhalten durch den Wunsch nach Befriedigung unerfüllter Bedürfnisse erklärt (Zimbardo 1995). Entscheidend ist die Annahme einer dynamischen Wechselwirkung zwischen Es, Ich und Über-Ich[3]: Das *Es* steuert die psychische Energie bei und drängt auf sofortige Bedürfnisbefriedigung, es handelt ganz nach dem sogenannten Lustprinzip (Davison/Neale 1995). Dabei wird es vom *Ich* reguliert, das dafür zuständig ist, den Wunsch nach sofortiger Bedürfnisbefriedigung mit der Realität und dem Über-Ich in Einklang zu bringen. Das Über-Ich entwickelt sich ab dem vierten Lebensjahr und vereint Werte und Moralvorstellungen, die sich ein Mensch im Laufe seines Lebens, insbesondere während seiner Kindheit aneignet. Die Bedürfnisse des Es sowie die Abwehrstrategien, die das Ich zum Bedürfnisaufschub einsetzt, sind in der Regel unbewusst. Die Persönlichkeit entwickelt sich in vier psychosexuellen Phasen (oral, anal, phallisch, genital), wobei die Entwicklung bis zum jungen Erwachsenenleben „abgeschlossen" ist. Das Verhalten Erwachsener wird somit ganz durch die Vergangenheit bestimmt. Insbesondere diese Annahme wurde von den Nachfolgern Freuds, den sogenannten Neo-Freudianern, in Zweifel gezogen (vgl. Siegler/DeLoache/Eisenberg 2011). Sie erklärten, dass auch Ziele und Motive in Gegenwart und Zukunft handlungsrelevant sein können (Adler, Jung). Erikson wiederum erweiterte die psychosexuellen Stadien über die Kindheit hinaus und formulierte insgesamt acht Entwicklungsstufen über die gesamte Lebensspanne eines Menschen hinweg. Jede

3 Daher der Begriff der psycho„dynamischen" Theorie. Synonym verwendet werden auch *Tiefenpsychologie* und *psychoanalytische Theorie.*

Stufe ist von einer charakteristischen „Entwicklungskrise“ gekennzeichnet, die der Mensch zu bewältigen hat (Erikson 1988). Ebenfalls aus der Psychoanalyse hervorgegangen ist die Bindungsforschung, die maßgeblich von John Bowlby und Mary Ainsworth vorangetrieben wurde und den Einfluss untersucht, den die frühe Beziehung zwischen einem Säugling und seinen engsten Bezugspersonen auf das weitere Leben hat (z. B. Bowlby 2021).

Bezüge zur Arbeit mit Menschen mit Lernschwierigkeiten: Laut Senckel (2003) entwickeln sich Ich und Über-Ich bei Menschen mit Lernschwierigkeiten häufig nicht ausreichend, um die Bedürfnisse des Es effektiv zu regulieren, so dass hier Unterstützung angezeigt sei (für eine genauere Ausführung siehe Kapitel 2.2). Ansonsten haben aus meiner Erfahrung vor allem die Erkenntnisse aus der Bindungsforschung Eingang in die Arbeit gefunden und den Umgang insbesondere in der stationären Kinder- und Jugendhilfe maßgeblich verändert. Eine bindungsorientierte Pädagogik hat zum Ziel, Kindern und Jugendlichen eine sichere Basis zu bieten, und betrachtet die Gestaltung einer professionellen Beziehung mit einem angemessenen Nähe-Distanz-Verhältnis als grundlegend. Dabei ist die Reflexion der eigenen Bindungsgeschichte ebenso von Bedeutung wie ein immer wieder neues Überprüfen der aktuell wirksamen Bindungsmuster.

Behavioristisches/Verhaltenstheoretisches Paradigma

Man kann die Entstehung der Verhaltenstheorie getrost als Gegenbewegung zu den psychodynamischen Theorien verstehen. Während letztere überwiegend von unbewussten und im Inneren ablaufenden Prozessen ausgehen, forderten die Verhaltenstheoretiker*innen die Beschränkung psychologischer Untersuchungen und Theorien auf direkt *beobachtbares Verhalten.*[4] Ihrer Annahme zufolge können alle Verhaltensweisen eines Menschen auf Lernprozesse zurückgeführt werden (Lübeck 2020; Hautzinger/Thies 2009). John B. Watson gilt allgemein als der Begründer des Behaviorismus (Siegler/DeLoache/Eisenberg 2011): Er wies nach, dass Angst konditionierbar ist, das heißt, ein eigentlich neutraler Reiz, der wiederholt mit einem angsterzeugenden Moment verbunden wird, löst nach einiger Zeit selbst Angst aus. Wir alle kennen konditionierte Reize, beispielsweise wenn alleine das Eintreffen an einem vertrauten Urlaubsort ein Wohlgefühl auslöst, weil viele positive Erinnerungen damit verbunden sind, oder wenn wir uns beim Zahnarzt schon verkrampfen, wenn wir den Bohrer nur hören. Man nennt dies auch *klassische Konditionierung.* Einen weiteren Schritt zur Erklärung von Verhaltens- bzw. Lernprozessen liefert das

4 Daher der Name Verhaltenstheorie – synonym dazu wird der Begriff Behaviorismus verwendet, aus dem englischen kommend von *behavior.*

operante Konditionieren, als dessen Begründer Eward Thorndike und Burhus F. Skinner gelten. Hier geht es weniger um Reiz und Reaktion, als vielmehr um die Konsequenz, die auf ein Verhalten folgt. Ein Verhalten, das eine positive Konsequenz nach sich zieht (positive Verstärkung) wird öfter gezeigt werden, genauso wie ein Verhalten das dazu führt, dass ein unangenehmer Zustand aufhört (negative Verstärkung). Ein Verhalten, das negative oder keine positiven Folgen nach sich zieht, wird entsprechend weniger gezeigt (man spricht hier von positiver oder direkter bzw. negativer oder indirekter Bestrafung). Wichtig ist, dass auch soziale Verstärker wie Lob oder Aufmerksamkeit Verhalten beeinflussen können (Siegler/DeLoache/Eisenberg 2011). Die Annahmen des operanten Konditionierens finden sich im pädagogischen Alltag in vielen „wenn-dann"-Aussagen Erwachsener gegenüber Kindern wieder: Wenn du die Hausaufgaben schnell fertig machst, dann können wir noch Eis essen gehen (positive Verstärkung); wenn du dein Zimmer nicht aufräumst, dann kannst du heute Abend nicht fernsehen (indirekte/negative Bestrafung). Sie funktionieren aber beispielsweise auch auf folgender Ebene:

Fallbeispiel

Frau L. ritzt sich regelmäßig die Haut auf. Sie berichtet, dass sie häufig unter inneren Spannungszuständen leidet, bei denen ihr nur schlechte Gedanken durch den Kopf gehen. Wenn sie sich verletze, stehe der Schmerz im Vordergrund, so dass die schlechten Gedanken aufhörten – fachlich gesprochen liegt hier eine negative Verstärkung vor. Es ist anzunehmen, dass Frau L. immer öfter auf selbstverletzendes Verhalten zurückgreifen wird, um die Spannungszustände zu beenden, solange sie kein alternatives Verhalten erlernt.

Verstärkung erzielt eine nachhaltigere Verhaltensänderung als Bestrafung (Bundschuh 2008). Gleichzeitig weiß man inzwischen, dass Verstärker die Gefahr bergen, die sogenannte intrinsische Motivation zu senken – ein Verhalten wird dann nur noch gezeigt, um die in Aussicht stehende Belohnung zu erhalten, und nicht mehr, weil man eine innere Motivation dazu hat (Lübeck 2020).

Fallbeispiel

Um T. zu ermuntern, sein Zimmer öfter aufzuräumen, bekommt er jedes Mal einen Punkt, wenn er bis zum Wochenende aufgeräumt hat. Bei zehn Punkten erhält er eine Belohnung, die er selbst mitbestimmen kann. Nach anfänglichen Erfolgen entwickelt sich die Dynamik dahingehend, dass T. sich immer größere Belohnungen wünscht und keine Bereitschaft zeigt, sein Zimmer aufzuräumen, wenn seine Wünsche als zu groß abgelehnt werden.

Albert Bandura schließlich entwickelte die *Theorie des Modelllernens* (auch Theorie des sozialen Lernens). Er wies nach, dass Verhaltensweisen auch erlernt werden können, indem man jemand anderen beobachtet ohne zunächst selbst eine Reaktion auf das Verhalten zu erfahren. Man geht davon aus, dass komplexere soziale Handlungen wie Teilen oder Aggressionen mit Modelllernen zu erklären sind. Die Mechanismen dieser Art zu lernen werden z. B. im Rollenspiel eingesetzt.

Bezüge zur Arbeit mit Menschen mit Lernschwierigkeiten: In der Arbeit mit Menschen mit Lernschwierigkeiten waren und sind verhaltenstheoretische Ansätze ein wichtiges und weit verbreitetes Element (Theunissen 2020). Der Einsatz von Tokenplänen (Vereinbarungen über Belohnungen für bestimmtes Verhalten) oder der schrittweise Aufbau von Verhalten (das sogenannte shaping) stellen häufig genutzte pädagogische Mittel da. Auf die Tücken von Tokenplänen habe ich bereits hingewiesen. Wenn Sie eine Situation unter dem Blickwinkel „was erhält das Verhalten aufrecht“ analysieren, greifen Sie auf Erklärungen des operanten Konditionierens zurück. In der „positiven Verhaltensunterstützung“, einer Methode zum Umgang mit herausforderndem Verhalten, gilt die funktionale Verhaltensanalyse als Kernelement (Theunissen 2020).

Das kognitive Paradigma

Die Theorie des Modelllernens öffnete die Tür, sich wieder mehr den inneren Erlebensweisen des Menschen zuzuwenden. Bandura selbst bezeichnete seine Theorie später als „sozial-kognitiven Ansatz“ (Siegler/DeLoache/Eisenberg 2011), in der Fachwelt spricht man von der „kognitiven Wende“ (Lübeck 2020). Lernen wird als Prozess gesehen, bei dem der oder die Lernende Reize *aktiv* interpretiert, ihnen Bedeutung beimisst und entsprechend handelt. Die zentrale Rolle kommt also nicht mehr dem Reiz selbst zu, sondern wie ihn eine Person verarbeitet. Davison/Neale (1998) beschreiben folgendes Experiment, das zeigt, wie eine kognitive Vorstellung (ein Schema) die Informationsverarbeitung beeinflussen kann:

Anregung zur (Selbst-)Reflexion

„,Der Mann stand vor dem Spiegel und kämmte sich. Er überprüfte sorgfältig, ob die Rasur wirklich einwandfrei geraten war, und band sich dann die konservative Krawatte um, für die er sich entschieden hatte. Beim Frühstück studierte er die Zeitung sorgfältig und erörterte bei einer Tasse Kaffee mit seiner Frau die Möglichkeit, eine neue Waschmaschine anzuschaffen. Dann führte er einige Telefongespräche. Als er das Haus verließ, ging ihm durch den Kopf, dass seine Kinder im Sommer wohl wieder in das private Ferienlager würden fahren wollen. Als das Auto nicht ansprang, stieg er aus, warf die Tür zu und machte sich sehr ärgerlich in Richtung Bushaltestelle auf den Weg. Nun würde er zu spät kommen.' (Zitiert nach Davison/Neale 1998)

Lesen Sie die Geschichte noch einmal, fügen aber vor dem ,Mann' das Wort ,arbeitslos' ein. Dann lesen Sie sie ein drittes Mal und ersetzen ,Mann' durch ,Börsenmakler'. Achten Sie darauf, auf welch unterschiedliche Weise Sie den Text aufnehmen." (Davison/Neale 1998, S. 54)

Ich nehme an, Ihre Vorstellungen über „den Mann" und seine unterstellten Gedanken oder Motive unterschieden sich, genau wie bei den meisten Personen, die an diesem Experiment teilnahmen, je nachdem, welches Wort Sie einsetzten. Dies führt zum Begriff des *Konstruktivismus:* wir erschaffen (konstruieren) die Welt in dem Moment, in dem wir sie wahrnehmen, aus unserer individuellen Sicht. Erlerntes/Erfahrungen aus der Vergangenheit prägen die Interpretation ebenso wie innere Überzeugungen, die wir im Laufe unseres Lebens erwerben.

Fallbeispiel

Frau S. ist davon überzeugt, sie könne „eh nichts", ihre Mutter habe ihr das ja schließlich oft genug gesagt. Bei neuen Arbeiten in der Werkstatt für Menschen mit Behinderung, in der sie arbeitet, wirkt sie laut ihrer Gruppenleiterin anfangs häufig wie blockiert. Auch wenn die kognitiven und motorischen Anforderungen dem Können von Frau S. entsprächen, müsse sie stets sehr behutsam und in ganz kleinen Schritten vorgehen, damit sie sich darauf einlassen könne, etwas Neues auszuprobieren.

Frau S. hat, der kognitiven Psychologie zufolge, einen inneren Leitsatz gebildet, der ihre Herangehensweise an neue Aufgaben maßgeblich beeinflusst.

Bezüge für die Arbeit mit Menschen mit Lernschwierigkeiten finden Sie in Kapitel 3.1.

Humanistisches Paradigma

Bekannte Vertreter der humanistischen Psychologie sind Carl Rogers, Abraham Maslow (Bedürfnispyramide), Victor Frankl oder Fritz Perls. Zentrale Annahme ist, dass der Mensch *gut* ist und nach *Verwirklichung seiner selbst* strebt – hieraus erklären sich die Handlungen einer Person. Werte stehen mehr im Vordergrund als beobachtbares Verhalten oder objektive Forschung. Folgende Grundannahmen sind kennzeichnend für die humanistischen Ansätze (Bundschuh 2008, S. 279):

- Der Mensch ist gut.
- Der Mensch ist eine Ganzheit.
- Der Mensch hat eine kreative Kraft.

- Psychische Gesundheit entsteht, wenn das Selbst und das eigene Handeln im Einklang zur Umwelt stehen (Kongruenz).

Fallbeispiel

Frau G. hat eine leichte Intelligenzminderung und eine emotional impulsive Persönlichkeitsstörung. Ihr großer Wunsch ist es, mit ihrem Freund zusammenzuleben und eine Familie zu gründen. Die Einschätzung der pädagogischen Fachkräfte, ihrer gesetzlichen Betreuerin und auch der Familienangehörigen ist, dass sie derzeit noch die Begleitung einer vollstationären Wohngruppe benötigt. Die Einschränkungen durch die Umwelt erlauben ihr nicht, sich selbst als kongruent zu erleben. Frau G. verfolgt ihren Wunsch beharrlich weiter: Sie hat sich Ziele gesetzt, die sie im alltagspraktischen Rahmen lernen möchte und wofür sie sie die Unterstützung der pädagogischen Fachkräfte erhält, und eine Therapie begonnen, um ihre psychischen Schwierigkeiten zu überwinden.

Bezüge zur Arbeit mit Menschen mit Lernschwierigkeiten: Eine Übernahme der humanistischen Perspektive ermöglicht einen zugewandten, hoffnungsvollen und individuenzentrierten Blick auf den Menschen. Sie sollte daher laut Bundschuh (2008) „die Grundlage für die Begegnung mit Menschen mit Behinderung bilden“ (ebd., S. 285). Gleichzeitig ist das Erleben von Kongruenz für Menschen mit Behinderung in einer Welt, die von und für Menschen ohne Behinderung „gemacht“ ist, sehr viel stärker bedroht, so dass die Entwicklung psychischer Gesundheit deutlich erschwert ist.

Systemisches Paradigma

Bei allen bisher dargestellten Sichtweisen steht das Individuum mehr oder weniger im Mittelpunkt der Betrachtungen. Die systemische Sichtweise bricht mit dieser Annahme: Für sie erklärt sich das Verhalten einer Person aus dem *Beziehungsgeflecht,* in dem sie sich befindet. Man spricht in diesem Zusammenhang auch von sozialen Systemen, die laut Luhmann (1984) durch Kommunikation und Interaktion zwischen den Mitgliedern gekennzeichnet sind. Ein Kennzeichen von sozialen Systemen ist, dass sie sich selbst organisieren und erhalten und stets nach einem Zustand streben, in dem sie im Gleichgewicht (Homöostase) sind. Dadurch hängen die Handlungen einer einzelnen Person immer auch mit den Handlungen der anderen zusammen. Eine häufig genutzte Metapher in diesem Zusammenhang ist die eines Mobiles: Stößt man ein Teil, bewegen sich alle anderen mit. Dies geht so weit, dass ein Mensch, der eine psychische Erkrankung zeigt, als „Symptomträger“ bezeichnet wird, als der Teil des Systems, der zum Ausdruck bringt, dass die Interaktionen im System gestört sind (Hermes 2017). Ähnlich wie in der kognitiven Psychologie wird angenommen, dass es keine objektive Wahrheit gibt, sondern nur subjektive Ausschnitte derselben (Konstruktivismus). In der systemischen Therapie führt dies u. a. dazu, dass die Klient*innen als Expert*innen in eigener Sache betrachtet werden: Sie verfügen selbst über das Wissen und die Ressourcen für die Lösungen ihrer Probleme. Therapeut*innen fällt die Aufgabe zu, den Prozess der Problemlösung zu ermöglichen und zu begleiten.

Bezüge zur Arbeit mit Menschen mit Lernschwierigkeiten: Der systemische Ansatz ermöglicht es, den Fokus nicht auf die Einzelperson zu legen, sondern ihre Systeme mit in den Blick zu nehmen. Durch die Vielzahl an Hilfesystemen sind Menschen mit Behinderung und ihre Familien Teil von außergewöhnlich vielen Systemen. Einige Beispiele zeigen, welche neuen Betrachtungsmöglichkeiten sich hieraus ergeben:

- Auf Familienebene: Frau R., 40 Jahre, hat eine sogenannten schwerste Mehrfachbehinderung, wohnt in einem Wohnpflegeheim und fährt alle zwei Wochen über das Wochenende zu ihren Eltern nach Hause. Dort schläft sie mit ihrer Mutter im Ehebett, während der Vater an diesen Wochenenden ins Gästezimmer umzieht. Welchen Zweck erfüllt dies innerhalb des Systems der Familie R.?
- Auf Gruppenebene: Wieso wird die Rolle des „Schwarzen Schafes" durch jemand neuen in der Klasse/der Wohngruppe besetzt, sobald die Person, die sie bisher innehatte die Klasse/Wohngruppe gewechselt hat? Welche Funktion erfüllt das „Schwarze Schaf" im System dieser Schulklasse/Wohngruppe?
- Herr G. (28) wohnt seit sechs Jahren in einer Wohnstätte mit 40 anderen Mitbewohner*innen und beschimpft bzw. bedroht dort regelmäßig die Anwesenden. Mit dem Umzug in eine eigene Wohnung und einer aufsuchenden Assistenz an drei vereinbarten Tagen in der Woche nimmt die Frequenz von Beschimpfungen ab, Bedrohungen kommen keine mehr vor.
- Auf Gesellschaftsebene: Sätze wie „behindert ist man nicht, behindert wird man" oder die Unterscheidung zwischen der Beeinträchtigung und der Behinderung einer Person spiegeln den Einbezug des Kontextes in die Behinderung.

Literaturtipp

In den letzten Jahren gibt es eine steigende Anzahl von Publikationen, die sich mit Behinderung aus systemischer Sicht beschäftigen (Wehmeyer 2020; Hermes 2017 und 2019; Buscher/Hennicke 2017; Stahl 2012).

Kurz zusammengefasst

Tabelle 1 zeigt noch einmal eine kurze Gegenüberstellung der wichtigsten psychologischen Schulen.

Paradigma	Verhalten wird erklärt durch...	Im Mittelpunkt steht...
Biopsychologie	Biochemische und physiologische Prozesse	Individuum
Tiefenpsychologie	Wechselwirkung von bewussten und unbewussten psychischen Inhalten Psychosexuelle Entwicklungsschritte	Individuum
Behaviorismus	Lerngesetze	Individuum
Kognitive Psychologie	Informationsverarbeitungsprozesse	Individuum
Humanistische Psychologie	Selbstverwirklichung	Individuum
Systemische Psychologie	Interaktion und Kommunikation zwischen den Mitgliedern eines Systems	Individuum und Kontext

Tabelle 1: Übersicht der maßgeblichen psychologischen Schulen

Anregung zur (Selbst-)Reflexion

- Welchem Paradigma würden Sie spontan am ehesten zustimmen?
- Wenn Sie Ihre Arbeit betrachten: Welche Grundsätze über menschliches Erleben und Verhalten werden dort angelegt? Entsprechen sich Ihre persönliche Sichtweise und die Ihres Arbeitgebers oder tut sich hier ein Spannungsfeld auf?

Paradigmen sind wie eine farbige Brille, durch die wir die ganze Welt in dieser Farbe betrachten. Entsprechend unterschiedlich fallen Forschungsfragen und -interessen aus.

1.2.2 Psychologische Forschung und ihr Bezug zu Behinderung

Psychologie ist eine empirische Wissenschaft, was bedeutet, dass ihre Ergebnisse auf Forschung mittels Erfahrung und Beobachtung beruhen. Die Basis der psychologischen Forschung sind daher Standards zur Erhebung, Auswertung und Interpretation solcher Beobachtungen (Daten). Die Planung und Durchführung einer Untersuchung muss den Kriterien von Objektivität, Reliabilität und Validität entsprechen (mehr zu diesen Kriterien finden Sie in Kapitel 3.2.2). Typische Forschungsmethoden sind Beobachtung, Befragung und psychologische Tests. Die Auswertung wiederum basiert auf statistischen Berechnungen der gewonnenen Daten. Daher ist es immer auch ein Anliegen von Versuchsleiter*innen, möglichst viele Daten zu gewinnen, da deren Aussagekraft größer und die Wahrscheinlichkeit, dass ein Ergebnis zufällig zustande kam, niedriger ist. Daten können kausal oder korrelativ zusammenhängen. Kausalität bedeutet, dass eine Variable ursächlich für die andere Variable ist, als Beispiel kann der bereits erwähnte Zusammenhang von Down-Syndrom und Alzheimer-Demenz gelten: Das dreifache Vorliegen des 21. Chromosoms führt dazu, dass Alzheimer-Demenz häufiger auftritt und schneller verläuft. Eine Korrelation sagt dagegen lediglich aus, dass die beiden Variablen positiv oder negativ zusammenhängen. Ein Beispiel ist der ebenfalls bereits erwähnte Zusammenhang von Armut und niedriger Intelligenz: Armut ist nicht ursächlich für die niedrige Intelligenz, aber ärmere Kinder haben in Intelligenztests öfter niedrigere Ergebnisse. Zahlreiche andere Variablen sind an diesem Zusammenhang mitbeteiligt.

Dass Menschen mit Lernschwierigkeiten Gegenstand psychologischer Forschung sein können, wurde im deutschsprachigen Raum die längste Zeit überwiegend ausgeblendet (Buchner 2008b). Die Profession der Sonderpädagogik, die diese Lücke hätte schließen können, verortete sich in Deutschland stark in den Geisteswissenschaften, so dass im Zentrum ihres Diskurses phänomenologische und heuristische Betrachtungen standen und auch hier empirische Studien wenig vorangetrieben wurden (Kuhl 2011). Sarimski (2009) kommt in einer Zeitschriftenanalyse von 2000 bis 2007 zu empirischer Forschung mit Bezug zu Menschen mit Lernschwierigkeiten denn auch zu einem ernüchternden Ergebnis:

- Es erfolgt äußerst selten empirische Forschung zu/für/mit Menschen mit Lernschwierigkeiten.
- Der Anschluss an die internationale Forschungstätigkeit ist nicht gegeben, auch weil Forschungsinstrumente nicht übersetzt und genutzt werden.
- Wenn Forschung erfolgt, ist diese in der Regel deskriptiv, so dass ein hypothesengeleitetes Vorgehen oder die Beurteilung von Theorien nicht möglich sind.

Forschungsvorhaben werden dadurch erschwert, dass die Diagnose „Intelligenzminderung“ eine extrem heterogene Personengruppe umfasst. In der Einrichtung, in der ich arbeite, leben beispielsweise Menschen alleine in ihrer Wohnung und erhalten pro Woche circa fünf Stunden pädagogische Begleitung. Andere sind bei Verpflegung, Pflege und Alltagsgestaltung auf umfängliche Hilfe angewiesen und erhalten täglich vom Aufstehen bis zum Schlafengehen pädagogische Begleitung. Die intellektuelle Entwicklung ist bei den einen leicht, bei den anderen schwer beeinträchtigt. Die einen können problemlos z. B. ein telefonisches Forschungsinterview führen, bei den anderen wären Forschende auf die Auskünfte der Betreuer*innen angewiesen, da sie nicht oder nur wenig sprechen können. Beide Gruppen werden laut WHO als Menschen mit Intelligenzminderung bezeichnet.

Bundschuh bemerkt hierzu: „Die jeweilige Biographie und die daraus hervorgehende individuelle Situation divergieren nämlich, dominieren vielleicht sogar im Vergleich zum Allgemeinen (Generalisierenden)“ (Bundschuh 2008, S. 35).

Dies alles erklärt jedoch nicht, wieso Deutschland im internationalen Vergleich auf diesem Gebiet weniger forscht.[5] Die Deutsche Interdisziplinäre Gesellschaft zur Förderung der Forschung für Menschen mit geistiger Behinderung e. V. (DIFGB) versucht hier seit 25 Jahren Abhilfe zu schaffen und betont schon in ihrem Namen die Relevanz *interdisziplinärer* Forschung. Auf ihrer Homepage wird derzeit eine interaktive Forschungslandkarte Deutschlands erstellt.[6] Mittlerweile sind sich Fachleute in Sonderpädagogik und Psychologie einig, dass dringender Bedarf besteht. Wissenschaftliche Studien nehmen in allen Disziplinen zu, wobei der überwiegende Teil den Fokus auf das Erleben und Verhalten von Kindern legt.

Während meiner Recherche zu diesem Buch war ich wiederholt frappiert von dem scheinbar defizitorientieren Blick, den die Psychologie in Forschungsfragen auf Menschen mit Lernschwierigkeiten immer wieder aufweist. Dies äußerst sich z. B. in vergleichenden Studien zur kognitiven Entwicklung, bei denen am Ende eine Liste steht, welche Komponenten des Gedächtnisses schlechter funktionieren als bei Menschen ohne Beeinträchtigung. Eventuell haben sich „meine Brillengläser“ hier bereits etwas heilpädagogisch eingefärbt. Eine Auflistung von Defiziten ist immer dann unumgänglich, wenn besondere pädagogische Unterstützungsbedarfe erkannt, Trainings oder kompensatorische Fähigkeiten entwickelt und diese schließlich sowohl inhaltlich als auch finanziell gegenüber den Kostenträgern begründet werden müssen (Suhrweier 1995).

Obwohl die Methoden der empirischen Forschung möglichst viel Objektivität ermöglichen wollen, sind auch sie stets zeit- und kontextabhängig. Untersucht werden kann beispielsweise nur, was die Forschenden sich als Frage stellen, wie das folgende Beispiel zeigt:

Fallbeispiel

Bei der Befragung von Eltern eines Kindes mit Beeinträchtigung herrschte lange Zeit die Vermutung, in solchen Familien müssten pathologische Strukturen und

5 Tatsächlich habe ich hierzu in der Literatur keine Hypothesen oder Erklärungen gefunden.

6 www.difgb.de/forschungslandkarte/474-forschungslandkarte (Abfrage: 04.09.2021)

großes Leid vorherrschen. Erst seit Fragebögen entwickelt wurden, die sowohl negative *als auch positive* Veränderungen durch die Geburt eines Kindes mit Beeinträchtigung abfragen, wurde deutlich, dass beides vorliegt.

Entscheidend für die Auswahl der Fragen ist auch der Blick auf Behinderung/ Beeinträchtigung. In diesem Zusammenhang bietet sich das Vorgehen der *inklusiven (oder partizipativen) Forschung* an, in der Menschen mit und ohne Lernschwierigkeiten (oder anderer Behinderung) gemeinsam forschen. Eine weitere wichtige Entwicklung in diesem Feld sind die sogenannten *Disability Studies,* die Behinderung als soziale Konstruktion verstehen und damit die personenzentrierte Forschungstradition der Psychologie hinter sich lassen. Stattdessen „geht es einerseits um die Entstehung von Zuschreibungen wie behindert, krank, normal, schön usw. insbesondere auch im Hinblick auf die Frage, wie der Wandel von ‚Normalität' und die Entstehung von Differenzkategorien zusammenhängen. Andererseits ist es weltweit ein zentrales Anliegen der Disability Studies, die Lebensrealitäten und Erfahrungen von behinderten Menschen zu erfassen – also zu verstehen, wie Menschen ‚behindert werden' und was dagegen getan werden kann." (Pfahl/Köbsell 2014)

Forschung ist also durchaus mit Vorsicht zu genießen. Dennoch ist sie die einzige Möglichkeit, anstatt Meinungen und Ansichten verlässliche Informationen über mehrere Menschen hinweg zu erheben und entsprechende Folgerungen daraus abzuleiten.

Kurz zusammengefasst

- Die Psychologie versteht sich als Naturwissenschaft, die mittels eines hypothesengeleiteten Vorgehens Theorien über das menschliche Erleben und Verhalten entwickelt und prüft.
- Es gibt verschiedene psychologische Paradigmen, die sich in ihren Annahmen über das menschliche Erleben und Verhalten grundlegend unterscheiden.
- Psychologische Forschung im Bereich Beeinträchtigung und Behinderung ist im deutschsprachigen Raum noch wenig verbreitet. Inklusive Forschung und Disability Studies bringen neue Ansatzpunkte.

2. Entwicklungspsychologie

> „Die Entwicklungspsychologie ist eine Teildisziplin der Psychologie, die den Blick auf das Verhalten und Erleben des Menschen richtet, wie es sich von der vorgeburtlichen (pränatalen) Zeit bis zum Lebensende verändert. Es wird versucht, Gesetzmäßigkeiten zu finden, Entwicklungsphasen zu beschreiben und unter bestimmten Voraussetzungen einen Entwicklungsverlauf vorherzusagen.“ (Ekert/Ekert 2019, S. 123)

Nach einer Einführung in die grundlegenden Fragestellungen der Entwicklungspsychologie widmet sich dieses Kapitel der sozio-emotionalen Entwicklung, der (psycho-)sexuellen Entwicklung und den Prinzipien der kognitiven Entwicklung.

2.1 Grundlegende Fragestellungen der Entwicklungspsychologie

> „L. spricht immer noch kein Wort, dabei ist sie schon zwei Jahre alt. Ich mache mir wirklich Sorgen, das muss ich mal mit dem Arzt besprechen.“

> „C. (fünf Jahre) kann schon bis zehn zählen und interessiert sich jetzt langsam für Buchstaben, jetzt wird es wirklich Zeit, dass er in die Schule kommt.“

Solche Sätze sind völlig alltäglich und man würde zunächst kein entwicklungspsychologisches Wissen dahinter vermuten. Alle, die irgendwie mit Kindern zu tun haben, egal ob familiär oder professionell, sind es gewohnt, das Können eines Kindes ungefähr einzuschätzen und automatisch wird mit anderen Gleichaltrigen verglichen. Auf diesem Vergleich basiert die Einschätzung, ob eine Entwicklung „normal“ ist oder nicht. Der gleichen Logik folgen die kinderärztlichen Vorsorgeuntersuchungen: Entwicklungsschritte sollen sich innerhalb bestimmter Zeitfenster vollziehen; erfolgen sie nicht, werden Ursachen gesucht und Fördermöglichkeiten eruiert. Grundlage für diese Einschätzungen sind Daten aus der *allgemeinen Entwicklungspsychologie*. Indem die kindliche Entwicklung systematisch und mit großer Stichprobenzahl untersucht wird, lassen sich Gesetzmäßigkeiten und „typische“ Entwicklungsverläufe feststellen und dienen so zur Beurteilung der menschlichen Entwicklung. Entwicklungspsychologie untersucht alle Bereiche des menschlichen Erlebens, Denkens und Handelns und versucht zudem mittels Theorien zu erklären, wie Entwicklung geschieht.[7] Wenn Sie in einer Heilpädagogischen Tagesstätte, einer schulvorbereitenden Einrichtung oder in der Frühförderung arbeiten, basieren Ihre Förderpläne unter anderem auf solchem Wissen aus der Entwicklungspsychologie.

Wie sich Entwicklung vollzieht und wieso Kinder sich unterschiedlich entwickeln, war in der Geschichte der Psychologie immer wieder Gegenstand von Kontroversen. Die wichtigsten Strömungen lauten wie folgt:

2.1.1 Die Anlage-Umwelt-Kontroverse

Fallbeispiel

E. und K. sind beide 4 Jahre alt und zeigen ähnliche Entwicklungsverzögerungen. Während E. die Frühförderung besucht und dort Ergotherapie und Heilpädagogik erhält, hoffen die Eltern von K., dass sich die Auffälligkeiten „auswachsen". Als es zur Einschulung kommt, konnte E. einige seiner Verzögerungen aufholen. K. hat sich zwar auch weiterentwickelt, jedoch bei Weitem nicht in dem gleichen Maße.

Dieses Beispiel ist natürlich stark vereinfacht und sämtliche anderen Faktoren, die Einfluss haben könnten, werden ausgeblendet. Es erlaubt jedoch den Zugang zu der sogenannten Anlage-Umwelt-Kontroverse: Geschieht Entwicklung aus der Person heraus und ist damit überwiegend genetisch, also anlagebedingt, oder geschieht sie durch Prägung, Erziehung und Einflüsse, die wir durch die Umwelt erfahren? In der Geschichte der Psychologie fielen die Antworten sehr unterschiedlich aus, Tabelle 2 zeigt, welche Theorien entwickelt wurden, je nachdem ob der Anlage oder der Umwelt mehr Gewicht zugesprochen wurde (nach Oerter/Montada 1995, S. 7).

		Umwelt	
		Aktiv	Nicht aktiv
Subjekt	Aktiv	Interaktionistische Theorien	Selbstgestaltungstheorien
	Nicht aktiv	Exogenistische oder behavioristische Theorien	Endogenistische Theorien Reifung

Tabelle 2: Typologien von Entwicklungstheorien

7 Es gibt Studien zur Entwicklung von Kognition, Sehen, Denken, Tun, Sprache, Intelligenz, schulischem Lernen, Sozialverhalten, Emotionen, Selbstwert und Identität, Beziehung zu Gleichaltrigen, Moral, Geschlechterentwicklung, Altern, Abbau von Fähigkeiten…

In Bezug gesetzt zu dem Beispiel von E. und K. könnte man die Theorien folgendermaßen übersetzen: Während E.s Eltern davon ausgehen, dass eine Förderung aus der Umwelt die Entwicklung ihres Sohnes positiv beeinflusst, nehmen K.s Eltern an, dass Entwicklung eine Frage der Reifung ist und die Einflussmöglichkeiten der Umwelt eher gering sind („das wächst sich aus"). Exemplarisch (und vereinfacht ausgedrückt) stehen E.s Eltern damit für den *exogenistischen* und K.s Eltern für den *endogenistischen* Ansatz.

Beide Theorien wurden abgelöst durch die *Selbstgestaltungstheorien.* Diese gehen davon aus, dass ein Kind seine Umwelt aktiv erforscht und sich aus Erfahrungen und Anpassung weiterentwickelt, wobei auch hier Reifungsprozesse des Gehirns als Grundlage angenommen werden (vgl. Roth/Strüber 2018). Alle neueren Modelle der Entwicklungspsychologie sind den *interaktionistischen Theorien* zuzurechnen, in denen eine aktive Rolle sowohl der Umwelt als auch des Subjekts postuliert wird. Es findet eine gegenseitige Beeinflussung statt: Ein Kind bekommt Umweltreize dargeboten und verarbeitet diese – gleichzeitig wirkt das Kind auf seine Umwelt zurück, so dass jedes Kind Reize anders dargeboten bekommt. Eine Studie, die Letzteres verdeutlicht, wurde von Keller/Bell (1979) durchgeführt (wiedergegeben nach Kienbaum/Schuhrke 2010):

Psychologiestudentinnen bekamen die Aufgabe, Kinder zu altruistischem Verhalten für ein anderes (nicht anwesendes) Kind zu motivieren, indem die Kinder beispielsweise für andere etwas herstellen sollten. Tatsächlich waren die Kinder jedoch vorher in zwei Gruppen mit unterschiedlichen Anweisungen eingeteilt worden. Die eine Gruppe sollte sich zugewandt verhalten, die Studentinnen ansehen und das gewünschte Verhalten sofort umsetzen. Die andere Gruppe sollte vor jeder Antwort innerlich bis 5 zählen und eher auf das Material als auf die Studentinnen blicken. Es zeigte sich, dass die Studentinnen je nach Verhalten der Kinder sehr unterschiedliche Strategien wählten, um die Kinder zu motivieren: Bei den Kindern, die eher wegsahen und verzögert reagierten, wurden signifikant mehr Strafandrohungen und Kommandos eingesetzt, während die anderen eher mit Hilfe von Erklärungen motiviert wurden.

Das Verhalten der Kinder im Versuch veränderte also die Interaktion und führte zu unterschiedlichem Verhalten seitens ihrer Umwelt, was im realen Leben wiederum Auswirkungen auf das Verhalten der Kinder hätte.

Anregung zur (Selbst-)Reflexion

Man weiß, dass Kinder mit Entwicklungsverzögerungen in der Interaktion häufig verzögert oder weniger ausdrucksstark agieren (Sarimski 2016). Das Beispiel von Keller und Bell fordert dazu auf, sich selbst gut zu beobachten, welche Auswirkungen solche Verzögerungen auf das eigene Verhalten und damit die weiteren Interaktionen haben.

Folgen der Anlage-Umwelt-Kontroverse

Welche Einflussfaktoren als entwicklungsrelevant betrachtet werden, hat Auswirkungen auf die Art und das Ausmaß der *Förderung*. Nimmt man an, dass Entwicklung ausschließlich durch Reifung (endogenistisch) geschieht, erscheint Förderung nur bedingt sinnvoll – die Umwelt hat in dieser Theorie wenig bis keinen Einfluss. Ganz umgekehrt verhält es sich bei den exogenistischen (behavioristischen) Ansätzen: Hier wird aller Einfluss der Umwelt zugeschrieben, so dass Watson so weit ging, zu behaupten, „man möge ihm ein Dutzend Kinder geben und eine Welt, in der er sie aufziehen könne, dann garantiere er, dass er jedes zu dem mache, was man wolle: Arzt, Rechtanwalt, Künstler, Unternehmer oder auch Bettler und Dieb.“ (zitiert nach Oerter/Montada 1995, S. 8). Auch wenn dieser Anspruch in seiner Absolutheit hinreichend widerlegt ist, haben sich aus den Lerngesetzen wichtige Impulse für die Behindertenarbeit entwickelt (vgl. Kapitel 1.2.1). Bei den interaktionistischen Theorien zählt die Aktivität der Person gleichermaßen wie die der Umwelt. Die Umwelt (also auch Sie) bietet Anregungen, die es der Person durch ihre eigenen Aktivitäten ermöglichen, Entwicklungsschritte zu vollziehen und zu festigen. In diesem Zusammenhang ist Wissen über Reifungsvorgänge wichtig, um sensible Phasen eines Entwicklungsschrittes zu erkennen.[8] Theorien der interaktionistischen Schule sind die Informationsverarbeitungstheorien, Wygotskis soziokulturelle Entwicklungstheorie oder Bronfenbrenners ökologische Systemtheorie. Die beiden ersteren beschäftigen sich vornehmlich mit der kognitiven Entwicklung und werden in Kapitel 2.4 näher dargestellt. Bronfenbrenners Systemtheorie wird im Folgenden kurz erläutert.

Bronfenbrenner geht davon aus, dass sich jeder Mensch im Zusammenwirken verschiedener Systeme entwickelt, wobei sowohl die einzelnen Systeme Einfluss auf die Entwicklung der Person nehmen als auch die Person die anderen Systeme beeinflusst (bidirektionaler Zusammenhang). Als *Mikrosystem* bezeichnet er das Individuum mit seinen Persönlichkeitseigenschaften und seinen unmittelbaren Kontakten (Kernfamilie, Kindergarten/Schule (bei Kindern), Arbeitsstelle (bei Erwachsenen), direkte Nachbarschaft). Diese direkten Kontakte beeinflussen sich wiederum gegenseitig, auch wenn sie nicht selbst direkt im Kontakt stehen. Beispielsweise wird die Einstellung der Eltern zur Schule sich auf das Lernverhalten des Kindes auswirken. Diese indirekten Interaktionen werden als *Mesosystem* bezeichnet. Auf der nächsten Ebene stehen Personen und Institutionen, die nicht mehr in direktem Kontakt zum Individuum stehen, jedoch trotzdem Einfluss auf dessen Entwicklung haben *(Exosystem)*. Hierunter fallen z. B. die Arbeitsbedingungen der Eltern: Ob bei-

8 Dies unterscheidet die interaktionistischen Theorien von den Selbstgestaltungstheorien, wo Reifung o. ä. keine Rolle spielt.

spielsweise die Eltern in Schichtarbeit beschäftigt sind oder ob freie Tage bei Krankheit des Kindes gewährt werden, beeinflusst indirekt die Entwicklung des Kindes. Schließlich finden sich alle diese Systeme in einem *Makrosystem* wieder, das Werte, Normen und Gesetze vorgibt, die sich wiederum auf jedes einzelne Systemmitglied auswirken.

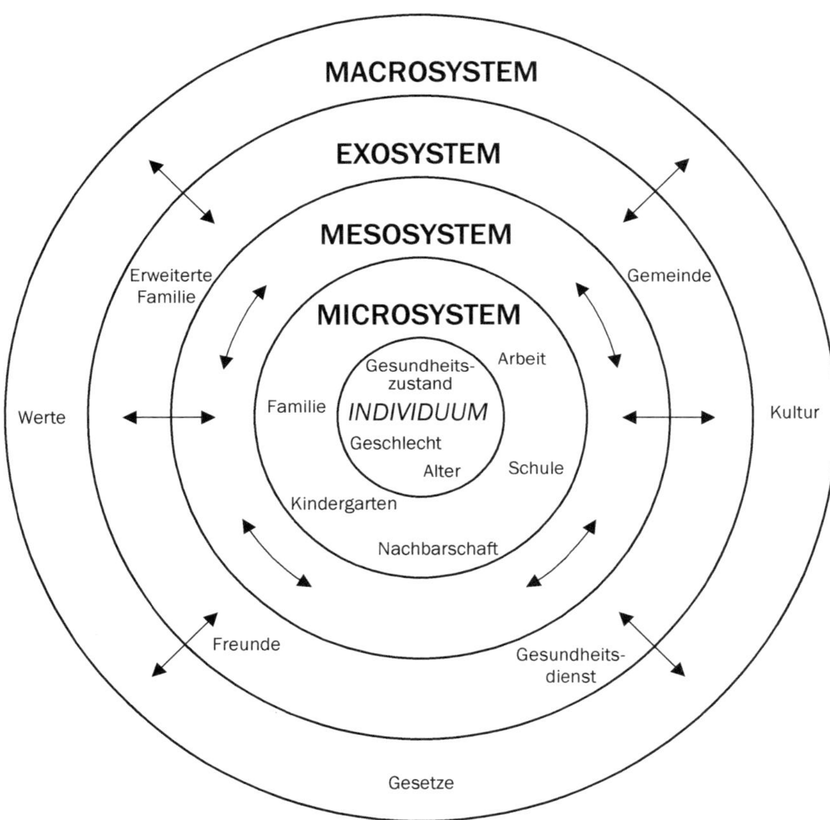

Abbildung 1: Bronfenbrenners bio-ökologische Systemtheorie

Am Beispiel von G. wird deutlich, wie Bronfenbrenners Modell unterschiedliche Entwicklungen erklären kann.

Fallbeispiel

G. ist 14 Jahre alt, er hat eine leichte Intelligenzminderung und ist von seiner Persönlichkeit her sehr offen gegenüber neuen Erfahrungen und Menschen. Er lebt in Deutschland in einem ländlichen Gebiet, seine Eltern haben einen Bauernhof.

G. und sein älterer Bruder verstehen sich gut und die beiden verbringen viel Zeit miteinander (Mikrosystem). Stellen Sie sich nun G.s Entwicklung zu zwei verschiedenen Zeitpunkten vor:

- *1940:* G. hatte einige Jahre die Volksschule besucht. Er kann stockend lesen und seinen Namen schreiben. Sein Vater wurde eingezogen (2. Weltkrieg), seine Mutter betreibt den Hof weiter und ist froh, dass G. mithelfen kann (Mesosystem). Der Krieg bringt mit sich, dass die Familie wenig Geld und viele Sorgen hat (Exosystem). Menschen mit Beeinträchtigung werden im Nationalsozialismus interniert und getötet (Makrosystem), so dass die Familie in ständiger Sorge um G. ist und er sich möglichst nur auf dem Hof aufhält (Makrosystem). Von den direkten Nachbarn wissen sie, dass diese G. mögen und hoffen, dass sie niemand verrät (Mesosystem).
- *2020:* G. besucht ein Förderzentrum mit Förderschwerpunkt geistige Entwicklung (Mikrosystem). Durch die sonderpädagogische Förderung kann er einfache Sätze lesen und schreiben (Mikrosystem). Im Anschluss an die Schule möchte er auf dem ersten Arbeitsmarkt arbeiten, wobei seine Lehrerin meint, dass er wohl eher für eine Werkstatt für Menschen mit Behinderung geeignet wäre (Mesosystem). Seine Eltern betreiben den Hof im Nebenerwerb, der Vater arbeitet viel, so dass er wenig Zeit für G. hat. Die Eltern vertrauen darauf, dass G. seinen Weg gehen wird und unterstützen ihn in seinen Wünschen (Mikro-/Mesosystem). Sein Bruder nimmt ihn regelmäßig mit, wenn er sich mit seiner Clique trifft; ansonsten fährt G. in den Ferien gerne auf Ferienfreizeiten der Lebenshilfe oder geht zu deren Freizeitangeboten (Exosystem). Auf Gesetzesebene wird durch die Behindertenrechtskonvention und das Bundesteilhabegesetz eine möglichst große Selbstbestimmung von Menschen mit Beeinträchtigung gefördert (Makrosystem).

G.s Entwicklungen könnten unterschiedlicher nicht sein, obwohl er immer die gleiche Person in der gleichen Umgebung ist. Bronfenbrenners Modell erlaubt es, Umwelteinflüsse auf verschiedenen Ebenen zu erfassen, und liefert hierdurch eine Erklärung, wieso die Entwicklung von G. in Abhängigkeit der Umstände so verschieden verläuft.

2.1.2 Diskontinuierliche oder kontinuierliche Entwicklung

Bekannte Theoretiker der (Entwicklungs-)Psychologie, die einem in der Ausbildung und im beruflichen Alltag in der Behindertenarbeit häufig begegnen, sind Jean Piaget (kognitive Entwicklung) oder Sigmund Freud (psychosexuelle Entwicklung). Beide Theorien sind sogenannte *Stufenmodelle,* weil sie davon ausgehen, dass Entwicklung in *qualitativ verschiedenen Stufen* verläuft. Diese

Stufen folgen einander in einer invarianten (unveränderlichen) Reihenfolge[9] – man lernt nicht zuerst schreiben und anschließend sprechen, sondern eben umgekehrt. Die aktuelle Forschung zeigt, dass es zwischen den postulierten Stufen sehr wohl Vermischungen gibt und dass das Erreichen einer neuen Stufe nicht so abrupt erfolgt, wie beispielsweise Piaget dies angenommen hatte, so dass die Stufenmodelle inzwischen kritisch reflektiert werden und als überholt gelten (Berk 2020; Kienbaum/Schuhrke 2010). Die heutige Entwicklungspsychologie geht von einem quantitativen Verlauf aus, d. h. Entwicklung geschieht kontinuierlich, wie ein Baum, der wächst und sich dadurch verändert, ohne jemals anders auszusehen als ein Baum.

Stufenmodelle werden im Alltag der Behindertenarbeit dennoch häufig genutzt und sind teilweise hilfreich, um sich den Entwicklungsstand eines/einer Klient*in anschaulich zu vergegenwärtigen. Im weiteren Verlauf werden Sie daher sowohl ein Stufenmodell der sozio-emotionalen Entwicklung als auch eines der psycho-sexuellen Entwicklung finden – immer vor dem Hintergrund, dass es sich hierbei nicht um eine exakte Wahrheit, sondern vielmehr um Denkmodelle handelt.

2.1.3 Übertragbarkeit entwicklungspsychologischer Ergebnisse auf Menschen mit Lernschwierigkeiten

Bundschuh (2008) hält als Grundlage fest, dass Entwicklung *immer* geschieht – unabhängig vom Schweregrad der Beeinträchtigung. Insgesamt geht die Wissenschaft davon aus, dass die Prinzipien der Entwicklung bei Menschen mit und ohne Lernschwierigkeiten qualitativ gleich verlaufen, Entwicklungen bei Menschen mit Lernschwierigkeiten jedoch möglicherweise längere Zeit in einem bestimmten Stadium verweilen oder auch stagnieren (vgl. Senckel 2003; Rauh 1995). Lediglich der Bereich der kognitiven Entwicklung wurde lange von der sogenannten Entwicklungs-Differenz-Kontroverse beherrscht (Kuhl 2011). Die *Entwicklungstheorie* geht von grundsätzlich gleichen wenn auch verlangsamten Entwicklungsverläufen aus. Laut der *Differenztheorie* ist die kognitive Entwicklung dagegen zumindest in einigen Bereich auch *qualitativ* verschieden. Tatsächlich zeigen Untersuchungen, dass bestimmte Übergänge in der Entwicklung für Kinder mit kognitiven Beeinträchtigungen besonders schwer zu vollziehen sind und dass es typische asynchrone Entwicklungsverläufe gibt. Eine solche asynchrone Entwicklung findet sich z. B. häufig zwischen der kognitiven Entwicklung und der expressiven Sprache (Sarimski 2003)

9 So, als ob man eine Treppe hinaufginge, und oben ist die Entwicklung abgeschlossen.

So theoretisch diese Diskussion klingen mag, so praktisch sind ihre Auswirkungen für die Sonder- und Heilpädagogik: Folgt man der Differenztheorie müsste dies zu neuen, spezifischen Lehrmethoden führen und die bisherigen pädagogischen Annahmen würden nicht oder nur eingeschränkt gelten. Entsprechend der Entwicklungstheorie könnten bisherige pädagogische Annahmen dagegen auf alle Kinder übertragen werden. In neuerer Zeit mehren sich die Stimmen, die auch diese Kontroverse für überholt halten und stattdessen davon ausgehen, dass die Entwicklungsmechanismen sich gleichen, die Erschwernisse durch und die Adaption an die Umwelt sich jedoch deutlich unterscheiden (Schuppener 2008). Bundschuh (2008) plädiert dafür, anstatt genormter Entwicklungsziele die individuellen Möglichkeiten und Ziele in den Mittelpunkt der Betrachtung und Förderung zu stellen, um der Individualität von Entwicklung gerecht zu werden.

Anregung zur (Selbst-)Reflexion

Wie nehmen Sie dies in Ihrem Alltag wahr: In welchen Bereichen unterscheiden sich sonderpädagogische Ansätze von der allgemeinen Pädagogik, in welchen gleichen sie sich?

Kurz zusammengefasst

- Entwicklung geschieht immer, von der Geburt bis zum Tod.
- Die Prinzipien der Entwicklung verlaufen bei allen Menschen gleich.
- Es gibt nicht eine einzige psychologische Theorie der Entwicklung. Vielmehr gibt es zahlreiche Theorien, die sich entweder entsprechend ihres zugrundeliegenden Menschenbildes oder entsprechend des gewählten Fokus der Betrachtung voneinander unterscheiden.

2.2 Sozio-emotionale Entwicklung

Fallbeispiel

Frau N. ist 36 Jahre alt und lebt in einer Wohngruppe. Sie ist eine junge Frau, die auf ihr Äußeres Wert legt und einen Freund hat, den sie regelmäßig besucht. Sie kann lesen und schreiben und sich verbal fließend ausdrücken. Sie redet mit ihren Plüschtieren und ist davon überzeugt, dass die Schauspieler*innen ihrer Lieblingsserie echt sind. An manchen Tagen folgt sie den Mitarbeiter*innen der Wohngruppe nach deren Aussage „wie ein Schatten". Immer wieder kommt es zu Beschimpfungen des Umfelds, schreien, weinen und massiven Selbstverletzungen. Anschließend tut Frau N. dieses Verhalten meist schrecklich leid und sie ist verzweifelt bemüht, die Harmonie wieder herzustellen. Frau B., die Bezugsbetreuerin, berichtet weiter, dass es für Frau N. sehr schwierig sei, auf etwas zu warten, egal ob es sich um den kommenden Geburtstag, einen Einkaufswunsch oder ein Telefonat mit ihrem Freund handle. Die Fachkräfte auf der Wohngruppe geben an, dass neben den Selbstverletzungen vor allem das Gefühl belastend sei, dass Frau N. ein „Übermaß an emotionaler Bindung einfordert, das sie nicht erbringen können".

Dieser Fall ließe sich unter vielen Gesichtspunkte betrachten. Ich habe ihn als Begleitung für dieses Kapitel ausgewählt, da sich der Blickwinkel der sozio-emotionalen Entwicklung als besonders hilfreich für das Team erwies.

2.2.1 Das Konzept der sozio-emotionalen Entwicklung

Das Konzept der sozio-emotionalen Entwicklung ist eng mit den Konzepten der Persönlichkeitspsychologie verbunden. Die Erforschung der Persönlichkeit wiederum ist eines der grundlegenden Themen der Psychologie. Dabei ist Persönlichkeit kein an sich messbares Einzelprodukt, sondern ein Konstrukt auf theoretischer Basis (vgl. Lübeck 2020). Für die folgenden Ausführungen möchte ich die Definition von Anton Došen zugrunde legen: „*Persönlichkeit* (hervorgehoben im Original) [...] bestimmt, wie die Person sich selbst und ihre Umwelt erlebt und mit den Normen und Werten der sozialen Umgebung sowie mit den eigenen psychosozialen Bedürfnissen umgeht." (Došen 2018, S. 50)

Bereits Freud hatte sich über die Entwicklung der Persönlichkeit Gedanken gemacht und das berühmte Dreigestirn aus Es, Ich und Über-Ich entworfen (siehe auch Kapitel 1.2.1). Nachdem zunächst das Es vorherrscht, dessen Aufgabe es ist, für die sofortige Bedürfnisbefriedigung zu sorgen, bestehen noch keine oder nur wenige Möglichkeiten, die eigenen Triebe zu kontrollieren. Versuchen Sie mal, einem Säugling zu erklären, dass er „später" gestillt werde oder es unhöflich ist, einfach loszuschreien. Erst im Lauf der ersten sechs Lebensjahre bilden sich zunächst das Ich und später das Über-Ich aus. Senckel (2003) geht davon aus, dass das Es allen Menschen zur Verfügung steht. Eine Intelligenzminderung könne jedoch die Stärke des Ichs und die Entwicklung des Über-Ichs beeinträchtigen. Für den Alltag bedeutet dies, dass immer wieder Situationen auftauchen können, in denen es notwendig ist, ein „Hilfs-Ich" anzubieten, um einen Menschen mit Lernschwierigkeiten „bei seinem Bemühen um die Affekt- und Impulskontrolle zu unterstützen und ihm im Umgang mit seinem Über-Ich zu helfen." (Senckel 2003, S. 106)

Diese Überlegungen lassen sich gut auf Frau N. übertragen.

Fallbeispiel

Der Theorie Senckels folgend, spräche der Wunsch nach sofortiger Bedürfniserfüllung und die Beschimpfungen des Umfelds bei Frau N. für ein stark ausgeprägtes Es, das noch wenig kontrolliert ist. Anschließend schaltet sich ihr Über-

Ich jedoch mit Wucht ein, sie möchte unbedingt „alles wiedergutmachen". Eine entsprechende pädagogische Begleitung würde immer wieder vermitteln, Strukturen für die Affektbeherrschung anbieten und nach einem Streit dabei helfen, angemessene Wege zur Wiedergutmachung zu finden, um so das Ich zu stärken.

Ein weiteres Beispiel für ein Hilfs-Ich-Angebot findet bei der Begleitung von Frau N.s Partnerschaft statt: Gelegentlich hat Frau N. ein Anliegen an ihren Freund, das sie zwar gegenüber ihrer Bezugsbetreuerin äußern kann, nicht jedoch alleine gegenüber ihrem Partner. Sie erhält das Angebot, dass das Gespräch mit Unterstützung der Bezugsbetreuerin stattfindet, so dass ihr Ich dadurch gestärkt wird.

Freuds Ansatz blieb in der Psychologie bei Weitem nicht die einzige Persönlichkeitstheorie. Wichtige weitere Theorien entstanden unter anderem von Margaret Mahler, Daniel Stern, Erik Erikson, Carl Rogers, John Bowlby oder Robert Kegan. Ihnen ist gemeinsam, dass sie ein Stufenmodell der Entwicklung annehmen (vgl. Kapitel 2.1.1) und bestimmte Meilensteine von allen Autorinnen und Autoren übereinstimmend beschrieben werden (Senckel 2003; Došen 2010).[10] Für die frühe Kindheit lauten diese:

1. Der Säugling entdeckt, dass die Welt um ihn herum sich von ihm unterscheidet, er also *in* dieser Welt existiert und ein Selbst hat.
2. Die Bezugspersonen sorgen durch feinfühlige Wahrnehmung und Befriedigung der Grundbedürfnisse dafür (oder sollten dafür sorgen), dass der Säugling erfährt, dass er versorgt wird und dadurch eine sichere Bindung (Bowlby), ein Urvertrauen (Erikson) aufbauen kann.
3. Das Kleinkind entdeckt die Autonomie und stellt fest, dass es nicht ausschließlich von seinen Bindungspersonen abhängig ist, sondern selbst etwas bewirken kann.

Literaturtipp

Wer sich für einen ausführlicheren Einblick in die genannten Persönlichkeitstheorien und ihren Bezug zu Menschen mit Lernschwierigkeiten interessiert, wird bei Senckel (2003) fündig.

Anton Došen (2018) verglich eine Vielzahl solcher Persönlichkeitstheorien und setzte sie darüber hinaus mit Forschungsergebnissen aus der Neuropsychologie und der kognitiven Entwicklung nach Piaget in Beziehung. Auf dieser Basis

10 Die Stufen werden teilweise unterschiedlich benannt und auch die Altersgrenzen stimmen nicht exakt überein – trotzdem tauchen die genannten Entwicklungen im Kern in jeder dieser Theorien auf.

entwickelte er ein Schema der sozio-emotionalen Entwicklung (kurz SEO für: Schema van emotionele ontwikkeling), das von sieben Entwicklungsstufen ausgeht, die in Tabelle 3 näher dargestellt sind.[11]

Lebens-alter	Phasen nach Došen (2010) bzw. Sappok/Zepperitz (2019)	Meilenstein der Entwicklung	Basales Bedürfnis	Basale Angst
0–6 Monate	Adaption	Soziales Lächeln	Befriedigung der Grundbedürfnisse („warm, satt, sauber")	Unversorgt sein
6–18 Monate	Erste Sozialisierung	Objektpermanenz	Bindung, Sicherheit	Verlassen werden
18–36 Monate	Erste Individuation	Egozentrisches Denken	Autonomie	Verlust der Selbstbestimmung
3–7 Jahre	Identifikation	Theory of Mind	Zugehörigkeit	Ausschluss aus der Gemeinschaft, Versagen
7–12 Jahre	Realitätsbewusstsein	Moralisches Gewissen	Status	Abwertung, Versagen
12–17 Jahre	Zweite Sozialisierung	Kritisches Ich, eigener Standpunkt	Soziale Autonomie	Verlust der Autonomie
17–25 Jahre	Zweite Individuation	Prinzipielles und politisches Ich	Selbstverwirklichung	Ausschluss aus der Gesellschaft

Tabelle 3: Die Entwicklungsphasen nach Anton Došen (vgl. Došen 2018) inklusive der Meilensteine der kognitiven Entwicklung, die in jeder Phase erreicht werden, und die basalen Bedürfnisse und Ängste, die typischerweise in den einzelnen Phasen auftreten.

Auch bei diesem Ansatz handelt es sich um ein Stufenmodell. Došen geht davon aus, dass auf jeder Stufe (oder in jeder *Phase*, wie er es nennt) bestimmte Grundbedürfnisse vorherrschen und spezifische Entwicklungsaufgaben zu lösen sind. Dieses Modell hat sich als äußerst hilfreich in der Arbeit mit Menschen mit Lernschwierigkeiten herausgestellt. Im Folgenden wird, orientiert

11 Došen (2018), Sappok/Zepperitz (2019) und Kolb (2018) nutzen teilweise etwas unterschiedliche Namen für die Lebensphasen. Die Altersgrenzen und die beschriebenen Inhalte gleichen sich jedoch.

an einer normtypisch verlaufenden Entwicklung, ein kurzer Einblick in die einzelnen Phasen gegeben. Der Übersichtlichkeit halber wird hier bewusst zunächst von der kindlichen Entwicklung ausgegangen. Die Übertragung der Erkenntnisse auf Erwachsene und auch die Fragen, die sich in diesem Rahmen stellen, folgen im Anschluss. Die beschriebenen Phasen sind nicht in dieser Absolutheit voneinander abzugrenzen; sie dienen eher als Richtschnur und dazu, Meilensteine der Entwicklung deutlich zu benennen. Došen (2018) geht davon aus, dass die sozio-emotionale Entwicklung von Menschen mit Lernschwierigkeiten maximal die fünfte Phase erreichen kann (ebd., S. 70). Sappok/Zepperitz (2019) und Kolb (2018) beschreiben aus der Praxis der Erwachsenenpsychiatrie jedoch durchaus Entwicklungsverläufe bis Phase 6. Im Folgenden werden daher die ersten sechs Phasen dargestellt:

1. *Adaption (0–6 Monate):* Stellen Sie sich einen Säugling vor, noch ganz neu auf der Welt. Seine Hauptaufgabe besteht darin, physiologisch zurechtzukommen, also zu atmen, zu verdauen, zu schlucken. Bedürfnisse können nicht kontrolliert werden, Lust und Unlust können durch Schreien oder Lächeln kommuniziert werden. Im Verlauf der ersten Monate entwickelt sich aber bereits ein erstes Gefühl, ein „Selbst“ zu sein (vgl. Stern 1994). Von Geburt an treten Interaktionen mit der Umwelt auf.
2. *Erste Sozialisierung (6–18 Monate):* Für ein Kleinkind zwischen 6 und 18 Monaten ist das Wichtigste eine Bezugsperson, die eine sichere Bindung garantiert. Es entsteht ein Bewusstsein, dass es jemanden gibt, der sich kümmert (dieses Bewusstsein hat in Phase 1 noch nicht bestanden). Auch wenn erste Schritte zur Entdeckung der Welt erfolgen, ist eine wiederkehrende Überprüfung dieser Bindungssicherheit unumgänglich. Sprache kann symbolisch genutzt werden, die Objektpermanenz[12] entwickelt sich.
3. *Erste Individuation (18–36 Monate):* Das Kind entdeckt nun, dass es zu eigenen Aktionen fähig ist, etwas durch seine eigenen Aktionen erreichen kann: ein Gefühl von Selbstwirksamkeit entsteht. Das zentrale Element ist die Autonomie. Gleichzeitig flüchtet sich das Kind zurück in die Bindung, wenn eine Krise auftritt. Ein Perspektivwechsel ist in dieser Phase nur begrenzt möglich (sogenanntes egozentrisches Denken).
4. *Identifikation (3–7 Jahre):* Diese Phase entspricht in etwa dem Kindergartenalter in Deutschland. Das Kind orientiert sich zunehmend an Gleichaltrigen und entwickelt Freundschaften. Symbol- und Rollenspiele sind zentrale Elemente der kognitiven Entwicklung. Um das 4. Lebensjahr ent-

12 Objektpermanenz bedeutet, dass ein aus dem Blickfeld verschwundener Gegenstand weiterhin mental repräsentiert ist – im Gegensatz dazu gilt bei fehlender Objektpermanenz das Motto „weg ist weg“ oder „aus den Augen, aus dem Sinn“.

wickelt sich eine Theory of Mind, also eine Vorstellung darüber, was im Kopf eines anderen vorgeht (und dass dies nicht zwingend dem entspricht, was im eigenen Kopf vorgeht).

5. *Realitätsbewusstsein (7–12 Jahre):* Stellen Sie sich grob das Grundschulalter vor. Kinder beginnen Leistung zu zeigen, sie können die Realität zunehmend besser einschätzen und möchten gute Ergebnisse erzielen. Sie sind dazu nun auch besser in der Lage, da sie Belohnung aufschieben können und die Frustrationstoleranz steigt ebenso wie der Einfluss von Werten, Normen und Regeln.
6. *Zweite Sozialisierung (12–17 Jahre),* ergänzt durch Kolb (2018): Vereinfacht ausgedrückt entspricht diese Phase der Pubertät. Das wichtigste Thema ist erneut die Autonomie, diesmal jedoch mit der Möglichkeit, sich tatsächlich von den Bezugspersonen abzulösen und eigene Standpunkte einzunehmen, was in der Phase der ersten Individuation in dieser Form noch nicht möglich ist. Bei einer Krise erfolgt eher eine Abwendung von den Bezugspersonen und eine Hinwendung zu Gleichaltrigen.

Ein genaueres Verständnis der Theory of Mind ist m. E. so wichtig für die Behindertenarbeit, dass ich ihr etwas mehr Raum einräumen möchte: Unter *Theory of Mind* versteht man eine Art „naive Alltagspsychologie“ (Oerter/Montada 1995), die es uns erlaubt, Annahmen über das Verhalten und Erleben anderer zu treffen, indem wir ihre Absichten und Überzeugungen als handlungsleitend annehmen. Ein Begriff, der in diesem Kontext ebenfalls auftaucht und häufig synonym verwendet wird, ist der des Mentalisierens. Mentalisieren geht jedoch etwas weiter, da es auch die Wahrnehmung der eigenen Innenwelt einschließt: „Mentalisieren meint die Fähigkeit, Gedanken, Gefühle, Absichten, also die innere psychische Welt bei sich und anderen wahrzunehmen.“ (Kirsch 2014, S. 12). Beide Begriffe sind einzuordnen unter „Metakognition“, das heißt wir denken über unser Denken und das der anderen nach.

Fallbeispiel

Wenn ich selbst nicht religiös bin, jedoch weiß, dass eine meiner Klientinnen regelmäßig betet, dann werde ich ihr in einer Situation, in der sie Angst hat oder traurig ist, vielleicht vorschlagen, zu beten.

In diesem Moment denke ich mich in die Klientin ein und mache ihr einen Vorschlag, der nichts mit dem zu tun hat, was mir vielleicht guttun würde, sondern darauf beruht, was ich denke, dass ihr gut tun würde – begründet auf dem Wissen über ihr Innenleben, das ich von ihr habe.

Literaturtipp

Wer sich für eine differenzierte Unterscheidung von Theory of Mind und Mentalisieren interessiert, wird bei von Wyl (2014) fündig.

Komplexere soziale Situationen im Sinne einer Theory of Mind werden ab dem 4. Lebensjahr verstanden (Sappok/Zepperitz 2019). Erst dann wird klar, dass die eigene Sicht der Dinge nicht zwingend mit der der Umgebung übereinstimmt und dass das eigene Wissen nicht unbedingt dem Wissen der anderen entspricht. In der Unterhaltung mit einer Person mit einer noch nicht ausgebildeten Theory of Mind merkt man das oft daran, dass die Person wichtige Details ihrer Geschichte zunächst nicht erzählt, weil sie davon ausgeht, dass das Gegenüber diese Informationen sowieso weiß. Das sind Unterhaltungen, in denen man sehr viel nachfragen muss, um die zeitliche Chronologie und die einbezogenen Personen herauszufinden und so die gesamte Erzählung zu verstehen. Die Person weiß nicht, über welche Informationen ihr Gegenüber verfügt und über welche nicht, da sie nicht in der Lage ist, einen entsprechenden Perspektivenwechsel zu vollziehen. Solche Personen wirken oft egoistisch, sind aber in Wirklichkeit egozentrisch – ihre Selbstorientierung beruht auf der Unvorstellbarkeit, dass jemand anderes die Dinge anders sehen könnte als sie selbst.

Anregung zur (Selbst-)Reflexion

Gelegentlich entsteht eine negative Beziehungsdynamik mit Klient*innen, weil man den Eindruck hat, diese würden etwas „absichtlich“ machen. Überprüfen Sie die Fähigkeiten der Theory of Mind, wenn Sie das nächste Mal in so eine Dynamik geraten.

Menschen mit Autismus-Spektrum-Störung verfügen, unabhängig von ihrer Intelligenz und ihrer sonstigen emotionalen Entwicklung, häufig über eine unzureichende Theory of Mind (Noterdaeme/Ullrich/Endres 2017).

2.2.2 Zusammenhang von Lebensalter, kognitiver und sozio-emotionaler Entwicklung bei Menschen mit Lernschwierigkeiten

In einer normtypischen Entwicklung schließen wir vom Lebensalter eines Kindes oder Jugendlichen auf seine sozialen und kognitiven Fähigkeiten und leiten hieraus bestimmte Erwartungen an das Verhalten ab. Demzufolge sind wir nicht übermäßig überrascht, wenn eine Zweijährige einen Tobsuchtsanfall bekommt, weil sie etwas „ganz alleine“ machen möchte, oder wenn sich eine 16-Jährige von den Eltern abzunabeln beginnt. Dies liegt, wie bereits in Kapitel 2.1 beschrieben, an unserem Wissen über allgemeine Entwicklung und typische Verhaltensweisen in bestimmten Altersstufen. Zentral ist nun die Annahme, dass bei Menschen mit Lernschwierigkeiten von einer solchen Passung von Lebensalter, Intelligenz und sozio-emotionaler Entwicklung nur bedingt ausgegangen werden kann (vgl. Došen 2018; Sappok/Zepperitz 2019). Auch bei Frau N. ist dies offensichtlich nicht der Fall:

Fallbeispiel

Einerseits hat Frau N. einen Freund und zeigt sich verbal geschickt, kann lesen. Dies lässt vermuten, dass es sich allenfalls um eine leichte Intelligenzminderung handelt. Andererseits zeigt sie Verhalten, das einer sehr viel niedrigeren Entwicklungsstufe entspräche, wenn sie beispielsweise mit ihren Plüschtieren spricht oder den Unterschied zwischen Realität und Fernsehen nicht versteht.

Frau N. scheint bestimmte kognitive Fähigkeiten zu besitzen, die sich in ihrer emotionalen Entwicklung nicht spiegeln. Bereits Senckel (2003) weist darauf hin, dass bei Menschen mit Lernschwierigkeiten der körperliche Entwicklungsstand meist höher ist als der motorische, lebenspraktische und kognitive und diese wiederum höher als die sozio-emotionalen Fähigkeiten. Došen (2018) und Sappok/Zepperitz (2019) berichten dies ebenfalls. Dass die sozio-emotionale Entwicklung häufig schwächer ausgeprägt ist als andere Fertigkeiten und selten umgekehrt, mag sich daraus erklären, dass zahlreiche kognitive Funktionen die Grundlage für soziale Fähigkeiten sind. Solange beispielsweise keine Objektpermanenz ausgebildet ist (kognitive Funktion), ist es auch nicht möglich, einen Belohnungsaufschub auszuhalten (emotionale Aktion). Genauso ist es notwendig zu verstehen, dass jemand eine falsche Überzeugung über einen Sachverhalt haben kann, um ihn bewusst in die Irre zu führen (Theory of Mind; vgl. Oerter/Montada 1995). Eine Person, die in ihrer Entwicklung noch nicht ausreichend mentalisieren kann, kann also auch nicht bewusst lügen.

Die Neuropsychologie untermauert die klinischen Befunde: Tatsächlich entsprechen der Kognition und der Emotion im Gehirn teilweise unterschiedliche Regionen und neuronale Netze, so dass eine entkoppelte Entwicklung durchaus vorstellbar ist (Roth/Strüber 2018).

Sappok/Zepperitz (2016) stellten fest, dass der Stand der emotionalen Entwicklung einen signifikanten Einfluss auf die Ausprägung von herausforderndem Verhalten und Selbstverletzungen hat. In einer Stichprobe mit 203 Menschen mit Lernschwierigkeiten zeigte sich: Je niedriger der emotionale Entwicklungsstand, desto mehr selbst- und fremdaggressives Verhalten trat auf. Der emotionale Entwicklungsstand war dabei aussagekräftiger als das Intelligenzniveau.

2.2.3 Erhebung der sozio-emotionalen Entwicklung

Der emotionale Entwicklungsstand ist also wichtig und hat erheblichen Einfluss auf das Erleben und Verhalten eines Menschen. Für die Tätigkeit in der

Praxis ist daher von Bedeutung, wie dieser erfasst werden kann. Zugrundeliegend ist einmal mehr das Wissen aus der allgemeinen Entwicklungspsychologie. Basierend auf den oben genannten Stufen in Tabelle 3, trug Došen (2018) typische Entwicklungsschritte und Fähigkeiten zusammen, die ein Kind normalerweise in dem entsprechenden Alter zeigen würde und an denen man sich orientieren kann. In Deutschland wurde mit der *Skala zur emotionalen Entwicklung – Diagnostik (SEED)* ein Instrument vorgelegt, das auf der Grundlage von Došens Modell die ersten fünf Phasen in acht verschiedenen Bereichen anhand typischer Verhaltensweisen abfragt. Alle Items wurden so formuliert, dass sie altersunabhängig anwendbar sind (Sappok et al. 2018). Mit dem *Befindlichkeitsorientierten Entwicklungsprofil für normalbegabte Kinder und Menschen mit Intelligenzminderung (BEP-KI)* legte auch Senckel ein entsprechendes Instrument vor. (Senckel/Luxen 2017)

Wenn man sich die mittels des SEED erhobene sozio-emotionale Entwicklung von Frau N. ansieht, ergibt sich folgendes Bild:

Fallbeispiel

Bei Frau N. fällt als erstes ein sehr unausgewogenes Entwicklungsprofil auf. Während Kommunikation und der Umgang mit dem eigenen Körper relativ hoch skalieren (sie ist verbal geschickt und hat eine erwachsene Sexualität), erreicht sie in den meisten anderen Bereichen eine SEED-Stufe von 2, also der ersten Sozialisierung. Dies entspricht einem ca. einjährigen Kind bei einer normtypischen Entwicklung, bei dem Bindung das zentrale Entwicklungsthema ist. Die Ergebnisse lassen darauf schließen, dass es Frau N. schlicht nicht möglich ist, sich an komplexere Regeln zu halten bzw. deren Erklärungen zu verstehen. Das Bedürfnis nach gesicherter Bindung in dieser Entwicklungsstufe erklärt, wieso sie sich oft in der Nähe der Mitarbeitenden aufhält. Schließlich ist ihren Handlungen nur in begrenztem Ausmaß Absicht im Sinn einer gezielten und gut überlegten Handlungsplanung zu unterstellen. Die Entwicklungsstufe erklärt auch, wieso sie nicht zwischen Realität und Fantasie unterscheiden kann (ihre Plüschtiere leben und die Schauspieler*innen sind echt) und ihre Frustrationstoleranz so gering ist. Schließlich passen die Ergebnisse von Sappok/Zepperitz (2016) über die zunehmenden Selbstverletzungen bei niedrigerem Entwicklungsniveau zu ihren Verhaltensweisen.

Da Frau N. verbal und schriftlich so kompetent ist, wurde sie vor der Erhebung mit dem SEED hinsichtlich ihres sozio-emotionalen Entwicklungsalters überschätzt.

2.2.4 Förderansätze zur sozio-emotionalen Entwicklung und Milieutherapie

Die Frage ist nun natürlich, was man praktisch mit diesen Überlegungen anfangen kann. Die Ergebnisse sprechen dafür, dass im Sinne einer ganzheitlichen Begleitung die gesonderte Erhebung des sozio-emotionalen Entwicklungsstandes notwendig ist. Pädagogische Aufgabe[13] ist es, eine förderliche und für die Entwicklungsstufe passende Umwelt bereitzustellen, welche die Fähigkeiten und Bedürfnisse des jeweiligen sozio-emotionalen Alters berücksichtigt; man spricht hier auch von *milieutherapeutischer Begleitung.*

Literaturtipp

Zepperitz legt in „Das Alter der Gefühle" (Sappok/Zepperitz 2019) einen breiten Fragenkatalog vor, der die Reflexion der pädagogischen Arbeit und des eigenen Verhaltens hinsichtlich einer entwicklungsfördernden Begleitung unterstützt. In diesem Buch finden Sie auch ganz konkrete Vorschläge, welche Förderansätze in jeder Phase verfolgt werden können.

Ein solches Vorgehen bedeutet auch, bei einem/einer Erwachsenen deren „kindliche" emotionale Bedürfnisse zu befriedigen – eine Gratwanderung, wie verschiedene Autor*innen zu Recht anmerken (Senckel 2006; Sappok/Zepperitz 2019). Im kognitiven Bereich zeigen Untersuchungen, dass zwar die *Denkansätze* von Erwachsenen mit Lernschwierigkeiten dem Lebensalteräquivalent von normbegabten Kindern entsprechen, die *Informationsverarbeitung* jedoch auf einer höheren Ebene erfolgt (Senckel 2006). Ähnlich verhält es sich mit der sozio-emotionalen Entwicklung: Bedürfnisse und Fähigkeiten einer möglicherweise niedrigen sozio-emotionalen Stufe bestehen neben einem Arbeitsalltag in der Werkstatt für Menschen mit Behinderung oder Förderstätte, dem Recht auf Selbstbestimmung, der Lebenserfahrung ganz allgemein – und dem muss man gerecht werden. Um entsprechende Maßnahmen zur Begleitung der einzelnen Entwicklungsstufen abzuleiten, wird darauf zurückgegriffen, sich die basalen Bedürfnisse und Fähigkeiten der jeweiligen Stufe vor Augen zu halten. Der pädagogische Umgang wird also zunächst ausgehend von der Beschreibung einer normtypischen kindlichen Entwicklung konzipiert, muss jedoch auf die Lebenswelt einer erwachsenen Person übertragen werden. Sappok/Zepperitz (2019, S. 38) beschreiben die Aufgabe folgendermaßen: „Akzeptanz

13 Interessanterweise gibt es in diesem Zusammenhang den Begriff der Agogik, um Anleitung, Führung und Begleitung von Menschen *jeglichen* Alters zu beschreiben (www.bildung-schweiz.ch/topics/agogik, Abruf: 18.12.2021). „Päd"-agogik trägt dagegen immer die Referenz auf die kindliche Erziehung im Namen. Während diese Bezeichnung in Deutschland kaum verbreitet ist, ist sie in der Schweiz relativ häufig zu finden.

kindlicher Bedürfnisse und gleichzeitig der Verzicht auf Infantilisierung und Erziehung im Sinne von ‚Formen'." Ich möchte Ihnen zwei Beispiele zur Verdeutlichung skizzieren:

Fallbeispiele

Ein junger Mann mit einer körperlichen und kognitiven Schwerstmehrfachbeeinträchtigung, einem sozio-emotionalen Entwicklungsalter auf SEO-Stufe 1 (Adaption) und einer Epilepsie versucht, die Einnahme von Medikamenten zu verhindern, indem er den Mund fest zusammenpresst und den Kopf abwendet. Hier wäre es sicherlich nicht der richtige Weg auf seine Selbstbestimmung hinsichtlich der Medikation zu pochen, da nicht davon auszugehen ist, dass er die Folgen auch nur ansatzweise abschätzen kann. Seine Ablehnung der Situation ist dagegen sehr wohl ernst zu nehmen, und es stellt sich die Frage, was notwendig ist, um das Setting der Medikamentengabe so anzupassen, dass die Einnahme erleichtert wird.

Umgekehrt kann es geschehen, dass die Autonomie von Klient*innen auf einem zu niedrigen Niveau eingeschränkt wird. So erklärte mir beispielsweise eine pädagogische Fachkraft während eines Förderplangesprächs, dass klar ersichtlich sei, dass Frau P. keine Verantwortung für sich übernehmen könne, da sie auch im Herbst nach dem Duschen mit feuchten Haaren aus dem Haus gehe.

Beide Male geht es darum, das pädagogische Handeln im Hinblick auf den sozio-emotionalen Entwicklungsstand aber auch hinsichtlich Machtausübung und Notwendigkeit zu überprüfen.

Anregung zur (Selbst-)Reflexion

Welche Best-practice-Beispiele kennen Sie, bei denen eine Akzeptanz kindlicher Bedürfnisse ohne zu infantilisieren gut gelungen ist?

Da davon ausgegangen wird, dass die Entwicklung einer Person mit Lernschwierigkeiten eventuell auf einer niedrigeren Stufe lange oder auch ganz verweilt, bedeutet dieser Ansatz auch, dass das Bereitstellen einer passenden Umwelt ein dauerhafter Auftrag sein kann. Er verändert sich erst, falls sich auch die begleitete Person weiterentwickelt. Forschungsergebnisse aus Studien, die gezielte Förderung in sozialen Problemlösefähigkeiten bei Kindern mit intellektueller Entwicklungsstörung untersuchten, bestätigen ein solches milieutherapeutisches Vorgehen im Übrigen indirekt: Es zeigte sich darin, dass die Kinder zwar in der Lage waren, ihre sozialen Kompetenzen in den geübten Beispielen zu verbessern, dass es aber kaum Übertragungs- oder Generalisierungseffekte auf neue Situationen gab (Sarimski 2003). Ein rein verhaltenstherapeutischer Ansatz (siehe Kapitel 1.2.1) scheint daher zu kurz zu greifen.

Die Ausführung der einzelnen milieutherapeutischen Maßnahmen, die für die jeweiligen Entwicklungsstufen geplant werden können, würde den Rahmen dieses Buches bei Weitem sprengen. Ausführliche Anregungen hierzu finden sich beispielsweise bei Sappok/Zepperitz (2019), unter www.seo-gb.net oder bei Došen (2018). Ein erneuter Blick auf Frau N. vermittelt aber zumindest eine Idee zum möglichen Vorgehen:

Fallbeispiel

Frau N. befindet sich emotional überwiegend in Phase 2 (erste Sozialisierung). Das bedeutet, dass Bindung essenziell wichtig für sie ist und erklärt, wieso sie häufig die Nähe der Mitarbeitenden sucht. Auch die Vermischung von Realität und Phantasie (Plüschtiere, Fernsehserien) sind für diese Phase (bis einschließlich Phase 3) völlig normal.

Das Team entschied sich daher zu folgendem Vorgehen: Frau N. bekam kontinuierliche Beziehungsangebote und außerdem eine klare Zuteilung ihrer Ansprechperson pro Schicht. Davor hatte sich das Betreuungsteam von Frau N. durch deren Kontaktwünsche so stark gefordert gefühlt, dass es dazu übergegangen war, sich Zeiträume zu schaffen, in denen sie Frau N. „wegschickten". Dies führte bei Frau N., die sich in der Bindungsphase befindet, jedoch zu basaler Angst und entsprechend zu noch mehr Kontaktversuchen. Durch die erhöhte Verfügbarkeit von Beziehungsangeboten erlangte Frau N. mehr Sicherheit und es gelang ihr leichter, sich aus eigenem Antrieb kurzzeitig zurückzuziehen. Es gab auch weiterhin Situationen, in denen Frau N. auf etwas warten musste. Diese Momente wurden jedoch anders begleitet: Dem Team war bewusst, dass die Annahme, Frau N. könne durch rationale Argumente das Warten besser akzeptieren, auf einem SEO-Niveau der Phase 2 nicht haltbar ist. Daher wurde ein Nein mit deutlich weniger Erklärungen und eher Trost für die Frustration vermittelt. Die Beziehung zu ihrem Freund wurde weiter unterstützt, bei Bedarf wurden begleitete Gespräche angeboten. Diese Maßnahmen führten insgesamt dazu, dass die Selbstverletzungen deutlich zurückgingen. Unabhängig vom Verhalten von Frau N. war das Team durch die Einordnung der sozio-emotionalen Entwicklung entlastet, da viele der Verhaltensweisen nun anders bewertet und verstanden werden konnten.

Das Beispiel von Frau N. zeigt neben den Erfolgen, die eine milieutherapeutische Anpassung mit sich bringen kann, auch die Wichtigkeit der pädagogischen Haltung des Teams. Diese führt nicht nur zu einem anderen Umgang mit den Klient*innen, sondern in der Regel auch zu einer anderen Bewertung und einem anderen eigenen Erleben. Laut Berret (2018) zeigen erste Studien, dass mit einem milieutherapeutischen Ansatz herausfordernde Verhaltensweisen zurückgehen und Medikamente, insbesondere Neuroleptika, reduziert werden können.

Kurz zusammengefasst

- Den meisten Modellen der Persönlichkeits- bzw. der sozio-emotionalen Entwicklung liegt ein Stufenmodell zugrunde. Dies bedeutet für Begleitung und Förderung, dass das Milieu, in dem eine Person betreut wird, an ihren aktuellen Entwicklungsstand angepasst sein sollte. In einer solchermaßen angepassten Umgebung ist es möglich (wenn auch nicht zwingend notwendig), dass eine Weiterentwicklung auf eine höhere Stufe erfolgt.
- Die sozio-emotionale, die kognitive Entwicklung und das Lebensalter einer Person mit einer kognitiven Beeinträchtigung entsprechen sich nicht unbedingt. Spätestens wenn herausforderndes Verhalten auftritt, sollten alle drei Bereiche getrennt voneinander betrachtet werden. Dazu gibt es verschiedene Testverfahren, beispielsweise die Skala zur emotionalen Entwicklung Diagnostik (SEED; Sappok et al. 2018) oder das Befindlichkeitsorientierte Entwicklungsprofil für normalbegabte Kinder und Menschen mit Intelligenzminderung (BEP-KI; Senckel/Luxen 2017).
- Insbesondere bei Erwachsenen mit einer niedrigen sozio-emotionalen Entwicklungsstufe darf weder eine Infantilisierung der Person geschehen noch das Lebensalter über emotionale Bedürfnisse hinwegtäuschen.

2.3 Sexualität und psychosexuelle Entwicklung

Eines ist sicher: Das Thema Sexualität wird Ihnen im Alltag begegnen – gleichgültig in welcher Funktion Sie in der Behindertenarbeit tätig sind. Das liegt ganz einfach daran, dass Sexualität in unser aller/in jedem Leben eine Rolle spielt. Das Kapitel gibt Ihnen Einblick in die folgenden Fragen:

1. Wie wird Sexualität definiert?
2. Unterscheidet sich die Sexualität von Menschen mit und ohne Lernschwierigkeiten, und falls ja, wie?
3. Wie entwickelt sich Sexualität?
4. Wie werden Menschen mit Behinderung in ihrer Sexualität behindert?[14]

Einen Exkurs zum Thema sexueller Missbraucht finden Sie in Kapitel 4.2.2.

Im Hinblick auf die Forschung zu Sexualität weisen Autor*innen auf die große Individualität der menschlichen Sexualität hin (z. B. Clausen/Herrath 2012; Ortland 2020). Das Beschreiben objektiver Sachverhalte gehe hier noch

---

14 Die Behinderung von Sexualität durch Normen oder Einstellungen könnte man auch in der Sozialpsychologie verorten – der Übersichtlichkeit halber wird sie jedoch hier mit ausgeführt.

mehr als bei anderen Forschungsfeldern zu Lasten der subjektiven Erlebniswelt und umgekehrt.

2.3.1 Definition von Sexualität

Die Bundeszentrale für gesundheitliche Aufklärung definiert Sexualität als

> „ein existentielles Grundbedürfnis eines jeden Menschen. Sie ist zentraler Bestandteil seiner Persönlichkeitsbildung und Identität. Sexualität beinhaltet sowohl biologische, emotionale als auch psychosoziale Sachverhalte. Sie ist ein zentraler Bestandteil individueller Lebensweise und wird von Menschen unterschiedlich gelebt und erlebt." (BZgA 2015, S. 8)

Sexualität entwickelt und verändert sich von der Geburt bis zum Tod. Die Sexualität von Kindern ist eine andere als die von Jugendlichen, beide unterscheiden sich wiederum von der Sexualität im jungen, mittleren und späten Erwachsenenalter. Um Sexualität von der Geburt bis zum Tod zu denken, erscheint es mir hilfreich, die Aspekte sexuellen Erlebens entsprechend den Ausführungen von Sielert (2015) aufzugliedern. Er unterscheidet zwischen dem *Identitätsaspekt,* dem *Beziehungsaspekt,* dem *Lustaspekt* und dem *Fruchtbarkeitsaspekt.* Sexualität beschränkt sich demzufolge nicht auf genitalen Sex, sondern schließt Aspekte wie Persönlichkeitsentwicklung, Identität, Bindung, Zärtlichkeit, Geborgenheit, Erotik etc. mit ein.

Sexualität kann zudem nicht ohne ihren gesellschaftlichen Kontext betrachtet werden. Werte und Normen der Gesellschaft, in der wir leben, haben direkten Einfluss darauf, wie wir uns und unsere Sexualität erleben. Dies wird augenscheinlich, wenn man sich verschiedene Gesellschaften oder Zeiten vor Augen führt:

- Je nach Religion gelten verschiedene Aspekte als erlaubt oder unmoralisch.
- Bis 1969 waren sexuelle Handlungen zwischen Männern in der BRD strafbar, bis 1992 wurde Homosexualität von der WHO als psychische Krankheit geführt, 1994 wurde in Deutschland der § 175, der sog. „Schwulenparagraph", ersatzlos gestrichen.

Neben den gesellschaftlich mehr oder weniger akzeptierten sexuellen Verhaltensweisen gab es immer schon sehr individuelle Arten, die eigene Sexualität zu leben. Mit anderen Worten: Sexualität wird weder ausschließlich von der Biologie eines Menschen bestimmt noch von seinen sozialen oder gesellschaftlichen Rahmenbedingungen. Sexualität ist das, was das Individuum aus der Wechselwirkung der beiden für sich daraus macht.

Anregung zur (Selbst-)Reflexion
Welche Normen und Werte haben Sie in Bezug auf Sexualität? Welche Normen und Werte finden Sie bei Ihren Klient*innen vor?

2.3.2 Sexualität von Menschen mit Lernschwierigkeiten

Hartnäckig hält sich in der Gesellschaft und teilweise auch bei Fachleuten die Ansicht, dass Menschen mit einer sogenannten geistigen Behinderung eine andere Sexualität hätten. Das Bild reicht von erhöhter Triebhaftigkeit bis zur Unterstellung völliger Asexualität. Dieser Ansicht ist klar zu widersprechen, weder unterscheiden sich die Entwicklung noch das Ausleben von Sexualität grundlegend (Clausen/Herrath 2012). Möglich ist jedoch eine Divergenz zwischen der körperlichen und der psychosexuellen Entwicklung. Wenn Sexualität eine zutiefst individuelle Erfahrung ist, die sich aus der Interaktion des Individuums mit biologischen und gesellschaftlichen Faktoren entwickelt, kann es per se keine „behinderte“ Sexualität, sondern nur individuelle Sexualität geben. Dass diese sehr unterschiedlich aussehen kann, zeigen die folgenden Beispiele:

Fallbeispiele

- Frau Z. hat einen Freund, beide sind zwischen 20 und 25 Jahre alt, sie haben regelmäßig Geschlechtsverkehr.
- Herr A., 45 Jahre alt, ist schwerstmehrfachbeeinträchtigt. Er nimmt Dinge, die er mit den Händen erreicht, in den Mund und beleckt sie ausgiebig.
- Herr S., 27 Jahre, ist aufgrund einer spastischen Lähmung nicht in der Lage, sich selbst zu befriedigen. Er bringt klar zum Ausdruck, dass dies sein Wunsch wäre.
- Herr R. ist 18 Jahre alt. Seine emotionalen und kognitiven Fähigkeiten sind mit denen eines fünfjährigen Jungen vergleichbar. Körperlich entspricht er einem 18-jährigen. Er ist sehr daran interessiert, seine eigenen und fremde Geschlechtsorgane zu begutachten und zu vergleichen.
- Die fünfjährige A. legt sich in der Mittagsruhe gerne in die Nähe der Betreuerin, fängt an, sich selbst zu befriedigen, und versucht dabei, die Hand der Betreuerin auf ihr Geschlechtsteil zu legen.

Anhand dieser (wenigen) ausgewählten Beispiele zeichnet sich bereits die Vielfalt sexuellen Erlebens ab. Die *körperlichen Veränderungen* (Ausbildung der sekundären Geschlechtsmerkmale, hormonelle Umstellungen, Samenerguss, Menstruation etc.) erfolgen bei Menschen mit Lernschwierigkeiten bis auf ganz wenige Ausnahmen altersentsprechend. Die *psychosexuelle Komponente* kann jedoch auf einer früheren Entwicklungsstufe stehen bleiben (pro familia 2011).

Grundlegend für eine professionelle Begleitung ist es daher, den Verlauf der psychosexuellen Entwicklung zu kennen.

2.3.3 Psychosexuelle Entwicklung

Als Ausgangslage dient erneut die Beschreibung der normtypischen Entwicklung, die Altersangaben stellen grobe Richtlinien dar. Dabei kann diese nur eine Annäherung sein, die Ihnen Hinweise gibt in der sehr individuellen Welt der Sexualität. Das Ziel ist nicht, erwachsene Menschen zu infantilisieren, sondern vielmehr, Bedürfnisse entwicklungsgerecht ernst zu nehmen und einen angemessenen Umgang damit für den Alltag zu finden.

Literaturtipp

Eine ausführliche Auseinandersetzung mit behinderungsspezifischer Sexualpädagogik bietet Ortland (2020).

- *Geburt und erstes Lebensjahr:* Unmittelbar nach der Geburt bis ins erste Lebensjahr hinein sind Mund, Lippen, Zähne und Haut die sensibelsten Organe des Menschen (die „orale Phase“ nach Freud). Saugen an Flasche oder Brust führt zu Wohlbefinden, Erkunden von Gegenständen mit dem Mund zum Entdecken der Welt. Durch Tragen, Streicheln, Massieren, Eincremen etc. werden auf der Haut angenehme Eindrücke geschaffen. Gleichzeitig wird in dieser Zeit das Bindungserleben geprägt.

Fallbeispiel

Auch Herr A. (45 Jahre) erfährt vermutlich Lustgewinn beim Erkunden von Gegenständen mit dem Mund. Dies ist eine Möglichkeit der Sexualität, die bei Menschen mit einer schweren Intelligenzminderung häufig vorzufinden ist. In der Begleitung geht es nicht darum, Herrn A. wie ein einjähriges Kind zu behandeln, sondern nach altersadäquaten Reizen zu suchen, die seine Sinne anregen. Stichworte sind hier Snoezelen oder basale Stimulation, die maßgeblich von Andreas Fröhlich entwickelt wurde (hierzu Mohr/Zündel/Fröhlich 2019; Fröhlich 2015).

- *Zweites Lebensjahr:* Sobald Arme und Hände zunehmend gezielt koordinieren werden können, beginnt auch die Entdeckung (Sehen und Berühren) der eigenen Genitalien und die Entwicklung einer sexuellen Identität. Es kann bereits Selbstbefriedigung stattfinden, die zu Erektion und Orgasmus führen kann. Durch den Spracherwerb können Geschlechtsteile benannt werden, die elterlichen Genitalien rücken zunehmend in das Interesse und werden gerne erkundet.

- *Drittes Lebensjahr:* Wichtige nächste Entwicklungsschritte sind die Sauberkeitsentwicklung, das Entdecken des eigenen Willens (Autonomie) und die Übernahme sozialer Rollenbilder. Die Kontrolle der eigenen Ausscheidungen verschafft Wohlbefinden; Ekel ist damit nicht verbunden. Wahrnehmen und Durchsetzen des eigenen Willens führt dazu, dass man sich seiner Bedürfnisse bewusst wird. In Rollenspielen werden (meist stark stereotypisierte) Rollen eingenommen und „geübt" (Oerter/Montada 1995).
- *Viertes Lebensjahr:* Mit zunehmenden Fähigkeiten, sich in andere hineinzuversetzen (Theory of Mind), gewinnen soziale Regeln an Wichtigkeit. Entsprechend gewinnen die Gruppe der Peers und das Bestreben, sich darin zu profilieren, an Bedeutung und führen in der Folge oft zur Abwertung des anderen Geschlechts. Weiterhin wird in Rollenspielen die eigene Identität ausprobiert, wobei sowohl Eltern als auch Gleichaltrige üblicherweise verstärkend auf „geschlechtstypische" Verhaltensweisen reagieren (Oerter/Montada 1995). Mit (emotional) Gleichaltrigen können Freundschaften und tiefe Zuneigung entstehen. Die sogenannten Doktorspiele dienen dem Entdecken und Vergleichen der Geschlechtsteile zwischen Gleichaltrigen.

Fallbeispiele

Auch Herr R. (18 Jahre) befindet sich vermutlich in dieser Entwicklungsstufe. Er ist emotional und kognitiv auf dem Stand eines Fünfjährigen und interessiert sich für die Geschlechtsteile anderer.

A. (5 Jahre) berührt sich selbst um sich zu befriedigen und nutzt die Hand der Bezugsperson als zusätzliches Werkzeug. Angesichts ihres Alters und ihrer Entwicklungsstörung ist zunächst nicht davon auszugehen, dass sie nach der Hand der Bezugsperson greift, weil die Beteiligung einer zweiten Person der Aspekt ist, der ihr sexuelle Lust bereitet, sondern eher, dass sie die Hand als hilfreiches Werkzeug betrachtet.

- *Siebtes Lebensjahr:* Inzwischen haben die meisten Kinder ein Schamgefühl entwickelt, so dass ihnen die Wahrung der Intimsphäre wichtig ist.
- *Elftes bis dreizehntes Lebensjahr:* Es beginnt die Pubertät (ungefähr ab dem 11. Lebensjahr bei Mädchen und ab dem 13. Lebensjahr bei Jungen), in der es zu vielfältigen körperlichen und hormonellen Veränderungen kommt. Die sekundären Geschlechtsmerkmale bilden sich aus, die hormonelle Umstellung des kindlichen Körpers zu einem erwachsenen Körper vollzieht sich. Auf psycho-sozialer Ebene entspricht dies der *Adoleszenz.* Der Mensch (in einer normtypischen Entwicklung die oder der Jugendliche) steht vor der Aufgabe, eine geschlechtliche Identität zu entwickeln und sich auf Beziehungen mit Gleichaltrigen und die Loslösung vom Elternhaus vorzubereiten.

- *Junges Erwachsenenalter:* Unter *„erwachsener" Sexualität* wird landläufig eine Sexualität verstanden, die genitalen Geschlechtsverkehr beinhaltet – gleichzeitig stellt dieser die zentrale Unterscheidung zur kindlichen Sexualität dar. Sie bezieht in der Regel auch den Wunsch nach Partnerschaft mit damit einhergehenden intimen Beziehungen, Zusammenleben und möglicherweise Familiengründung mit ein.
- *Mittleres Erwachsenenalter:* Etwa ab dem vierzigsten Lebensjahr beginnt erneut eine Phase der Hormonumstellung bei beiden Geschlechtern. Während der Wechseljahre berichtet etwa ein Drittel der Frauen von starken Beschwerden wie bspw. Hitzewallungen, Schlafstörungen oder Depressionen (Henning/von Keiser 2015). Bei Männern sinkt der Testosteronspiegel.
- *Älteres Erwachsenenalter:* Wie Männer und Frauen Sexualität im Alter leben hängt u. a. davon ab, wie ihre Einstellung zu Sexualität vorher war (Henning/von Keiser 2015). Erektion und Lubrikation (das Feuchtwerden der Vagina) können eingeschränkt sein. Bei Menschen mit Demenz kommt es laut der deutschen Alzheimer Stiftung grundsätzlich eher zur Abnahme von sexuellem Verhalten. Insbesondere Menschen mit Frontallappen- oder vaskulärer Demenz zeigen jedoch gehäuft ein ausgeprägtes sexuelles Verhalten, da die hemmende und kontrollierende Funktion des Frontallappens eingeschränkt ist.[15]

Literaturtipp

Zwei Aufklärungsbücher bzw. DVDs, die sowohl eine ausführliche Übersicht über die körperliche Entwicklung von Sexualität über die Lebensspanne als auch vielfältige Tipps zur Verbesserung des Sexuallebens bieten, liefern Henning und Kolleginnen in Make Love (2017, Neuauflage) und Make More Love (2015).

Von pro familia und der BZgA gibt es Broschüren zu zahlreichen Themen rund um Sexualität; viele auch in leichter Sprache.

Die Einschätzung des psychosexuellen Entwicklungsstandes hat zudem unmittelbar Auswirkungen auf die Bewertung von Handlungen und den Umgang damit:

Fallbeispiele

Wie wird es bewertet, wenn der 17-jährige L. im Bus auf der Heimfahrt von der Schule seine Hose öffnet und anfängt, sich selbst zu befriedigen? Empfindet er Lust an der öffentlichen Befriedigung oder hat ihm (noch) niemand den Unter-

15 www.deutsche-alzheimer.de/fileadmin/alz/pdf/2019_09_05_Fachtagung_Demenz_Sexualit%C3%A4t_Vortrag_M%C3%BCller-Hergl.pdf (Abfrage: 06.01.2021)

schied zwischen öffentlichem und privatem Raum erklärt – und ist er kognitiv in der Lage, diesen zu verstehen?

Was passiert, wenn der 18-jährige Herr R. (siehe oben) sich für die Genitalien des elfjährigen D. interessiert, der mit ihm die Tagesstätte besucht? Sind das Doktorspiele oder nicht? Muss man die Polizei einschalten?

Wie ist es zu bewerten, wenn der 46-jährige Herr L., für den Geschlechtsverkehr etwas Normales ist, mit der 47-jährigen Frau M. schläft, deren psychosexueller Entwicklungsstand dem eines Kindes entspricht?

In den ersten beiden Fällen geht es nicht nur um den pädagogischen Umgang, sondern auch um die strafrechtliche Beurteilung. Auf diese Frage kann es in keinem der genannten Fälle eine pauschale Antwort geben. Stattdessen muss der Stand der psychosexuellen Entwicklung sorgfältig abgewogen und entsprechende Maßnahmen geplant werden. Leider gibt es bisher kein Verfahren, das eine Einschätzung der psychosexuellen Entwicklung standardisiert erhebt. Ansätze dazu kann man im SEED finden (vgl. Kapitel 2.2.3).

Die beschriebenen Entwicklungen geschehen nicht im luftleeren Raum. Die Interaktion mit der Umwelt hat Einfluss auf die Entwicklung und das Erleben von Sexualität, was zum nächsten Themenkomplex führt:

2.3.4 Gesellschaftliche Behinderungen gelebter Sexualität

Der Umgang mit der Sexualität behinderter Menschen war und ist keineswegs selbstverständlich, sondern ist nach wie vor häufig tabuisiert (z. B. Clausen/Herrath 2012).

Fallbeispiel

Wenn ich mit Frau S. spreche, die bereits seit 1946 in einem Wohnheim lebt, erweckt sie fast den Eindruck, Sexualität oder Lust spiele in ihrem Leben keine Rolle, werde auch nicht vermisst. In besagtem Heim (so wie vermutlich in den meisten Heimen um diese Zeit) war Sex in den 1950er bis 1980er Jahren kein Thema. Beziehungen waren ebenso verboten wie Selbstbefriedigung. Selbst über die Menstruation durfte nicht gesprochen werden. Frau S. wuchs also in einem sexualfeindlichen Umfeld auf, so dass das „Nicht-Entwickeln“ solcher Gefühle eine gute Lösungsstrategie war.

Das Wissen um mögliche Mensch-Umwelt-Interaktionen ist im Zusammenhang mit Sexualität bedeutsam, da es bestimmte Erfahrungen gibt, die Kindern und Erwachsenen mit einer Behinderung im Laufe ihrer Entwicklung eher widerfahren als Personen ohne Behinderung und die unmittelbaren Einfluss auf ihre psychosexuelle Entwicklung haben. Weinwurm-Krause (1990) fand in einer Studie mit jungen Erwachsenen mit Körperbehinderung heraus, dass die Art und Schwere der körperlichen Beeinträchtigung geringeren Einfluss auf die sexuelle Zufriedenheit hatte als institutionelle Erfahrungen oder die Einstellung der Eltern zur Sexualität ihres Kindes.

Literaturtipp

In ihrem Buch „Sexualität leben ohne Behinderung“ sammeln Clausen und Herrath verschiedene Aspekte, die für eine selbstbestimmte Sexualität notwendig sind (Clausen/Herrath 2012).

Die folgenden Punkte stellen Faktoren vor, die es einem Kind/Jugendlichen/Erwachsenen mit Behinderung erschweren können, eine positive Sexualität zu entwickeln. Weder muss dies so sein, noch muss es zwingend zu „fatalen“ Folgen kommen. Erst das Wissen um mögliche allgemeine Behinderungsfaktoren ermöglicht ein bewusstes Gegensteuern, ohne dabei die individuelle Entwicklung aus den Augen zu verlieren. Barbara Ortland (2020) bringt diese Pendelbewegung auf den Punkt: „Nur Bedarfe, von denen ich weiß, kann ich erkennen“ und gleichzeitig: „Nur in der Begegnung kann ich Bedarfe wahrnehmen.“ (Ortland 2020, S. 30)

Die Geburt eines Kindes mit Beeinträchtigung löst bei Eltern in der Anfangsphase zunächst Trauer oder Ambivalenz aus (Ortland 2020; Achilles 2012). Ilse Achilles, Mutter eines Sohns mit Down-Syndrom, beschreibt aus ihrer Elternsicht: „Unsere Vergangenheit ist zum Teil mit großen Schmerzen und persönlichem Leid verbunden. [...] Ein behindertes oder chronisch krankes Kind zu bekommen, erschüttert die Eltern lebenslang.“ (Achilles 2012, S. 122)

Kommt es in den ersten Lebensmonaten zu längeren Krankenhausaufenthalten, können Berührungen aufgrund medizinischer Apparate eingeschränkt sein. Steht das Überleben des Säuglings im Vordergrund, bleibt für Zärtlichkeit wenig Raum. Später kommt in der Interaktion mit Säuglingen mit Entwicklungsstörungen hinzu, dass deren Kommunikationssignale oft eingeschränkt und/oder schwer zu deuten sind (Sarimski 2013).

Auch bei der Pflege steht, anstatt des lustvollen, spielerischen Entdeckens des Körpers, häufig die Versorgung im Vordergrund. Unklar ist, inwieweit bei dauerhafter Notwendigkeit körperlicher Pflege ein Schamgefühl entwickelt und die eigenen Intimitätsgrenzen kennengelernt werden können (Ortland 2020).

In der ersten Phase der Autonomieentwicklung, dem sogenannten Trotzalter, kann es für Kinder mit verbalen oder körperlichen Einschränkungen schwerer sein, ihre Eigenständigkeit durchzusetzen. Auch sind Kinder mit

Beeinträchtigung viel seltener unbeaufsichtigt und haben daher weniger Gelegenheiten, sich auszuprobieren.

In der zweiten Phase der Autonomie, der Adoleszenz, gehört die Lösung vom Elternhaus und die Hinwendung zu Gleichaltrigen mit dem Aufbau einer eigenen Identität zu den Entwicklungsaufgaben. Dies steht im Widerspruch zu der Unterstützung, die Jugendliche mit Beeinträchtigungen oft weiterhin benötigen. Zusätzlich ist der Gedanke der Selbstbestimmung als leitendes pädagogisches Paradigma nach wie vor relativ neu, was weiterhin zu (über-)behütendem Verhalten seitens der Eltern/Betreuungskräfte führen kann. Für die Entwicklung einer eigenen Identität sind Peergroups ein wichtiger Bestandteil – eine solche zu finden ist für Jugendliche mit Lernschwierigkeiten oft erschwert, weil durch die Einrichtung von Förderzentren der Einzugsbereich von Schulen sehr groß ist. Noch dazu sind die Möglichkeit zur unabhängigen Fortbewegung der Jugendlichen häufig eingeschränkt, etwa weil sie nicht alleine öffentliche Verkehrsmittel nutzen können. Nicht zuletzt sei benannt, dass die Entwicklung einer positiven Identität aufgrund der anhaltenden Stigmatisierung von Behinderung durch die Gesellschaft erschwert wird. So berichtet Thomas (in Clausen/Herrath 2012, S. 217): „Ich bezeichne mich nicht als behindert, aber man stempelt mich dazu ab, als ob ich behindert wäre. Ich fühl mich dann natürlich auch so. Wenn man abgestempelt wird von vielen Leuten, fühlt man sich auch so, ne?"

Die körperlichen und emotionalen Veränderungen, die in der Pubertät, der Meno- und der Andropause stattfinden, können möglicherweise nicht oder nur unzureichend eingeordnet werden. Zudem stellten Fegert et al. noch 2006 fest, dass eine umfassende Sexualaufklärung in Institutionen nicht stattfindet (Fegert et al. 2006). Bei der Menopause kommt aus meiner Erfahrung erschwerend hinzu, dass begleitende Symptome wie Schlafstörungen oder Stimmungsschwankungen häufig zunächst psychiatrisch gedeutet werden und fälschlicherweise eine psychiatrische statt einer gynäkologischen Abklärung initiiert wird.

Erwachsene mit Behinderung haben unterschiedliche Handlungsressourcen hinsichtlich ihrer Sexualität. Unabhängig davon, ob sie in einer Institution oder weiterhin bei ihren Eltern leben (Letzteres triff auf ca. 50–60 % zu[16]), sind sie – je nach Schwere der Beeinträchtigung – in hohem Maße von der Unterstützung ihrer Umwelt abhängig. Zu den Einschränkungen, die in der jeweiligen Beeinträchtigung begründet sind, kommt nicht selten die Hilflosigkeit der Begleitenden beim Thema Sexualität und Behinderung hinzu. Rothaug (2012) weist darauf hin, dass Menschen mit schwerer oder schwerster Behin-

16 www.familienratgeber.de/schwerbehinderung/selbstbestimmt-leben/selbstbestimmt-wohnen.php (Abfrage: 02.01.2020) oder auch Czarski 2010

derung bereits in dem Punkt von ihren Bezugspersonen abhängig sind, dass sexuelle Wünsche überhaupt erkannt werden.

Fallbeispiele

Herr S. kann sich aufgrund seiner spastischen Lähmung nicht selbst befriedigen. Auch wenn er den Wunsch danach deutlich formulieren kann, ist von der Reaktion der Umgebung abhängig, ob dieser, beispielsweise durch die Vermittlung einer/eines Sexualassistent*in[17], auch erfüllt wird.

Frau V. hat eine schwere Intelligenzminderung. Sie kann nicht sprechen, trägt Inkontinenzmaterial und sitzt im Rollstuhl. Gezielt werden immer wieder Zeiten eingeplant, in denen sie sich ohne Inkontinenzhilfe alleine in ihrem Zimmer in ihrem Bett befindet.

Frau M. und Herr I. sind seit mehreren Jahren ein Paar. Frau M. möchte keinen Geschlechtsverkehr, Herr I. dagegen schon. Die Lösung für Herrn I. ist, dass er regelmäßig mit anderen Frauen schläft. Dies in einer ländlich gelegenen Einrichtung so zu machen, dass es niemand bemerkt, ist jedoch gar nicht so einfach, so dass er regelmäßig von Betreuer*innen „erwischt" wird. Wie damit umgegangen wird, kann dann unter Umständen sehr von der Einstellung der Betreuungskraft abhängen. Diese könnte zu dem Schluss kommen, Herr I. betrüge seine Freundin und ihm müsse erklärt werden, dass dies unmoralisch sei. Oder aber sein Verhalten wird als Lösungsansatz gewertet, der ihm ermöglicht, mit seiner Freundin zusammenzubleiben und gleichzeitig seine sexuellen Bedürfnisse zu befriedigen. Oder aber die Betreuungskraft könnte zu dem Schluss kommen, das alles gehe sie gar nichts an…

Anregung zur (Selbst-)Reflexion

Welche Maßnahmen ergreifen Sie in Ihrer Arbeit, um Sexualität zu „ent-hindern?"

Kurz zusammengefasst

- Sexualität ist ein Lebensthema für jeden Menschen. Die psychosexuelle Entwicklung von Menschen mit und ohne Behinderung unterscheidet sich grundsätzlich nicht, wobei es sein kann, dass eine Person mit Intelligenzminderung nicht alle Stufen der psychosexuellen Entwicklung durchläuft.
- Sexualpädagogisches Wissen und Begleitung sind wichtige Bestandteile, um Sexualität für Menschen mit Behinderung nicht unnötig zu behindern.

---

17 Sexualassistent*innen sind Menschen, die sich auf sexuelle Dienstleistungen für Menschen mit Beeinträchtigungen spezialisiert haben.

2.4 Kognitive Entwicklung

Die kognitive Psychologie (Kapitel 3) beschäftigt sich damit, wie Denken passiert. Aus entwicklungspsychologischer Perspektive interessiert die Frage, wie sich Denken *entwickelt.* Neben der Theorie der kognitiven Entwicklung nach Piaget möchte ich zwei Theorien darstellen, die für die Arbeit mit Menschen mit Lernschwierigkeiten ebenfalls interessante Perspektiven aufzeigen, aber weniger bekannt sein dürften: die soziokulturellen Theorien und die Theorien der Informationsverarbeitung.

2.4.1 Die Theorie der kognitiven Entwicklung nach Piaget

Wer sich mit diesem Thema befasst, kommt an Jean Piaget (1896–1980) nicht vorbei. Die Bedeutung Piagets ähnelt in dieser Hinsicht der von Sigmund Freud: Viele seiner Annahmen sind inzwischen weiterentwickelt oder gar widerlegt worden, ihre Theorien beeinflussten jedoch Generationen von Psycholog*innen und Pädagog*innen und bereiteten den Boden für weitergehende Arbeiten. Insbesondere im (heil-)pädagogischen Umfeld nimmt Piaget nach wie vor einen wichtigen Stellenwert ein. Piaget ging davon aus, dass das Individuum seine Umwelt aktiv erkundet und sich darüber Wissen aneignet. Indem das Kind abwechselnd ihm bekannte Denk- und Handlungsabläufe auf die Umwelt anwendet *(Assimilation)* und seine Denk- und Handlungsabläufe der Umwelt anpasst *(Akkommodation),* findet Weiterentwicklung statt. Am bekanntesten sind wohl die von Piaget postulierten vier operationalen Stadien der kognitiven Entwicklung (Bundschuh 2008; Lübeck 2020). Sie können im Alltag der Behindertenarbeit, ähnlich wie die Beschreibung der psychosexuellen und der sozio-emotionalen Entwicklung, als Ideengeber fungieren, wo eine Förderung ansetzen, wie sie aussehen könnte und wo vielleicht Grenzen erreicht werden. Welche Stufe eine Person mit Lernschwierigkeiten erreicht, hängt vom Ausmaß der Intelligenzminderung ab. Gleichzeitig ist auch in diesem Zusammenhang wieder darauf hinzuweisen, dass ein erwachsener Mensch mit Intelligenzminderung, der sich formal auf einer niedrigeren Entwicklungsstufe befindet, in seiner Gesamtentwicklung nicht einem Kind dieses Alters entspricht.

Die sensomotorische Entwicklung

Fallbeispiel

Herr S. ist 49 Jahre alt und körperlich und geistig schwer beeinträchtigt. Er sitzt im Rollstuhl und kommuniziert durch Laute und Mimik. Herr S. wohnt bei seinen Eltern und besucht tagsüber eine Förderstätte. Die betreuenden Personen sind sich einig, dass Herr S. es sehr gerne mag, mit einem Glockenspiel zu hantieren, das an seinem Rollstuhl befestigt werden kann. Er greift gezielt danach und bringt es immer wieder zum Klingen. Er scheint auch die Interaktionen zu genießen, wenn sich jemand zu ihm setzt und ebenfalls Töne produziert. Wenn das Glockenspiel entfernt wird, beispielsweise in der Essenssituation, wendet er suchend den Blick danach und protestiert.

Herr S. befindet sich in der sensomotorischen Phase. Kennzeichnend hierfür ist, dass er gezielt mit dem Glockenspiel hantieren kann, er setzt seine Handlungen also bewusst ein. Dass er sich bei Entfernung des Glockenspiels suchend umsieht, spricht dafür, dass er bereits eine *Objektpermanenz* entwickelt hat, das heißt, er weiß, dass Dinge existieren, auch wenn er sie nicht mehr sehen kann. Beides sind zentrale Bestandteile der sensomotorischen Stufe. Herr S. ist allerdings noch darauf angewiesen, dass sich die Dinge, mit denen er sich beschäftigt, unmittelbar in seinem Nahbereich befinden. Es ist nicht zu beobachten, dass er einfache Handlungen zeitlich verzögert wiederholen kann – ein weiterer Schritt der sensomotorischen Phase (Lübeck 2020), den Herr S. möglicherweise noch nicht erreicht hat. Die betreuenden Personen um ihn herum holen ihn auf seiner Entwicklungsstufe ab, indem sie seine Fähigkeiten und Vorlieben aufgreifen und ihm damit Interaktionsmöglichkeiten bieten, beispielsweise indem das Glockenspiel an seinem Rollstuhl montiert wird und sie gemeinsam mit ihm spielen.

Bei einem normtypischen Entwicklungsverlauf ist diese Stufe mit ca. zwei Jahren abgeschlossen. Das Kind baut seine anfänglich vorhandenen Reflexe zu gezielten Handlungen um, der kognitive Meilenstein ist die Entwicklung der Objektpermanenz und der inneren Repräsentationen, also einem inneren Abbild der Welt, das z. B. Sprache ermöglicht. Beides wiederum ist notwendig für den Übergang in die 2. Stufe.

Das präoperationale Denken

Fallbeispiel

J. ist 16 Jahre alt und geht gerne einkaufen. Üblicherweise erhält sie jeden Montag einen 5 Euro-Schein als Taschengeld. An diesem Montag hat ihre Mutter keinen Schein und möchte ihr die Summe stattdessen in Münzen ausgeben. Dies führt zu einem handfesten Streit, weil sich J. um ihr Taschengeld betrogen fühlt. Auch das mehrfache Vorzählen der Münzen hilft ihr nicht weiter.

J. zeigt in ihrem Denken die für Stufe 2 typische *Zentrierung:* der Wert der 5 Euro ist abhängig von der Darreichungsform (Schein oder Münze). Diese Zentrierung zeigt sich auch in der zwischenmenschlichen Interaktion, da die Perspektive einer anderen Person noch nicht eingenommen werden kann; hier spricht Piaget von Egozentrismus. Kognitiver Meilenstein dieser Stufe ist die *symbolische innere Repräsentation von Dingen* – diese zeigt sich bei Kindern in der Sprachentwicklung (Dinge werden mit Wörtern innerlich repräsentiert) und im Symbolspiel. Bei einer normtypischen Entwicklung findet diese Stufe zwischen dem 2. und dem 7. Lebensjahr statt. Das Beispiel von J. zeigt auch, dass sich eine Person nicht, wie von Piaget postuliert, in allen Bereichen nur in einer Stufe befinden kann. J.s Spracherwerb ist längst abgeschlossen und das Symbolspiel liegt lange hinter ihr.

Konkret-operationales Denken

Fallbeispiel

Frau W. arbeitet in einer Werkstatt für Menschen mit Behinderung im Montagebereich. Sie sortiert unterschiedlich lange Plastikschläuche der Länge nach und legt sie gebündelt ab, damit sie später weiterverarbeitet werden können. Ihre Arbeitskollegin bedient sich dazu einer Sortierhilfe, bei der die Schläuche in passende Mulden gelegt werden müssen, bevor sie gebündelt werden. Frau W. benötigt eine solche Sortierhilfe nicht.

Frau W. hat, im Gegensatz zu ihrer Kollegin, die Fähigkeit der Reihenbildung erworben, die einen der Meilensteine auf der konkret-operationalen Stufe darstellt. In einer normtypischen Entwicklung erstreckt sich diese Stufe vom siebten bis zum elften Lebensjahr. Eine Person auf dieser Stufe kann mehrere Aspekte eines Problems erfassen, ist dabei allerdings noch auf konkretes Anschauungsmaterial angewiesen. Weitere Fähigkeiten, die auf dieser Stufe erworben werden, sind Klassifizieren, Ordnen, Zählen und Verbesserungen im räumlichen Denken.

Formal-operationales Denken

Erst auf der Stufe des formal-operationalen Denkens ist beim Problemlösen der systematische Einbezug mehrerer Variablen möglich. Überlegungen sind mental durchführbar und der/die Jugendliche ist nicht mehr auf konkretes Anschauungsmaterial angewiesen. Dies ermöglicht ein hypothesengeleitetes deduktives Vorgehen und das Nachdenken über abstrakte Probleme. Viele Erwachsene zeigen eingeschränkte Fähigkeiten bei formalen Operationen – laut Berk (2011) unter anderem deshalb, weil diese Fähigkeit im Alltag selten geübt wird und vor allem im akademischen Kontext vonnöten ist.

Literaturtipp

Bundschuh (2008) geht in seinem Buch „Heilpädagogische Psychologie“ ausführlich auf die Annahmen Piagets ein und unterzieht sie einer kritischen Bewertung hinsichtlich ihrer Übertragung auf Kinder mit Entwicklungsstörung.

2.4.2 Die soziokulturelle Theorie von Lew Wygotski

Lew Wygostki[18] (1896–1934) war ein russischer Psychologe, der wie Piaget Anfang des 20. Jahrhunderts wirkte. Im Unterschied zu Piaget, für den das Individuum Hauptakteur der Entwicklung ist, teilte Wygotski der Umwelt eine maßgebliche Rolle zu. Die folgenden drei Mechanismen betrachtet Wygotski als entwicklungsentscheidend:

- die soziale Vermittlung von Wissen,
- die Zone der nächsten Entwicklung,
- Sprache.

Fallbeispiel

L. ist in einer integrativen Kindergartengruppe. Die Erzieherin übt mit ihr gemeinsam, mit einer Schere zu schneiden. Später spielt L. mit F. in der Bauecke – F. ist feinmotorisch etwas geschickter und erklärt und zeigt L. immer wieder, wie sie die Steine so stapeln kann, dass ein solider Turm entsteht. L. orientiert sich an F., hört genau zu und begleitet bei der Nachahmung der Handlungen ihr Tun verbal.

Die soziale Vermittlung von Wissen

L. bekommt also etwas gezeigt und diese soziale Vermittlung von Wissen ist laut Wygotski die Basis von Entwicklung. Man spricht in diesem Zusammenhang auch von Ko-Konstruktivismus, da die Gestaltung der Welt (Konstruktivismus) immer gemeinsam, sozusagen in Ko-Produktion geschieht. Die Anleitung erfolgt durch erfahrene Andere, nämlich älterer Kinder oder Erwachsener – genau wie in L.s Beispiel (Siegler/DeLoache/Eisenberg 2011; Bundschuh 2008). Da sich jedes Individuum im Kontext einer Gesellschaft bewegt, ist Entwicklung stets kulturabhängig – vermittelt wird, was wichtig erscheint. Denkt man die Theorie weiter, stellt sie ein Argument für Inklusion dar, um möglichst viel gegenseitiges Lernen zu ermöglichen.

Die Zone der nächsten Entwicklung

Wygotski war der Meinung, dass es unzureichend sei, nur den *aktuellen* Entwicklungsstand eines Kindes zu erfassen, um ein Kind adäquat zu fördern. Es komme vielmehr darauf an, die Fertigkeiten zu erfassen, die zwar noch nicht selbstständig, aber bereits mit Hilfestellung abrufbar sind, so wie L.s Turmbau in der Bauecke. Oder, wie Wygotski es ausdrückt: „Wenn wir also untersuchen, wozu das Kind selbständig fähig ist, untersuchen wir den gestrigen Tag. Er-

---

18 Gelegentlich findet sich auch die Schreibweise: Vygotski.

kunden wir jedoch, was das Kind in Zusammenarbeit zu leisten vermag, dann ermitteln wir damit seine morgige Entwicklung" (Wygotski 1987, S. 83).

Übersetzt auf den Betreuungsalltag von Menschen mit Lernschwierigkeiten bedeutet dies, sensibel zu sein für die Abstufungen der Unterstützungsleistung. Idealerweise erhalten die begleiteten Personen so viel Hilfe wie nötig und so wenig wie möglich – dann werden sie in ihrer Zone der nächsten Entwicklung gefördert. Wygotski selbst trifft keine Aussage dazu, ob er Entwicklung als einen lebenslangen Prozess betrachtet. Aus meiner Sicht ermutigt seine Theorie aber altersunabhängig dazu, notwendige Unterstützungsleistungen nicht stellvertretend zu erledigen, weil es schneller geht oder „praktischer" ist. Auch hierzu ein Beispiel:

Fallbeispiel

Herr R. lebt in einer Wohngemeinschaft. Dort hilft er gerne beim Kochen, zum Beispiel schneidet er gerne die Gurken für den Salat. Nach zehn Minuten verlässt er in der Regel die Küche und widmet sich anderen Beschäftigungen. Das pädagogische Team ist geteilter Meinung: Die einen finden, wenn Herr R. nur so kurz hilft, dann kann man diesbezüglich auch keine Förderung aufbauen; die anderen argumentieren im Sinne Wygotskis, dass man die Zeit nutzen und Herrn R. mit Hilfe auch mal härtere Sachen schneiden lassen könnte.

Sprache

Sprache stellt für Wygotski das dritte zentrale Element der kognitiven Entwicklung dar. Das Aneignen neuer Inhalte erfolge in drei Schritten: Vorsagen (durch die Lehrenden/in im Fallbeispiel die Erzieherin und F.) – Sich selbst vorsagen (handlungsbegleitendes Sprechen/so wie L. das tut) – Verinnerlichtes Sprechen. Mit zunehmendem Lernfortschritt verinnerlicht sich das Sprechen immer mehr. Das handlungsbegleitende Sprechen dient dabei der Selbstinstruktion, wie viele Studien inzwischen bestätigt haben (Berk 2020).

Anregung zur (Selbst-)Reflexion

Was bedeutet das Primat der Sprache in der Arbeit mit Menschen mit schwerer Mehrfachbehinderung, die sprachlich meist deutlich eingeschränkt sind?

2.4.3 Theorien der Informationsverarbeitung

Die Theorien der Informationsverarbeitung orientieren sich am kognitiven Paradigma und fokussieren entsprechend auf Veränderungen in Aufmerksamkeit, Wahrnehmung, Gedächtnis und Problemlösen. Die Grundzüge und -mechanismen, die in der kognitiven Psychologie angenommen werden, sind in Kapitel 3 ausführlich beschrieben. Die Entwicklungstheorien der Informationsverarbeitung eignen sich, Veränderungen im *gesamten* Leben zu betrachten, da sie sowohl den Auf- als auch den Abbau von kognitiven Strukturen erklären. Wir finden hier nicht eine allumfassende Theorie, die mit einem „berühmten" Namen verknüpft ist (wie bei Piaget oder Wygotski), sondern eine Vielzahl von Forschungsergebnissen zu den verschiedenen kognitiven Komponenten – das macht ihren Reichtum aus, führt aber gleichzeitig dazu, dass sie weniger kompakt darzustellen sind. Berk (2020) kritisiert zudem, dass nicht-logische Komponenten wie Kreativität oder Fantasie völlig außer Acht gelassen werden.

Nach Lohaus/Vierhaus (2019) sind Veränderungen in der kognitiven Entwicklung vor allem in den folgenden Bereichen vorzufinden (ebd., S. 38):

- Zunahme der Verarbeitungsgeschwindigkeit,
- Effizientere Nutzung der Kapazität des Arbeitsspeichers,
- Zunahme automatisierter Informationsverarbeitung,
- Einsatz effizienterer Gedächtnisstrategien,
- Zunahme des Inhaltswissens.

Im Folgenden gehe ich auf die Punkte ein, aus denen Ergebnisse aus der Forschung mit Kindern mit kognitiven Beeinträchtigungen vorliegen.

Zunahme der Verarbeitungsgeschwindigkeit

Die menschliche Verarbeitungsgeschwindigkeit nimmt zunächst bis zum Jugendalter zu. Dies liegt an der fortschreitenden Myelinisierung der Nervenzellen und deren effektiverer Verknüpfung. Myelin ist eine Substanz, die die Nerven ummantelt und dafür sorgt, dass die Weiterleitung der elektrischen Reize schnell und ungestört vonstattengeht (Siegler/DeLoache/Eisenberg 2011). Eine Störung der Myelinisierung führt zu neurologischen Beeinträchtigungen und Entwicklungsstörungen. Der Umkehrschluss wäre allerdings falsch: Nicht bei jeder Person mit kognitiver Beeinträchtigung ist die Myelinisierung gestört. Studien zeigen, dass die Zunahme der Verarbeitungsgeschwindigkeit kulturunabhängig geschieht, so dass Lohaus/Vierhaus (2019) von einer vorwiegend reifungsbedingten Entwicklung ausgehen. Ab dem 20. Lebensjahr nimmt die Verarbeitungsgeschwindigkeit dann wieder ab (Siegler/DeLoache/Eisenberg 2011). Die Verarbeitungsgeschwindigkeit hat Auswirkungen auf alle weiteren Gedächtniselemente – je schneller Reize verarbeitet werden, desto besser funktioniert auch das Arbeitsgedächtnis und die Verwendung von Gedächtnisstrategien (Siegler/DeLoache/Eisenberg 2011).

Effiziente Gedächtnisstrategien

Im Laufe des Lebens erwerben wir zahlreiche Gedächtnisstrategien und wenden sie erfolgreich an, zum Beispiel selektive Aufmerksamkeit, inneres Wiederholen *(rehearsal)*, Verbinden von Inhalten *(chunking)* oder das Kategorisieren von Lerninhalten (Berk 2020). Studien zeigen, dass Menschen mit Lernschwierigkeiten solche Gedächtnisstrategien seltener anwenden (Sarimski 2003), genauso wie Vorschulkinder und ältere Menschen (Berk 2020). Man geht davon aus, dass hierfür die beschränkten Kapazitäten des Arbeitsgedächtnisses verantwortlich sind: Das zu bearbeitende Material und die Strategien zu seiner Bearbeitung können nicht gleichzeitig im Gedächtnis behalten werden (Berk 2020).

Automatisierte Informationsverarbeitung

Handlungen, die wir automatisiert ausführen, erfordern weniger Aufmerksamkeit und weniger mentale Kapazitäten, so dass andere Informationen oder Handlungen gleichzeitig bearbeitet werden können. Viele Tätigkeiten werden im Laufe des Lebens automatisiert, man denke etwa an Rad- oder Autofahren, Schreiben oder Lesen (Lohaus/Vierhaus 2019).

Fallbeispiel

Herr U. liest gerne, hat jedoch die Stufe der Automatisierung nicht erreicht. Viele Worte muss er sich aus den Einzelbuchstaben zusammensetzen, um sie entziffern zu können. Damit ist sein Arbeitsgedächtnis bereits sehr ausgelastet, so dass die Sinnentnahme für ihn ungleich schwieriger ist. Texte, die er mit Vergnügen lesen kann, müssen in einfacher Sprache verfasst sein. Außerdem wird es ihm schwerfallen noch andere Aufgaben gleichzeitig zu bearbeiten (z. B. bei einem Kochrezept die Handlungsanleitungen umzusetzen), so dass er hier auf Unterstützung angewiesen ist.

Kurz zusammengefasst

- Theorien zur kognitiven Entwicklung beschäftigen sich mit der Frage, wie sich das menschliche Denken entwickelt.
- Auch heute noch spielen die Entwicklungsphasen nach Piaget in der Sonderpädagogik eine wichtige Rolle. Folgt man der soziokulturellen Theorie von Wygotski, würde man größeres Augenmerk darauf legen, was eine Person mit Hilfestellung bewältigen kann – denn hieraus ergeben sich die nächsten Entwicklungsschritte.
- Informationsverarbeitungstheorien betrachten die einzelnen kognitiven Komponenten sehr genau, ein Übertrag auf die Arbeit mit Menschen mit kognitiven Beeinträchtigungen steht jedoch häufig noch aus.

3. Kognitive Psychologie

„Die *Kognitive Psychologie* (hervorgehoben im Original) befasst sich mit Aussagen zu grundlegenden mentalen Erlebnis- und Verhaltensprozessen. Diese Prozesse sind also zuständig für die Aufnahme von Informationen, für deren Veränderung und Abspeicherung sowie für potentielles Verhalten und potentielle Reaktionen entsprechend der aufgenommenen Informationen." (Strobach 2020, S. 7)

3.1 Grundlegende Fragestellungen der kognitiven Psychologie

Die grundlegende Frage der kognitiven Psychologie lautet: *Wie* denkt der Mensch? Ziel sind Daten und Modelle über Informationsverarbeitung und Denkabläufe. Die Untersuchungsgebiete der kognitiven Psychologie, die auch in diesem Kapitel dargestellt werden, sind:

- Wahrnehmung,
- Aufmerksamkeit,
- Gedächtnis,
- Exekutive Funktionen (hierunter versteht man schlussfolgerndes Denken, Problemlösen, Planen und Kontrolle der Lösungsstrategien),
- Intelligenz.

Literaturtipp

Wer sich eingehender mit dem Thema befassen will, dem sei „Kognitive Psychologie" von John Anderson (2013, 7. Auflage) empfohlen.

Menschen mit und ohne Intelligenzminderung unterscheiden sich in ihren kognitiven Fähigkeiten, eben diese Beeinträchtigung ist ein Bestandteil der Diagnosestellung. Forschungsergebnisse, die die beiden Personengruppen vergleichen, lesen sich entsprechend defizitär. Sie verleiten dazu, die Umweltgegebenheiten der Entwicklung zu vernachlässigen und die Beeinträchtigung ausschließlich im Einzelnen zu verorten – ein dem medizinischen Modell geschuldeter Umstand, der mit der Sichtweise von Behinderung nach ICF nur schwer Hand in Hand geht. Schuppener (2008) warnt zudem vor einer „Dramatisierung" der Unterschiede zwischen Menschen mit und ohne kognitiver Beeinträchtigung. Gleichzeitig ist es notwendig, mögliche Defizite zu kennen, um sie in der Folge zu trainieren, zu kompensieren oder auch zu akzeptieren.

Das folgende Kapitel gibt daher einen kurzen Überblick über die verschiedenen kognitiven Elemente und deren Bedeutung sowie spezifische Befunde zu Menschen mit kognitiven Beeinträchtigungen.

3.1.1 Wahrnehmung und Aufmerksamkeit

Um einen Reiz zu verarbeiten, muss er zunächst über einen der Sinne wahrgenommen werden. Bei Sinnesbeeinträchtigungen sind bestimmte Wahrnehmungskanäle gestört oder fallen ganz weg. Das Risiko einer sensorischen Beeinträchtigung ist unabhängig von der intellektuellen Entwicklung.

Soll ein wahrgenommener Reiz weiterverarbeitet werden, ist es nötig, unsere Aufmerksamkeit darauf zu richten. Dabei gibt es verschiedene Arten der Aufmerksamkeit, wie das folgende Beispiel veranschaulicht:

Fallbeispiel

Herr R., der Lehrer der Klasse 6c ist irritiert: Die Hefteinträge der heutigen Stunde von L., A. und M. sind unvollständig und ungenau. Er befragt die drei, was los war:

L. erzählt, sie fühlte sich in der Stunde, wie so oft, völlig überlastet. Sie hört den Lehrer reden, die Vögel vor dem Fenster singen, den Stuhl des Sitznachbarn quietschen, zwei Reihen weiter vorne tuscheln die Mitschülerinnen und dann geht auch noch die Tür auf und jemand steckt den Kopf ins Klassenzimmer und fragt den Lehrer etwas. Bei L. kommen alle diese Geräusche gleich laut an und sie meint, ihr müsse gleich der Kopf platzen. Vom Inhalt des Unterrichts bekommt sie nur einen Bruchteil mit.

A. dagegen kann sich gut auf den Lehrer fokussieren. Aber wenn der etwas an die Tafel schreibt und gleichzeitig erklärt und er soll das auch noch in sein Heft übertragen – dann fühlt er sich völlig überfordert.

M. schließlich beginnt spätestens nach 15 Minuten, „wegzuträumen". Sie beschreibt, dass ihre Gedanken abschweifen, die Stimme des Lehrers plätschere über sie hinweg, ihre Gedanken sind beim Nachmittag und dabei, was sie noch alles erledigen möchte.

L., A. und M. haben alle drei Schwierigkeiten mit der Aufmerksamkeit – jedoch in sehr unterschiedlicher Weise. Bei L. ist die *selektive Aufmerksamkeit* eingeschränkt, bei A. die *geteilte Aufmerksamkeit* und bei M. die *Daueraufmerksamkeit.*[19]

---

19 Die trennscharfe Unterscheidung der Arten von Aufmerksamkeit ist im Alltag kaum möglich – sie basiert auf experimentellen Labordesigns, die es ermöglichen, die Komponenten zu identifizieren, und zur Theoriebildung beitrugen (Sarimski 2003).

- *Selektive Aufmerksamkeit* hilft uns, aus der Vielzahl der ständig auf uns einströmenden Reize die relevanten herauszufiltern und die irrelevanten auszublenden (Strobach 2020). Insbesondere bei Menschen mit Autismus-Spektrum-Störung ist bekannt, dass sie große Schwierigkeiten mit der Filterung von Reizen haben und deshalb sensorisch häufig überlastet sind (Häußler 2016; Schreiter 2018). Liegt eine Schwäche in der selektiven Aufmerksamkeit vor, sollten Reize von außen reduziert werden. Im Schul- bzw. Arbeitsleben beispielsweise durch Arbeitskabinen oder schallunterdrückende Kopfhörer oder indem jemand ganz vorne/etwas abseits/in einem Nebenraum sitzt.
- *Geteilte Aufmerksamkeit,* besser bekannt als Multitasking, ermöglicht uns, unsere Aufmerksamkeit gleichzeitig auf verschiedene Reize zu richten; in A.s Beispiel wären es die Tafel, das Heft und der Lehrer.[20] Bei Schwierigkeiten mit der geteilten Aufmerksamkeit ist es hilfreich, die Aufgaben so zu strukturieren, dass sie nacheinander bearbeitet werden können.
- *Daueraufmerksamkeit* schließlich bezieht sich darauf, seine Aufmerksamkeit über längere Zeit hinweg aufrechtzuerhalten, ohne „wegzuträumen" wie M. oder sich mit anderen Dingen abzulenken. Die Daueraufmerksamkeit ist bei Menschen mit Lernschwierigkeiten in der Regel reduziert, so dass kürzere Einheiten, mehr Abwechslung oder immer wieder kurze Pausen hilfreich sind.

Es lohnt sich also, hinzusehen, welche Aufmerksamkeitskomponenten hauptsächlich beeinträchtigt sind, um zielgerichtete Unterstützung anzubieten.

Anregung zur (Selbst-)Reflexion

Welche Unterstützungsangebote machen Sie im Alltag für Klient*innen mit eingeschränkter Aufmerksamkeit und welcher Art der Aufmerksamkeitsstörung kommen Sie damit entgegen?

In Untersuchungen zur Aufmerksamkeitsleistung benötigen Erwachsene mit Lernschwierigkeiten mehr Zeit, um einen Reiz zu beurteilen und neigen eher dazu, einen falschen Reiz als richtig zu beurteilen. Ihre Aufmerksamkeitsleistungen entsprechen denen von Kindern des gleichen *mentalen* Alters (Sarimski 2003). Im Umkehrschluss bedeutet dies, dass es sinnvoll sein kann, Reize länger darzubieten, oder anders ausgedrückt, das Arbeitstempo zu verlangsamen.

20 Der Begriff der geteilten Aufmerksamkeit wird irritierenderweise auch im sozialen Zusammenhang benutzt, wenn zwei Personen ihre Aufmerksamkeit bewusst auf einen Gegenstand in ihrer Umgebung richten (Siegler/DeLoache/Eisenberg 2011).

3.1.2 Gedächtnis

Wir alle kennen Filme, in denen Probleme mit dem Gedächtnis den Plot bestimmen, sei es im Thriller wie bei „The Bourne Identity" oder in einer Komödie wie „50 erste Dates". Wir alle kennen auch das Gefühl, wenn uns etwas nicht einfällt, z. B. wo in aller Welt wir den Schlüssel am Abend vorher abgelegt haben oder wie der Schauspieler neulich hieß. Aber welche Modelle gibt es dafür, wie das Gedächtnis funktioniert? Wegweisend für die *Modellbildung des Gedächtnisses* in der kognitiven Psychologie war das sogenannte Mehrspeichermodell von Atkinson/Shiffrin, das diese bereits 1968 vorlegten (siehe Abb. 2). Auch wenn es in Teilen in der Zwischenzeit ergänzt oder revidiert wurde, gelten die Grundannahmen weiterhin:

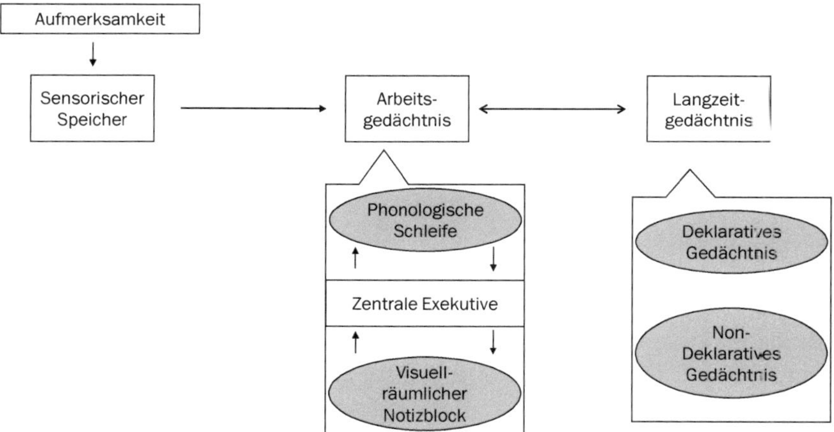

Abbildung 2: Das Gedächtnismodell von Atkinson/Shiffrin (1968) mit den Ergänzungen im Arbeitsgedächtnis durch Baddeley (1986)

Wenn wir einen Reiz wahrnehmen, gelangt dieser zunächst in den *sensorischen Speicher*, wo er für wenige Sekunden verbleibt und anschließend zerfällt – es sei denn, wir richten unsere Aufmerksamkeit darauf. In diesem Fall wird er in das *Kurzzeit-* (Atkinson/Shiffrin 1968) resp. *Arbeitsgedächtnis* (Baddeley 1986) übergeleitet, das eine begrenzte Aufnahmekapazität hat und in dem der Reiz über einigen Minuten erinnert werden kann.[21] Erst durch Verarbeitung

21 Der Unterschied zwischen Kurzzeit- (KZG) und Arbeitsgedächtnis (AG) liegt darin, dass dem AG eine wesentlich aktivere Rolle in der Bearbeitung der gespeicherten Inhalte zugeschrieben wird.

(Konsolidierung) werden Reize wiederum ins *Langzeitgedächtnis* transferiert. Hier gibt es keine Aufnahmebeschränkungen und Inhalte verfallen nicht (auch wenn wir sie vielleicht nicht immer gezielt abrufen können).

Arbeitsgedächtnis: Das Modell des Arbeitsgedächtnisses von Baddeley (1986) sieht vor, dass Inhalte dort entweder in der sogenannten phonologischen Schleife oder im visuell-räumlichen Notizblock bearbeitet werden, je nachdem ob es sich um Sprache oder visuelle Reize handelt. Gesteuert wird das Arbeitsgedächtnis von einer zentralen Exekutive, die dafür zuständig ist, die Prozesse zu überwachen und ggf. Inhalte aus dem Langzeitgedächtnis „beizusteuern". Metaanalysen zeigen eine positive Korrelation zwischen der Leistung des Arbeitsgedächtnisses und der Intelligenz (Mähler 2007), d. h. Personen mit einer niedrigen Intelligenz haben ein schlechter funktionierendes Arbeitsgedächtnis. Es bestehen Defizite in allen Bereichen, sprachliche Inhalte werden jedoch besonders schlechter erinnert (Schuchardt 2008; Mähler 2007). Ein Beispiel, das einem gar nicht so selten im Alltag begegnet, ist J.:

Fallbeispiel

J. geht in die fünfte Klasse, es wurde eine leichte Intelligenzminderung diagnostiziert. Diese Woche hat er im Hort zum ersten Mal das „Küchenamt". C., seine Erzieherin, erklärt es ihm kurz: Er soll den Essenswagen beladen, in die Küche fahren, dort das Geschirr auf die Ablage stellen und den Wagen anschließend abwischen und aufräumen. Als C. kurz darauf in die Küche kommt, ist sie erstaunt den Wagen zwar abgeladen aber nicht gewischt und mitten in der Küche vorzufinden. Ihr fällt auf, dass J. öfter Dinge nicht „zu Ende erledigt". In einer Fallbesprechung zeigt sich, dass J. auch in der psychologischen Untersuchung maximal zwei Items im Arbeitsgedächtnis behalten konnte – die (verbale) Erklärung, was es mit dem Küchenamt auf sich hat, beinhaltete fünf Items und stellte eine entsprechende Überforderung dar.

J. kann sich also zwei Dinge merken, C. hatte ihm fünf Aufträge in einem Satz mitgeteilt. In der Arbeit mit Klient*innen mit eingeschränktem Arbeitsgedächtnis besteht der erste Schritt darin, die Anforderungen anzupassen. C. hätte das Küchenamt in mehrere Teilschritte untergliedern und J. bei der Erledigung begleiten können. Außerdem sollten Aufgaben, die Anforderungen an das Arbeitsgedächtnis stellen, klar und einfach strukturiert sein (Sarimski 2003) – dies entlastet die zentrale Exekutive und ermöglicht eine bessere Bearbeitung der Aufgabe. Rituale und Routinen beziehen das non-deklarative Gedächtnis mit ein (siehe unten) und entlasten das Arbeitsgedächtnis damit ebenfalls. Ziemlich wahrscheinlich wird J. die Aufgabe schnell lernen, wenn er sie ein paarmal in gleicher Art und Weise erledigt hat. Da rein sprachlich vermittelte Inhalte für Menschen mit Lernschwierigkeiten oft schlechter zu merken sind, kann man Listen, visualisierte Ablaufpläne, Piktogramme etc. als externe Erinnerungshilfen nutzen. In der Küche könnte z. B. ein Fotoplan hängen, welche Aufgaben beim Aufräumen des Essenswagens erledigt werden.

Man kann Gesagtes auch während des Gesprächs visualisieren.

Fallbeispiel

Wenn Frau L. zu mir zu Gesprächen kommt, notiere ich häufig kurze Stichworte oder zeichne eine schnelle Skizze, die das Besprochene verdeutlicht. Die Notizen liegen dann zwischen uns und es gelingt mir damit a) die Aufmerksamkeit jederzeit auf das Gesprochene zurückzulenken, indem ich gegebenenfalls auf das Blatt Papier deute und b) Frau L.s Arbeitsgedächtnis zu entlasten, da sie die Inhalte nicht behalten muss, sondern jederzeit nachschauen kann.

Idealerweise merkt sich Frau L. die Inhalte des Gesprächs aber nicht nur währenddessen, sondern auch später noch. Dazu muss ein Transfer ins Langzeitgedächtnis stattfinden.

Langzeitgedächtnis: Alles, was der Mensch mit mehr als einigen Minuten Verzögerung erinnert, muss zuvor in sein Langzeitgedächtnis übergegangen sein. Entgegen der allgemeinen Vorstellung greifen Sie also auch auf Ihr Langzeitgedächtnis zurück, wenn Sie beim Einkaufen die Einkaufsliste im Kopf haben. Für die kognitiven Strukturen ist es gleichgültig, ob wir uns an diesen Einkaufszettel oder an Kindheitserlebnisse erinnern. Das Langzeitgedächtnis wird gefüllt, indem Inhalte aus dem Arbeitsgedächtnis bearbeitet (elaboriert) werden. Je tiefer die Verarbeitung geht und je mehr Verknüpfungen mit bereits bekanntem Wissen möglich sind (semantische Netzwerke), desto leichter sind Inhalte zu merken. Neben dieser sogenannten Enkodierung ist der Abruf (Dekodierung) entscheidend, damit wir willentlich über die Inhalte unseres Langzeitgedächtnisses verfügen können.

Praxistipp

Eine Anwendung dieses Modells erfolgt beim Erlernen von Buchstaben im sonderpädagogischen Unterricht, Schwerpunkt geistige Entwicklung: Die Buchstaben werden geschrieben, erfühlt, mit Knete geformt, im Gang abgelaufen, als Gebärde gelernt, in verschiedenen Worten gesucht, es werden Eselsbrücken gebildet und so fort. Dies alles vertieft die Verarbeitung und erleichtert somit den Transfer ins Langzeitgedächtnis. Beim Abruf können Eselsbrücken dann auch helfen, sich leichter zu erinnern.

Die Struktur des Langzeitgedächtnisses beinhaltet, genau wie das Arbeitsgedächtnis, mehrere Komponenten. Auf der ersten Ebene wird unterschieden zwischen dem *deklarativen* und dem *non-deklarativen* Gedächtnis.[22] Ersteres beinhaltet Fakten und Erlebnisse und wird v.a. sprachbasiert erinnert. Das non-deklarative Gedächtnis beinhaltet dagegen Fertigkeiten, Gewohnheiten und nonverbales Wissen. Hierunter fällt z.B. das Wiedererkennen von Gesichtern oder Fertigkeiten wie Radfahren aber auch die Verbindungen von Reiz und Reaktion, die bei der klassischen oder operanten Konditionierung geschaffen werden (vgl. Strobach 2020; Anderson 2013). Das non-deklarative Gedächtnis bildet sich ab einem Alter von wenigen Monaten (Berk 2020) und ist unabhängig von der Intelligenz (Sarimski 2003).

Fallbeispiel

Bei Frau S. ist eine schwere Intelligenzminderung diagnostiziert, sie spricht nicht und sitzt im Rollstuhl. Wenn ihr Lieblingsbusfahrer Herr R. sie abholt, lächelt sie ihn strahlend an. Dieses Wiedererkennen des Busfahrers stellt eine Gedächtnisleistung dar und es ist davon auszugehen, dass sie sich im Zusammenhang mit dem Busfahrer an etwas Positives erinnert. Das kann alles Mögliche sein: ein Ausflug, der Klang der Stimme, die Wahl des Radiosenders, vielleicht auch, dass Herr R. die Kurven immer so rasant nimmt...

Praxistipp

Häufig werden Aktionen in der Arbeit mit schwer beeinträchtigten Personen durch konkrete Symbole angekündigt. Beispielsweise bekommt A. einen Waschlappen gereicht, bevor man mit ihr zum Duschen geht oder einen Löffel, bevor das Abendessen beginnt, bei dem A. gefüttert werden muss. Auch dies ist vor dem Hintergrund des non-deklarativen Gedächtnisses sinnvoll: A. kann den Waschlappen mit der darauffolgenden Aktion des Duschens verbinden, sie ist damit besser auf das Duschen vorbereitet als wenn man ihr nur sagen würde: „wir gehen jetzt duschen“, oder sie gar wortlos ins Bad bringen würde.

Da das deklarative Gedächtnis Wissen beinhaltet, das v.a. sprachbasiert wiedergegeben wird, reduzieren eingeschränkte sprachliche Fähigkeiten den Aufbau dieses Gedächtnisses. Die Verknüpfung semantischer Netzwerke wird erschwert, die (deklarative) Wissenslücke im Vergleich zu Menschen ohne Intelligenzminderung mit zunehmendem Alter größer. Der Förderung der Sprache muss also besonderes Augenmerk gewidmet werden, wobei handlungsbegleitendes Sprechen und das Vormachen von Abläufen das Herstellen von Zusammenhängen erleichtern (Berk 2020). Eine Unterstützung des Arbeits-

22 Das deklarative Gedächtnis wird wiederum unterteilt in das semantische und das episodische Gedächtnis, was an dieser Stelle jedoch nicht weiter relevant ist.

gedächtnisses und eine Vertiefung der Bearbeitung von Inhalten wie weiter oben beschrieben, fördert auch den Übertrag ins Langzeitgedächtnis.

3.1.3 Exekutive Funktionen

Die exekutiven Funktionen sind für die Steuerung der kognitiven Prozesse zuständig, zu ihnen gehört die Hemmung von Reaktionen (Inhibition) und kognitive Flexibilität. Sie spielen daher auch eine wichtige Rolle in der sozialen Anpassung, indem beispielsweise eine sozial unangemessene Reaktion unterdrückt wird. Neuronal sind sie im präfrontalen Kortex lokalisiert (Strobach 2020). Metaanalysen zeigen, dass Menschen mit Lernschwierigkeiten besondere Schwierigkeiten in den exekutiven Funktionen haben (Sarimski 2003). Eine Störung der Impulskontrolle kann also auch neurologisch bedingt sein und muss eventuell geübt oder akzeptiert werden. Die Befunde erklären durch die mangelnde kognitive Flexibilität auch, wieso Transferleistungen schwierig sein können und Lösungsstrategien beibehalten werden, auch wenn sie nicht funktionieren.

Kurz zusammengefasst

- Die kognitive Psychologie beschäftigt sich mit der Frage, wie der Mensch denkt und entwickelt Modelle zur Erklärung mentaler Verarbeitung.
- Die kognitiven Fähigkeiten von Menschen mit Lernschwierigkeiten entsprechen bis auf wenige Ausnahmen ihrem *mentalen* Entwicklungsalter.
- Kognitive Trainings sind wirksam; bei Erwachsenen spielt die kompensatorische Unterstützung im Alltag jedoch eine größere Rolle.

3.2 Intelligenz und Intelligenztests

Ebenso, wie ein Blick auf kognitive Funktionen, lohnt eine nähere Betrachtung des Begriffes der Intelligenz in einem Arbeitsfeld, das auf Menschen mit einer sogenannten *Intelligenzminderung* spezialisiert ist. Dabei ist zunächst zu klären, was unter dem Begriff Intelligenz zu verstehen ist und wie sie gemessen werden kann, bevor eine kritische Einordnung des Stellenwerts der Intelligenz für die Arbeit mit der Klientel erfolgt.

3.2.1 Annäherung an den Begriff der Intelligenz

Intelligenz ist ein hypothetisches Konstrukt, man kann sie nicht direkt beobachten oder messen. Interessanterweise gibt es auch nach über 100 Jahren der Intelligenzforschung keine einheitliche Definition. Zimbardo/Johnson/McCan (2016) stellen fest: „Die meisten Psychologen würden wohl darin übereinstimmen, dass *Intelligenz* (hervorgehoben im Original) die geistige Fähigkeit ist, Wissen zu erwerben, Schlussfolgerungen zu ziehen und Probleme zu lösen." (ebd., S. 320). Entsprechend wird Intelligenz in verschiedenen Kulturen unterschiedlich definiert. Sarimski (2003) bezeichnet Intelligenz etwas lakonisch als das, „was Intelligenztests messen" (ebd., S. 151). Das, was Intelligenztests messen, korreliert wiederum hoch mit Schulleistung und mit Erfolg im Beruf in den westlich orientierten Kulturen (Zimbardo/Johnson/McCan 2016).

Auch wenn, oder gerade weil eine einheitliche Definition fehlt, gibt es eine Reihe von Versuchen, das Wesen der Intelligenz näher zu bestimmen. Eine der theoretischen Grundfragen lautet, aus wie vielen „Faktoren" sich Intelligenz zusammensetzt. Gibt es nur eine Intelligenz oder machen mehrere, voneinander unabhängige Faktoren die Intelligenz eines Menschen aus? Entwickelt wurden Modelle, die von einem einzigen Generalfaktor „g" ausgehen (Spearman 1904), bis hin zu solchen, die 120 verschiedene Komponenten der Intelligenz unterscheiden (Guilford 1982). Laut Rost (2013, S. 101) gelten inzwischen „als goldener Standard der Intelligenzforschung" hierarchische Modelle der Intelligenz mit einem Generalfaktor (g) an der Spitze, den voneinander unabhängigen Faktoren *räumliche Fähigkeiten, schlussfolgerndes Denken* und *verbalen Fähigkeiten* als „Mittelbau" und zahlreichen spezifischen Fähigkeiten als Grundlage. Dies bestätigte sich auch in neurologischen Studien (der Frontallappen wird hier als maßgeblich betrachtet) und neuerer kognitiver Forschung (Zimbardo/Johnson/McCan 2016).

Praxistipp

Viele der gängigen Intelligenztests sind genau nach diesem Prinzip aufgebaut: Neben einem sogenannten „Gesamt-Intelligenzquotient" wird das Testprofil in mehrere „Teil-Quotienten" aufgesplittet, die eine genauere Interpretation der Fähigkeiten der untersuchten Person ermöglichen. So findet man in der Wechsler Adult Intelligence Scale IV (einem Intelligenztest für Erwachsene) neben besagtem Gesamtwert die Skalen „Wahrnehmungsgebundenes logisches Denken", „Sprachverständnis", „Arbeitsgedächtnis" und „Verarbeitungsgeschwindigkeit".

Damit werden ausschließlich Bereiche angesprochen, die eng mit schulischem Erfolg zusammenhängen, was durchaus auf Kritik stieß und zur Entwicklung weiterer Modelle führte. So entwarf Sternberg eine „triarchische Theorie", bei der neben den angeführten Faktoren, die er als *analytische Intelligenz* bezeichnete, die *kreative Intelligenz* und die *praktische Intelligenz* stehen (Zimbardo/Johnson/McCan 2016).

Anregung zur (Selbst-)Reflexion
Sehen Sie bei Ihren Klient*innen Personen, bei denen Sie die praktische oder die kreative Intelligenz für stärker ausgeprägt halten als die analytische Intelligenz? Wie können Sie Stärken in diesen Bereichen unterstützen?

Leider gibt es bisher keine standardisierten Tests, die Intelligenz in Sternbergs Sinn erheben würden. Genau dies wird ihm im Übrigen auch vorgeworfen (Rost 2013) und führt zur Frage der Messung von Intelligenz.

3.2.2 Intelligenztests

Die Basis der Intelligenztests, wie wir sie heute kennen, legten Binet und Simon in Frankreich Anfang des 20. Jahrhunderts. Sie sollten eine Möglichkeit zur Überprüfung der Fähigkeiten und damit des Förderbedarfs von Schulkindern entwickeln. In die USA exportiert wurde daraus der Stanford-Binet-Test (siehe hierzu auch Zimbardo/Johnson/McCan 2016). Allen Intelligenztests liegt zugrunde, dass sie über ein breites Spektrum an Aufgaben versuchen, die Fähigkeiten der untersuchten Person in Wissen, Problemlösen und logischem Denken zu erfassen. Das Ergebnis dieser Tests wird meist als Intelligenzquotient angegeben, dessen Mittelwert bei 100 mit einer Standardabweichung von 15 Punkten liegt.

Übersicht der Intelligenztests, die in Deutschland häufig genutzt werden

- Wechsler Intelligence Scale for Children (WISC-V)
- Wechsler Adult Intelligence Scale (WAIS-IV)
- Snjiders-Oomen nonverbaler Intelligenztest (SON-R 2½–7)
- Snjiders-Oomen nonverbaler Intelligenztest (SON-R 6–40)
- Culture Free Test-20-R (CFT-R)

SON und CFT sind sogenannte nonverbale Tests, zur Durchführung und Beantwortung der Aufgaben ist keine Sprache notwendig.

Intelligenz gilt als stabiles Persönlichkeitsmerkmal, d.h. es ist nicht davon auszugehen, dass sich die Intelligenz eines Menschen über die Jahre gravierend ändert,[23] wobei die Ergebnisse eines Intelligenztests erst ab einem Lebensalter von ca. fünf Jahren stabil sind – bei kleineren Kindern können sich durch Förderung und Reifung noch große Veränderungen ergeben (Siegler/DeLoache/

23 Vorausgesetzt natürlich, es gibt keinen Unfall oder keine Krankheit, die sich auf das Gehirn auswirken.

Eisenberg 2011). Letzteres ist im Zusammenhang mit Frühförderung, Heilpädagogischer Tagesstätte oder schulvorbereitender Einrichtung ein wichtiger Bestandteil der Elternarbeit. Hier gilt es, besonders sensibel mit entsprechenden Testwerten zu agieren. Aus diesem Grunde spricht man bei Kindern auch noch nicht von Intelligenzminderung oder geistiger Behinderung, sondern von Entwicklungsverzögerung. Im Alter nimmt der Intelligenzquotient ab, was vor allem auf Einbußen in der Reizverarbeitung zurückzuführen ist und im Alltag häufig mit lebenslang erworbenem Wissen und Strategien ausgeglichen werden kann (Ekert/Ekert 2019).

Voraussetzung für die Festlegung des Intelligenzquotienten ist die Annahme, Intelligenz folge in der Bevölkerung entsprechend der Gaußschen Glockenkurve einer *Normalverteilung* (siehe Abb. 3).

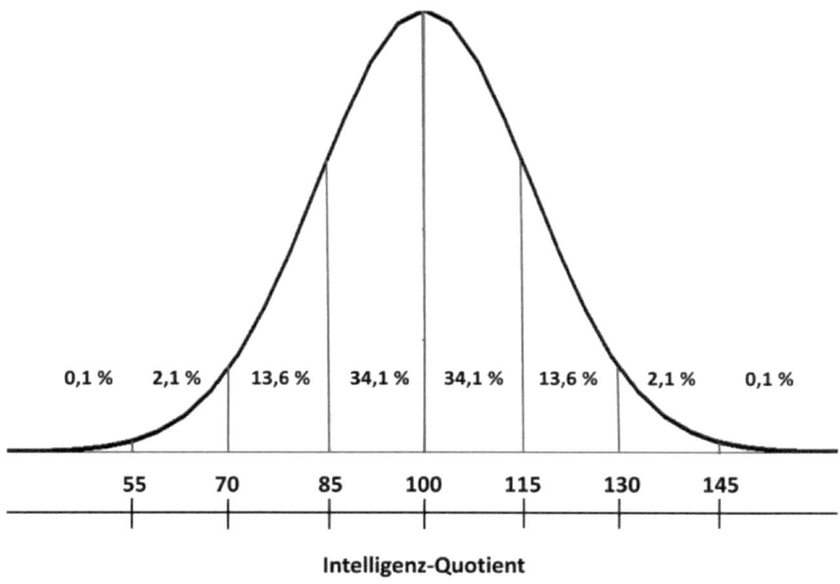

Abbildung 3: Die Normalverteilung der Intelligenz

Die Normalverteilung eines Merkmals bedeutet, dass die meisten Menschen (genauer gesagt 68 %) im Mittelfeld liegen, während nur sehr wenige Personen sehr niedrige oder sehr hohe Ausprägungen aufweisen. Im Fall der Intelligenztests entspricht eine durchschnittliche Intelligenz Werten von 85 bis 115, das entspricht dem Bereich um den Mittelwert (100), der durch eine Standardabweichung (15) in jede Richtung definiert wird. Zwischen 85 und 70 spricht man in Deutschland von einer Lernbehinderung. Ab einem Wert kleiner 70 liegt eine Intelligenzminderung vor, wobei hier differenziert wird, zwischen leichter Intelligenzminderung (68–50), mittlerer Intelligenzminderung (49–35) und schwerer Intelligenzminderung (35–20). Es gibt keinen normierten Test, der eine schwere oder schwerste Intelligenzminderung erheben kann. Ab einem Wert größer 130 wird von einer Hochbegabung gesprochen. Sowohl eine Intelligenzminderung als auch eine Hochbegabung liegen bei jeweils ca. 3 % der Bevölkerung vor.

Intelligenztests zählen zu den psychometrischen Tests (siehe Kapitel 4.1.2). Sie müssen sich daher an den sogenannten *Gütekriterien* Reliabilität, Validität und Objektivität messen lassen und standardisiert sein. Da ein gewisses Hintergrundwissen über die Bedeutung von Gütekriterien Ihnen ermöglicht, einen kritischen Blick auf die Erhebungsverfahren zu werfen, die zu einer Diagnose beigetragen haben (nicht nur bei der Anwendung von Intelligenztests, sondern aller psychometrischer Tests), erscheint mir eine kurze Darstellung in diesem Zusammenhang sinnvoll:

Die Forderung nach *Objektivität* meint, dass die Person, die die Untersuchung leitet, möglichst wenig Einfluss auf das Testergebnis haben darf. In allen Intelligenztests ist wörtlich festgelegt, wie die Anweisung für die einzelnen Untertests zu lauten hat, wie oft eine Aufgabe erklärt werden darf, wann ein Untertest abgebrochen wird und wie eine Aufgabe zu bewerten ist. Damit möchte man verhindern, dass jede*r Testleiter*in andere Worte wählt, die Aufgaben unterschiedlich darbietet oder auswertet und damit das Ergebnis beeinflusst.

Reliabilität bedeutet, dass das, was gemessen wird, genau gemessen wird. Anders ausgedrückt: das Messinstrument produziert keinen großen Messfehler. Zimbardo (1995) bringt in diesem Zusammenhang das Beispiel der „unreliablen Badezimmerwaage“: Wenn Sie sich innerhalb kürzester Zeit dreimal hintereinander wiegen (ohne etwas zu verändern an Kleidung o. ä.) und Ihre Waage Ihnen jedes Mal ein anderes Gewicht anzeigt, misst sie nicht genau, d. h. sie ist nicht reliabel. Bei psychometrischen Tests erhebt man die Reliabilität zum Beispiel dadurch, dass ein Test mehrfach oder von verschiedenen Testleiter*innen durchgeführt wird – je reliabler ein Test, desto weniger sollten sich die Ergebnisse unterscheiden.

Praxistipp

Bei einem Intelligenztest finden Sie zu dem genannten IQ-Wert immer auch das sogenannte Konfidenz- oder Vertrauensintervall – es ist dann zum Beispiel angegeben: Gesamt-IQ 72 (95 % Konfidenzintervall: 68–76). So wird dem Umstand Rechnung getragen, dass ein Intelligenztest eben keine Waage ist, sondern Umgebungsfaktoren eine Rolle spielen. Beispielsweise könnte die getestete Person zum Zeitpunkt der Messung müde gewesen sein oder hungrig und konnte daher nicht auf ihre besten Strategien zurückgreifen oder die getestete Person fand die/den Testleiter*in sympathisch, so dass sie ihr Bestes gegeben hat. Entsprechend würde sich das Testergebnis zu einem gewissen Grad unterscheiden. Der „wahre Intelligenzquotient" liegt mit einer sehr hohen Wahrscheinlichkeit (in diesem Fall zu 95 %) innerhalb des angegebenen Konfidenzintervalls.

Validität schließlich bedeutet, dass ein Test das misst, was er zu messen vorgibt. Bei Intelligenztests wird dies häufig anhand anderer Intelligenztests oder anhand von Schulnoten erhoben – wenn diese hoch miteinander korrelieren, gilt der neu entwickelte Test als inhaltsvalide. Ein Test, der nicht valide ist, misst eigentlich etwas anderes als er zu messen vorgibt. Insbesondere bei der Wahl von Intelligenztests ist darauf zu achten, ob er für die untersuchte Person valide ist, wie das folgende Beispiel zeigt:

Fallbeispiel

Herr U. ist vor einigen Jahren aus der Türkei nach Deutschland gezogen und spricht einige wenige Worte Deutsch. Die Durchführung mit dem verbalbasierten Wechsler Intelligenztest für Erwachsene (WAIS) wäre bei Herrn U. in den sprachabhängigen Aufgaben nicht valide, da in dem Moment nur gemessen würde, ob Herr U. genug deutsch versteht, um den Testaufgaben zu folgen, und nicht, ob er intelligent genug ist, die Aufgaben zu lösen. In der Untersuchung von Herrn U. müsste auf ein nonverbales Testverfahren zurückgegriffen werden, das sicherstellt, dass er versteht, was er tun soll.

Ist ein Test *standardisiert,* liegt eine Vergleichsstichprobe vor und es wurden Normen entwickelt, anhand derer die Ergebnisse der Testperson eingeordnet werden können; etwa wie viel Prozent der sogenannten Normierungsstichprobe besser oder schlechter abgeschnitten haben. Eine solche Normierungsstichprobe sollte möglichst repräsentativ zusammengesetzt sein und wird im Testmanual genau beschrieben. Es lohnt sich durchaus auch darauf zu achten, wie groß diese Normierungsstichprobe ist, denn erst aber einer gewissen Größe lassen sich verallgemeinerbare Aussagen treffen.

Fallbeispiel

Wenn ich einem Team die Ergebnisse einer durchgeführten Intelligenzmessung vorstelle und in diesem Rahmen zur Konkretisierung bestimmte Aufgaben zeige, wird häufig kommentiert: „Das ist aber auch eine schwere Aufgabe, das hätte ich auch nicht gekonnt." Eine Normierung hilft, von diesem subjektiven Gefühl Abstand zu nehmen. Ob das Team die Aufgabe leicht oder schwer findet, ist völlig irrelevant. Relevant ist stattdessen, wie viele Personen der Normierungsstichprobe ebendiese Aufgabe gelöst haben und wie die von mir untersuchte Person im Vergleich zu diesen Personen abgeschnitten hat.

Kritische Einordnung von Intelligenztests

Ähnlich wie bei der Reflexion zum Wert von Diagnosen ist auch eine allzu große Betonung der Wichtigkeit des Intelligenzquotienten kritisch zu betrachten. Bei allen Versuchen der Wissenschaftlichkeit ist immer zu bedenken, dass ein Mensch einen anderen Menschen untersucht und diese Ergebnisse interpretieren muss. Der Rosenthal-Effekt als Einfluss der Erwartungen der Testleiterin/des Testleiters ist also auch im Kontext einer psychologischen Untersuchung zu erwarten, wenn auch, durch die ergriffenen Maßnahmen zu Objektivität und Standardisierung, in etwas geringerem Ausmaß. Auch die untersuchten Personen selbst werden von ihren Erwartungen beeinflusst und es ist anzunehmen, dass der Stereotype Threat greift, die Leistungen bei Menschen mit Lernschwierigkeiten also schlechter ausfallen, als sie in Wirklichkeit sind, weil die untersuchten Personen Sorge haben, dass sie schlecht abschneiden (beide Effekte siehe Kapitel 5.3.1).

Die Bedeutung, die Intelligenztests in der Sonderpädagogik einnehmen sollten, ist äußerst umstritten. Eggert (2003) spricht von der „relative(n) Unbrauchbarkeit des IQ für die Diagnose von Menschen mit geistiger Behinderung“ (ebd., S. 481) und fordert eine gänzlich individualisierte Förderdiagnostik und die generelle Vermeidung von Klassifikationen. Dem schließt sich Stahl (2006) mehr oder weniger an, indem er darlegt, dass die meisten Intelligenztests in einem Bereich unter IQ 70 ungenügend differenzieren und somit keine validen Ergebnisse produzieren. Die Kostenträger für Maßnahmen der Behindertenarbeit (Bezirke, Arbeitsagenturen etc.) fordern hingegen regelmäßig einen Intelligenztest, bevor sie über die Übernahme der Kosten entscheiden. Dieser steht idealerweise neben den Förder- und Entwicklungsplänen, die dem individualisierten Vorgehen entsprechen, das Eggert fordert. Das Diagnosemanual ICD-10 wiederum weist darauf hin, dass für die Einschätzung der Intelligenz alle verfügbaren Faktoren genutzt werden müssen. „Dazu gehören klinischer Eindruck, Anpassungsverhalten, gemessen am kulturellen Hintergrund des Individuums und die psychometrische Leistungsfähigkeit.“ (WHO 2000, S. 255)

Eine salomonische Lösung bietet Bernitzke (2011), indem er sagt: „Die Leistungsmessung wird von einigen Autoren kritisch bewertet, da nach ihrer Meinung im Zentrum der Sonderpädagogik das Kind und nicht gesellschaftliche Normen stehen sollen. Die Ausrichtung an Normen fördert den Druck, diesen Normen zu entsprechen und verdeutlicht vor allem die beeinträchtigungsbedingten Defizite. Im Rahmen der sonderpädagogischen Diagnostik ist die Leistungsmessung dennoch unverzichtbar, um ein umfassendes Persönlichkeitsbild zu gewinnen und angemessene Förderung und Therapiemöglichkeiten zu entwickeln.“ (ebd., S. 49). Vielleicht kann das Fallbeispiel von C. verdeutlichen, wie ein Intelligenztest im Sinne Bernitzkes eingesetzt werden kann:

Fallbeispiel

Der zwölfjährige C. ist sprachlich gewandt, kann lesen und schreiben und zeigt laut pädagogischer Fachkraft gute alltagspraktische Kompetenzen. Er besticht immer wieder durch Wortbeiträge, die man ihm „gar nicht zugetraut hätte". Gleichzeitig berichtet die Pädagogin, dass er beim Herstellen von Transferleistungen immer wieder „wie blockiert" sei. In einem durchgeführten Intelligenztest stellt sich heraus, dass seine sprachlichen Fähigkeiten signifikant besser ausgebildet sind als sein logisches Denken. Diese Ergebnisse liefern einen Baustein für die Erklärung des Phänomens: Obwohl C. viel versteht, scheitert er an der Handlungsplanung. In weiteren diagnostischen Schritten sollte man jedoch auch die Situationen betrachten, in denen C. „wie blockiert" wirkt, um die systemische Komponente mit einzubeziehen.

Kurz zusammengefasst

- Intelligenz ist ein theoretisches, kulturabhängiges Konstrukt. Die meisten bekannten Intelligenztests sind an westlichen, schulischen Standards orientiert.
- Intelligenz besteht aus mehreren, voneinander unabhängigen Faktoren. Die Erhebung eines Intelligenzprofils kann Hinweise auf Stärken und Schwächen im Alltag sowie für deren Förderung liefern.
- Die Messung der Intelligenz mittels eines standardisierten Intelligenztests ist einer von mehreren Bausteinen zur Feststellung einer sogenannten geistigen Behinderung. Diese lässt sich gleichzeitig keinesfalls auf den Intelligenzquotienten begrenzen.

4. Klinische Psychologie

„Klinische Psychologie umfasst die Erforschung, Diagnostik und Therapie der Gesamtheit aller psychischen Störungen bei Menschen. Sie stellt als Grundlagendisziplin den Rahmen für die Prävention, die Behandlung und die Rehabilitation von Menschen mit einer psychischen Störung dar.“ (Petermann 2020, S. 47)

Fallbeispiel

„Ich bin doch nicht normal!“ Das sagte Frau L. einmal zu mir in Bezug auf ihre Ängste und ihre sich überschlagenden Gedanken und erklärte weiter: „Für mich ist das echt schwierig. Ich wünsche mir, dass das endlich aufhört“. Sie hoffte, dass unsere Gespräche ihr dabei helfen könnten. Das „nicht normal“ bezog sich dabei nicht auf ihre Intelligenzminderung, sondern auf ihre psychische Erkrankung.

Die klinische Psychologie beschäftigt sich mit den *Abweichungen im Erleben und Verhalten,* wobei der Fokus auf den *störenden* Abweichungen liegt, die auch als psychische Störungen bezeichnet werden. Hiervon kann jeder Mensch betroffen sein; laut Weltgesundheitsorganisation ist die Wahrscheinlichkeit, an einer psychischen Störung zu erkranken, für einen Menschen mit Lernschwierigkeiten jedoch drei- bis viermal höher (WHO 2011). Es ist also ziemlich wahrscheinlich, dass Sie in diesem Kontext auf jemanden stoßen, der eine Intelligenzminderung *und* eine psychische Erkrankung aufweist. In diesem Fall erleichtert ein gewisses Grundverständnis der klinischen Psychologie die professionelle Begleitung. Das folgende Kapitel beschäftigt sich daher zunächst mit den grundlegenden Fragen der klinischen Psychologie, ergänzt durch ausgewählte Störungsbilder (Posttraumatische Belastungsstörung und Demenz) und einen Exkurs zu sexuellem Missbrauch.

Literaturtipp

Bücher, die sich ausführlich mit psychischen Störungen bei Intelligenzminderung beschäftigen, sind „Psychiatrische Diagnostik und Therapie bei Menschen mit Intelligenzminderung“ von Schanze (2014) oder „Psychische Gesundheit bei intellektueller Entwicklungsstörung“ von Sappok (2019). Sie behandeln das Thema aus dem psychiatrischen Blickwinkel und liefern eine Übersicht aller psychischen Störungsbilder, deren Diagnostik und Behandlung. Eine Verbindung von psychischen Störungen und Heilpädagogik liefern Lingg/Theunissen (2013) in „Psychische Störung und geistige Behinderung“.

4.1 Grundlegende Fragestellungen der klinischen Psychologie

Die wichtigsten Teilgebiete der klinischen Psychologie sind (vgl. z. B. Hautzinger/Thies 2009) die *Diagnostik und Klassifikation psychischer Störungen* (Wie können psychische Störungen festgestellt und eingeordnet werden?), deren *Erklärung* (Welche Modelle liefern die psychologischen Paradigmen als Ursache für Störungen?) sowie die *Therapie* (Wie können psychische Störungen behandelt werden?). Diese Punkte sind Gegenstand des folgenden Kapitels.

4.1.1 Abweichungen im Erleben und Verhalten

Das Fallbeispiel von Frau L. liefert Anhaltspunkte, was abweichend im Sinne einer psychischen Erkrankung bedeuten kann (vgl. Hautzinger/Thies 2009; Davison/Neale 2007):

„Ich bin doch nicht normal"

Tatsächlich empfindet der Mensch *unerwartete Verhaltensweisen,* die nicht der gängigen Norm entsprechen, häufig als störend. Die wenigsten Menschen hören eben „normalerweise" Stimmen in ihrem Kopf oder haben schreckliche Angst davor, einen größeren Platz zu überqueren. Wenn die Rede von „gängiger Norm" und „normalerweise" ist, stellt sich zwingend die Frage wie stark der Einfluss kultureller und sozialer Gepflogenheiten ist. Die Antwort lautet: ziemlich groß. In dem derzeit gültigen Klassifikationssystem psychischer Krankheiten der Weltgesundheitsorganisation WHO wird auf diesen Umstand hingewiesen, indem formuliert wird: „Eine Klassifikation ist eine Möglichkeit, die Welt zu einem bestimmten Zeitpunkt zu sehen" (WHO 2000, S. 16). So wurde Homosexualität von der WHO bis 1992 als psychische Krankheit geführt, während in späteren Auflagen explizit festgehalten wird, dass die sexuelle Orientierung an sich keine Störung ist (WHO 2011).

Daneben gibt es eine Reihe von Störungen, die an der Norm im Sinne eines *statistischen Wertes* festgemacht werden. Davison/Neale (2007) bezeichnen sie als „statistische Seltenheit". Wenn die Ausprägung eines Merkmals nur selten genug vorkommt, wird es als abweichend bezeichnet. Dies trifft für den Intelligenzquotienten im Rahmen der Bestimmung einer Intelligenzminderung zu. Wie in Kapitel 3.2.2 dargelegt, erreichen nur 3 % der Bevölkerung einen Wert kleiner 70, ab dem man von einer Intelligenzminderung spricht.

Wenn Normen und Normalität das einzige Maß wären, um Abweichung zu bestimmen, müssten positiv abweichende Verhaltensweisen (hochtalentierte Musiker*innen, Sportler*innen etc.) ebenfalls in die klinische Psychologie einbezogen werden. Für viele psychische Störungen gilt daher ein weiteres Merkmal, das Frau L. ebenfalls ausdrückt:

„Für mich ist das echt schwierig"

Es geht hier um den *persönlichen Leidensdruck*, der bei vielen psychischen Störungen eine notwendige Voraussetzung für die Diagnose ist. So wird beispielsweise bei einer Angststörung eine „deutliche emotionale Belastung durch Angstsymptome oder das Vermeidungsverhalten vorausgesetzt" (WHO 2011, S. 121). Erneut würde es jedoch zu kurz greifen, sich nur auf das persönliche Leid zu fokussieren, denn andere Störungen wiederum bringen mit sich, dass gerade die Einsicht in die Erkrankung nicht vorhanden ist. Daher wird als ein weiteres Kriterium das der *Dysfunktionalität* bestimmt. Anders ausgedrückt, die Unfähigkeit die eigenen Ziele zu verfolgen.

Fallbeispiel

Wenn Frau L. aufgrund ihres ausgeprägten Vermeidungsverhaltens, ausgelöst durch ihre Ängste, nicht mehr aus dem Haus geht oder Frau V. wegen ihrer Suchterkrankung nicht mehr in der Lage ist, einer geregelten Arbeit nachzugehen, liegt in beiden Fällen eine Dysfunktionalität des Verhaltens vor, das das Leben der Betroffenen massiv einschränkt.

Für die klinische Entwicklungspsychologie, deren Schwerpunkt auf Kindern und Jugendlichen liegt, betrachten Heinrichs/Lohaus (2011) das Kriterium der Dysfunktionalität als grundlegend: „Eine *psychische Störung im Kindes- und Jugendalter* (hervorgehoben im Original) ist dadurch charakterisiert, dass sie das betroffene Kind bzw. den Jugendlichen darin beeinträchtigt, seine alterstypischen Entwicklungsaufgaben erfolgreich zu bewältigen." (ebd., S. 17)

Eine systematische Beschreibung möglicher Abweichungen im Erleben und Verhalten erfolgt im psychopathologischen Befund, den Sie in jedem psychiatrischen Arztbrief finden. Ziel ist das Erstellen einer Arbeitshypothese für die weitere diagnostische Abklärung. Die einzelnen Bereiche wurden von der Arbeitsgemeinschaft für Methodik und Dokumentation in der Psychiatrie wie folgt festgelegt (AMDP 2018):

- Bewusstseinsstörungen (Wachheit, Erleben)
- Orientierungsstörungen (Orientierung zu Zeit, Raum, Situation, Person)
- Aufmerksamkeits- und Gedächtnisstörungen
- Formale Denkstörungen (Tempo, Flüssigkeit, Zusammenhang von Aussagen)
- Befürchtungen und Zwänge
- Wahn
- Sinnestäuschungen (akustisch, visuell, taktil, Halluzinationen)

- Ich-Störungen (Ich-Umwelt-Grenze, z. B. die Vorstellung, jemand würde einem Gedanken eingeben)
- Störungen der Affektivität (Grundstimmung und Schwingungsfähigkeit)
- Antrieb und psychomotorische Störungen
- Circadiane Besonderheiten (Veränderungen der Symptome im Tagesverlauf)

Praxistipp

Wenn Ihnen bei einer betreuten Person verändertes Verhalten auffällt, kann es hilfreich sein, die Veränderungen anhand dieser Kategorien zu ordnen.

Menschen mit Lernschwierigkeiten haben üblicherweise reduzierte Fähigkeiten in den Bereichen Aufmerksamkeit, Gedächtnis und Orientierung. Vogel/Feuerherd (2019) weisen darauf hin, dass bei der Erhebung des psychopathologischen Befundes auch immer der sozio-emotionale und kognitive Entwicklungsstand mitgedacht werden muss. So könne die Vorstellung, Polizist*in zu sein, sowohl ein wahnhafter Gedanke als auch die entwicklungsadäquate Vorstellung eines Rollenwunsches sein (Vogel/Feuerherd 2019, S. 285).

Fallbeispiel

Frau L. berichtet von Ängsten und Gedankenkreisen. Beides würde in einem psychopathologischen Befund unter Befürchtungen notiert werden.

4.1.2 Diagnostik

Ziel psychologischer Diagnostik ist es, abweichendes Verhalten und/oder Erleben so objektiv wie möglich zu erheben. Die bekanntesten psychologischen Erhebungsfahren sind Interviews, psychometrische Tests und Verhaltensbeobachtungen. *Interviews* können mehr oder weniger strukturiert sein – je weniger Freiheitsgrade das Interview ermöglicht, desto höher wird die Vergleichbarkeit zwischen verschiedenen Untersucher*innen ausfallen. *Psychometrische Tests* sind Untersuchungsmethoden wie Fragebögen oder Aufgaben, die hinsichtlich Durchführung, Auswertung und Interpretation standardisiert sind und an einer größeren Stichprobe normiert wurden. Bernitzke (2011) unterscheidet zwischen Leistungstests, Persönlichkeitstests und sonstigen Verfahren. Psychometrische Tests werden anhand dreier Kriterien beurteilt: der Reliabilität, der Validität und der Objektivität (siehe Kapitel 3.2.2). Typische sogenannte Persönlichkeitstests in einer Zeitschrift oder im Internet geben einem zwar ebenfalls vor, wie man sie auszufüllen und auszuwerten hat und vermitteln am Ende ein Ergebnis, anhand dessen man sich einordnen kann. Die o. g. Gütekriterien spielen jedoch keine Rolle, so dass solche Tests auch nicht aussagekräftig sind.

Häufig genutzte Tests in der Tätigkeit mit Menschen mit Lernschwierigkeiten sind Tests zur Erfassung der Intelligenz – sie werden daher in Kapitel 3.2.2 ausführlicher dargestellt. Zur Beurteilung einer psychischen Krankheit spielen störungsspezifische *Fragebögen* eine wichtige Rolle. Im deutschsprachigen Raum gibt es noch wenig Fragebögen für Menschen mit Lernschwierigkeiten.[24] Oft behilft man sich daher in der Praxis mit den üblichen psychometrischen Tests, die zur Hypothesengenerierung durchaus nützlich sind.

Fallbeispiel

Bei Frau L. liegt eine leichte Intelligenzminderung vor. Sie kann von sich selbst und ihrem Befinden berichten (Introspektion) und formuliert ihre Sorgen klar und verständlich. Es ist also davon auszugehen, dass sie, ggf. mit etwas Unterstützung, sowohl in einem klinischen Interview Auskunft geben als auch einen Fragebogen zur Angsterhebung ausfüllen könnte.

Vielleicht ist Ihnen im Beispiel gerade der Halbsatz „ggf. mit etwas Unterstützung" aufgefallen. Unterstützungsleistungen sind Alltag für Menschen mit Beeinträchtigungen. Im Kontext von Psychodiagnostik bedeutet es aber eine Verminderung der Objektivität: Die Tatsache, dass eine weitere Person bei der Beantwortung der Fragen anwesend ist, kann die Antworten verändern. Wenn Fragebögen in leichte oder einfache Sprache übersetzt, die Fragen vorgelesen oder geeignete Beispiele angeführt werden müssen, damit die befragte Person die Aussagen des Fragebogens besser versteht, sinkt die Objektivität zwangsweise noch weiter. Eine Normierung der Tests für Menschen mit Lernschwierigkeiten liegt in der Regel nicht vor – die Vergleichbarkeit ist damit eingeschränkt.

Literaturtipp

Sappok (2019) listet in ihrem psychiatrischen Lehrbuch störungsspezifische Fragebögen für Menschen mit Intelligenzminderung auf, sofern doch welche entwickelt wurden.

Wenn ein Mensch so schwer beeinträchtigt ist, dass er keine Fragen zu seiner Befindlichkeit beantworten kann, müssen andere Mittel gefunden werden, um eine diagnostische Einschätzung zu treffen:

---

24 Die angloamerikanischen Länder sind hier deutlich besser aufgestellt (Sappok 2019; Irblich 2003).

Fallbeispiel
Die 14-jähige H. hat eine schwere Intelligenzminderung und spricht in Zwei-Wort-Sätzen. Es ist deutlich zu merken, dass es ihr „irgendwie nicht gutgeht" – jedoch kann sie selbst keine genauere Auskunft darüber geben, was mit ihr los ist. Die Eltern und das betreuende pädagogische Team versuchen durch das Zusammentragen ihrer Beobachtungen und Erinnerungen an vorangegangene Verhaltensveränderungen von H., mögliche Erklärungen zu finden.

Bei H. sind *Fremdbeurteilung und Verhaltensbeobachtung* ein wichtiges Mittel, um Aufschluss über ihr psychisches Befinden zu erhalten. Bei einer Fremdbeurteilung wird der entsprechende Fragebogen von Angehörigen und/oder pädagogischen Fachkräften ausgefüllt. Meir liefert in Sappok (2019) eine Übersicht praxiserprobter Fremdbeurteilungsbögen zur Erhebung verschiedener Verhaltensaspekte. Verhaltensbeobachtungen finden während der Untersuchungssituation statt oder werden von Angehörigen und/oder pädagogischen Fachkräften aus dem Alltag berichtet. Fremdbeurteilungsbögen versuchen ebenfalls, sich auf beobachtbares *Verhalten* zu beziehen, um möglichst wenig Interpretation zuzulassen. Auch dies ist umso wichtiger, je stärker eingeschränkt ein Mensch in seinen Ausdrucksmöglichkeiten ist.

4.1.3 Besonderheiten in der psychiatrischen Diagnostik bei Menschen mit Lernschwierigkeiten

In Zusammenhang mit psychologischer Diagnostik bei Menschen mit Lernschwierigkeiten treten verschiedene Phänomene auf, die leicht dazu führen, dass eine psychische Störung fälschlicherweise nicht erkannt wird (vgl. Meir 2019; SK2 Praxisleitlinie Intelligenzminderung[25]; Schanze 2014):

Sollten sich die Eltern und das Team im Beispiel von H. darauf verständigen, dass die Verhaltensauffälligkeiten zu H.s Behinderung gehören, könnten sie eventuell dem diagnostischen Fehler des *Overshadowing* erliegen. Abweichendes Verhalten wird dann fälschlicherweise der Behinderung zugeordnet und nicht einer psychischen Störung. Die Behinderung „überschattet" die psychische Erkrankung sozusagen und diese wird in der Folge nicht erkannt und auch nicht behandelt. Tatsächlich ist es nicht immer einfach zu entscheiden, ob das Verhalten einer Person abweichend im Sinne einer behandlungsbedürftigen psychiatrischen Störung ist oder aber eine individuelle Verhaltensbesonderheit der Person, die keine weiteren Schritte erfordert. Hinzu kommt das

25 www.awmf.org/uploads/tx_szleitlinien/028-042l_S2k_Intelligenzminderung_2014-12_verlaengert_01.pdf (Abruf: 16.04.2021)

sogenannte *Underreporting:* Es ist davon auszugehen, dass Personen mit stärkeren kognitiven Beeinträchtigungen erhöhte Schwierigkeiten haben, innere Vorgänge zu erfassen beziehungsweise verbal mitzuteilen, so dass die Umwelt das Leid nicht wahrnimmt. Eine dritte Quelle der Unterschätzung besteht darin, dass bei psychischen Störungen eventuell „nur" bereits bestehende Verhaltensauffälligkeiten verstärkt werden – man spricht in diesem Fall von einer *Baseline exaggeration* (Schmidt/Meir 2014).

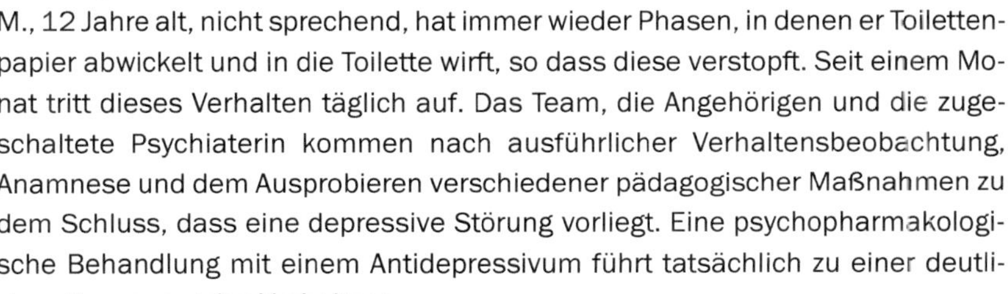

Fallbeispiel

M., 12 Jahre alt, nicht sprechend, hat immer wieder Phasen, in denen er Toilettenpapier abwickelt und in die Toilette wirft, so dass diese verstopft. Seit einem Monat tritt dieses Verhalten täglich auf. Das Team, die Angehörigen und die zugeschaltete Psychiaterin kommen nach ausführlicher Verhaltensbeobachtung, Anamnese und dem Ausprobieren verschiedener pädagogischer Maßnahmen zu dem Schluss, dass eine depressive Störung vorliegt. Eine psychopharmakologische Behandlung mit einem Antidepressivum führt tatsächlich zu einer deutlichen Besserung des Verhaltens.

M.s Beispiel zeigt darüber hinaus, wie wichtig die Zusammenarbeit der verschiedenen Beteiligten ist, um die passende Einordnung eines Verhaltens vorzunehmen.

Schließlich kommt noch hinzu, dass Menschen mit schweren kognitiven Beeinträchtigungen häufig *atypische Symptome* zeigen. So können sich Depressionen in aggressivem Verhalten äußern; Psychosen sind manchmal nur zu vermuten, weil die betroffene Person immer wieder irgendwo hinblickt, als ob sie dort etwas sehen würde (Vogel/Feuerherd 2019).

Das gegenteilige Phänomen entsteht, wenn *mehr* Verhaltensweisen im Sinne einer (bestimmten) psychischen Krankheit interpretiert werden als dies tatsächlich der Fall ist – dies bezeichnet man als *Overreporting.* Die menschliche Informationsverarbeitung ist hierfür besonders anfällig. Der Mensch sieht, was er erwartet, nicht nur im Zusammenhang mit Diagnosen (Confirmation Bias, vgl. Kapitel 5.3.1). Hinzu kommt, dass viele Verhaltensweisen nicht spezifisch für eine bestimmte psychische Erkrankung sind, sondern bei verschiedenen Störungen auftauchen können. So ist eine Änderung des Tag-Nacht-Rhythmus typisch für Demenz; Schlafstörungen können aber auch im Rahmen einer Depression auftreten. Rückzug aus sozialen Situationen kann Symptom einer Depression sein, er könnte aber auch im Rahmen einer sozialen Angst als Vermeidungsverhalten auftreten oder bei einem Menschen mit Autismus-Spektrum-Störung, um sich vor Reizüberflutung zu schützen.

Anregung zur (Selbst-)Reflexion

Ist es Ihnen auch schon passiert, dass Sie auf einer Fortbildung zu einem bestimmten Krankheitsbild waren und im Anschluss bei Ihren Klient*innen überall Belege für ebendieses Krankheitsbild fanden? Wann handelt es sich um ein Erkennen durch Wissenszuwachs, wann um Overreporting?

4.1.4 Klassifikation

Ist eindeutig „abweichendes Verhalten" festzustellen, stellt sich als nächste Frage, wie man selbiges benennt und klassifiziert. Psychische Störungsbilder werden (Stand 2021) anhand der *International Statistical Classification of Diseases and Related Health Problems* (zu Deutsch: Internationale statistische Klassifikation der Krankheiten und verwandter Gesundheitsprobleme) in ihrer 10. Auflage (ICD-10) in den „V (F)-Kapiteln" beschrieben. In zehn Untergruppen werden die derzeit anerkannten psychischen Krankheitsbilder mit möglichst genauen Beschreibungen aufgelistet (siehe die folgende Übersicht der diagnostischen Kategorien nach ICD-10). Die Störungen basieren auf theoretisch erstellten und wissenschaftlich erforschten Überlegungen.[26] 2019 wurde die ICD-11 von der WHO verabschiedet – eine überarbeitete Neufassung der ICD-10, die teilweise gravierende Änderungen beinhaltet. Ab 2022 soll sie auch in Deutschland erscheinen. Eine englische Version der ICD-11 findet man unter icd.who.int; aktuelle Informationen über den Stand in Deutschland auf www.dimdi.de/dynamic/de/klassifikationen/icd/ (Abruf: 01.04.2021)

Übersicht der diagnostischen Kategorien nach ICD-10

F0	Organische, einschließlich symptomatischer psychischer Störungen
F1	Psychische und Verhaltensstörungen durch psychotrope Substanzen
F2	Schizophrenie, schizotype und wahnhafte Störungen
F3	Affektive Störungen
F4	Neurotische, Belastungs- und somatoforme Störungen
F5	Verhaltensauffälligkeiten mit körperlichen Störungen oder Faktoren
F6	Persönlichkeits- und Verhaltensstörungen
F7	Intelligenzminderung
F8	Entwicklungsstörungen
F9	Verhaltens- und emotionale Störungen mit Beginn in der Kindheit und Jugend
F99	Nicht näher bezeichnete psychische Störungen

26 Diese Überlegungen sind natürlich trotz aller wissenschaftlichen Basis nicht frei von Kontext, Kultur und Gesellschaft.

Neben der ICD spielt das *Diagnostic and Statistical Manual of Mental Disorders* (kurz DSM) eine wichtige Rolle. Es liegt derzeit in der 5. Auflage vor (DSM-5). Während die ICD von der Weltgesundheitsorganisation entwickelt wird und für alle Mitgliedsstaaten gilt, wird das DSM von der American Psychiatric Association (APA) verfasst. Beide sind für die klinische Psychologie relevant: Das DSM liefert detailliertere Beschreibungen der Krankheitsbilder und wird daher häufig in Lehre und Forschung genutzt; die ICD ist der verbindliche Diagnoseschlüssel in der Kommunikation mit Krankenkassen (vgl. Lübeck 2020).

Praxistipp

Wenn Sie den Arztbrief eines Bewohners vorliegen haben, werden Sie stets eine Diagnose nach ICD vorfinden. Wenn Sie dagegen eine Fortbildung über psychische Erkrankungen besuchen, kann es durchaus passieren, dass der oder die Referent*in überwiegend Kriterien aus dem DSM aufführt.

Literaturtipp

Jedes Lehrbuch der klinischen Psychologie liefert eine ausführliche Beschreibung der einzelnen psychischen Störungen, so zum Beispiel Heuer/Knappe (2020) oder, spezialisiert auf psychische Störungen bei Kindern und Jugendlichen, Heinrichs/Lohaus (2020). Die o. g. Bücher von Sappok (2019), Schanze (2014) oder Lingg/Theunissen (2013) stellen den Bezug zu Menschen mit Lernschwierigkeiten her, sind dafür aber in den Beschreibungen der Störungsbilder deutlich knapper.

In der Behindertenarbeit begegnet einem zwangsläufig noch ein weiteres Klassifikationssystem: die *ICF (International Classification of Function, Disability and Health,* zu Deutsch: Internationale Klassifikation der Funktionsfähigkeit, Behinderung und Gesundheit) bzw. die *ICF-CY* (children und youth) für Kinder und Jugendliche. ICF und ICD ergänzen sich: „Die ICF ist wie die ICD-10 ein Teil der WHO-Familie der Internationalen Klassifikationen. Während die ICD Krankheiten klassifiziert, klassifiziert die ICF die Folgen von Krankheiten in Bezug auf Körperfunktionen, Aktivitäten und Teilhabe. Die Blickwinkel von ICD-10 und ICF ergänzen sich also. Zusammen liefern sie ein umfassendes Bild von der Gesundheit eines Menschen oder einer Population. Damit schaffen sie eine Grundlage für Entscheidungen über individuelle Rehabilitationsmaßnahmen oder über gesundheitspolitische Maßnahmen." (Bundesinstitut für Arzneimittel und Medizinprodukte). Durch die Betrachtung von Aktivität und Teilhabe wird die Umwelt einer Person systematisch miteinbezogen. Die ICF/ICF-CY wird zukünftig herangezogen werden, um den Hilfebedarf bei einer Behinderung zu ermitteln.

Kritische Einordnung von Diagnosen

Sowohl ICD als auch DSM versuchen, Krankheitsbilder möglichst genau zu beschreiben und damit eine hohe interpersonelle Übereinstimmung (Reliabilität) zu erreichen. Ein solches Vorgehen eröffnet wichtige *Möglichkeiten:* Die Kommunikation über Krankheiten wird einfacher, die Forschung kann zielgerichteter erfolgen und es können passende Therapien entwickelt werden. Für Betroffene stellt eine Diagnose nicht selten eine Erleichterung dar, jetzt zu verstehen, was vor sich geht. Sappok/Zepperitz (2019) betrachten psychiatrische Diagnosen als „Arbeitshypothesen", die sich im Lauf der Behandlung ändern können. Wenn eine Diagnose allerdings erst einmal in einem Arztbrief steht, noch dazu von einer renommierten Klinik gestellt, ist es nicht so einfach, diese zu widerrufen oder zu korrigieren. Weitere *Nachteile* einer diagnostischen Zuordnung sind ebenfalls nicht von der Hand zu weisen: Der Mensch neigt dazu, in Schubladen zu denken; allzu leicht wird aus einer Person mit einer emotional instabilen Persönlichkeitsstörung vom Borderline-Typ (F60.31) eine „Borderlinerin" – und plötzlich laufen alle möglichen Verhaltenscluster, Stereotype und Vorurteile vor unserem inneren Auge ab und beeinflussen wiederum unser Verhalten gegenüber der betreffenden Person (vgl. Kapitel 5.3.1). Nachgewiesenermaßen führen Diagnosen auch zu Stigmatisierung – sowohl durch die Umwelt als auch durch die Person selbst (Hautzinger/Thies 2009). Das Modell der psychischen Störungen, wie es in ICD und DSM beschrieben wird, hat zudem zur Folge, dass die Störung *in* der betroffenen Person verankert wird. Diese Logik folgt dem medizinischen Ansatz, der eine Erkrankung als intraindividuelles Problem betrachtet. Damit werden Interaktionen mit der Umwelt als krankheitsbedingend oder -erhaltend vernachlässigt; Therapien finden meist im Einzelkontakt statt. Eine Ausnahme zu diesem Modell stellt der systemische Ansatz dar, in dem die Interaktionen mit der Umwelt explizit als grundlegend betrachtet werden. Schließlich gilt bei Diagnosen auch zu bedenken, dass die Einordnung von Verhaltensweisen von unserer Wahrnehmung und damit auch von unserer Interpretation, unserem Hintergrund und unseren Erfahrungen abhängt. Die folgende Episode machte mir dies an mir selbst bewusst:

Fallbeispiel

Ich hatte über mehrere Jahre schwerpunktmäßig mit Kindern mit Autismus gearbeitet. Bei Herrn R. fielen mir sofort der reduzierte Blickkontakt und seine Fokussierung auf Geburtstage sowie seine meist ähnlich gestellten Fragen auf und wurden von mir zunächst als „typisch autistisch" wahrgenommen. Als ich ihn näher kennenlernte, erfuhr ich, dass er vor Jahren an einer Schizophrenie erkrankt war. Die Schizophrenie und auch deren medikamentöse Einstellung hatten zur Folge, dass er sich massiv zurückgezogen hatte und seine Gedanken verengt und reduziert waren. Sein Verhalten davor war von vielen Sozialkontakten geprägt gewesen und auch sonst nach Berichten der Personen, die ihn schon länger kannten, ganz und gar nicht „autistisch“.

Das Beispiel zeigt, wie schnell wir dazu neigen, Bekanntes als Selbstverständlichkeit anzunehmen. In diesem Fall war die Differenzialdiagnostik durch die unterschiedlichen Krankheitsverläufe einfach. Zahlreiche Krankheitsbilder unterscheiden sich aber, insbesondere bei gleichzeitig vorliegender kognitiver Beeinträchtigung, weniger eindeutig. Durch die Kodierung vermitteln psychiatrische Diagnosen das Gefühl einer objektiven Wahrheit und schränken damit gegebenenfalls Handlungsspielräume ein. Elvén (2017) weist auf den Wandel von besonders häufig vorkommenden Diagnosen im Lauf der Jahre hin und bemerkt dazu: „Das heißt nicht zwingend, dass der Grund für sein Verhalten jetzt ein anderer ist, sondern dass den Mitarbeitern eine andere Erklärung gegeben wird und sie dadurch ihre Ansichten über das Kind und sein Verhalten ändern.“ (ebd., S. 35)

Diagnosen können also hilfreich oder hemmend sein – sowohl für die Betroffenen als auch für Angehörige und Fachkräfte.

Die Diagnose der Intelligenzminderung/Doppeldiagnosen

Wie Sie der Übersicht der diagnostischen Kategorien nach ICD-10 auf S. 84 entnehmen können, findet sich die Intelligenzminderung als Diagnose in der ICD-10, Kapitel F und wird damit ebenfalls zu den psychischen Störungen gerechnet. Unter F7x werden die leichte, mittlere, schwere und schwerste Intelligenzminderung aufgeführt. Dies wird auch in der ICD-11 unter dem Begriff *Störungen der intellektuellen Entwicklung* (disorders of intellectual development, Sappok 2019) fortgeführt. Nicht nur Lingg/Theunissen (2013) sind in diesem Zusammenhang der Meinung, dass „die Gepflogenheit, geistige Behinderung als psychische Störung auszuweisen, in beiden Systemen (ICD-10 und DSM-5, Anm. der Autorin) kritisch, ja als irritierend und veränderungsbedürftig betrachtet werden muss“ (ebd., S. 19). Die Beibehaltung als Diagnose hat u. a. gesundheitspolitische Gründe, da sich hieraus beispielsweise Versorgungsleistungen ableiten lassen. Was damit jedoch aus dem Blick zu geraten droht, ist die Tatsache, dass die psychische Gesundheit, also die Lebenszufriedenheit eines Menschen, nicht von seiner kognitiven Entwicklung abhängt (Sappok 2019).

Wie bereits festgestellt, kann bei einer Person mit Intelligenzminderung zusätzlich eine diagnostizierte psychische Erkrankung vorliegen, die Wahrscheinlichkeit liegt sogar drei- bis viermal höher als bei Personen ohne Intelligenzminderung (Schanze 2014; Lingg/Theunissen 2013; Irblich 2003).[27] In

27 Die Erkenntnis, dass so etwas möglich ist, gilt zumindest in Deutschland jedoch erst seit

diesem Zusammenhang hat sich der Begriff der *Doppeldiagnose* oder *Dualen Diagnose* etabliert, um auf das Vorhandensein mehrerer Diagnosen hinzuweisen.[28] Sappok/Zepperitz (2019) weisen darauf hin, dass manche psychischen Störungen ein bestimmtes Entwicklungsniveau voraussetzen. So können beispielsweise soziale Ängste erst auftreten, wenn soziale Beziehungen eine Rolle spielen und die Fähigkeit des Perspektivwechsels entwickelt ist. Eine Erhebung am Berliner Behandlungszentrum für erwachsene Menschen mit geistiger Behinderung und psychischer Erkrankung (BHZ) aus dem Jahr 2002 ergab, dass bei 41 % der untersuchten Personen keine psychische Störung im engeren Sinne, sondern eine sogenannte Verhaltensstörung vorlag (Diefenbacher 2019); Schanze (2014) kommt nach dem Vergleich verschiedener Studien zu ähnlichen Ergebnissen.

Sucht man nach Erklärungen für das erhöhte Erkrankungsrisiko, kann das *Vulnerabilitäts-Stress-Modell,* auch bekannt unter *Diathese-Stress-Modell* (vgl. Schanze 2014; Lingg/Theunissen 2013), Abhilfe schaffen. Seine Leistung besteht darin, dass es biologisch-genetische und psycho-soziale Einflüsse miteinander verbindet. Das Modell geht davon aus, dass jeder Mensch mit einer bestimmten Verletzlichkeit (Vulnerabilität) oder Anfälligkeit (Diathese) gegenüber psychischen Störungen ausgestattet ist. Diese wird bestimmt durch biologisch-genetische Faktoren (z. B. prä-, peri- und postnatale Schädigungen, Genmutationen, Vererbung) und psycho-soziale Bedingungen (z. B. Milieu, Coping-Strategien) – in beiden Bereichen können sowohl Risikofaktoren als auch Schutzfaktoren wirksam werden. Erst wenn einer oder mehrere Stressoren auf diese „Grundausstattung" treffen, entwickelt sich möglicherweise eine psychische Erkrankung. Bei Menschen mit Lernschwierigkeiten gibt es eine Vielzahl an biologischen Risikofaktoren, für viele psychische Störungen bzw. Therapien wird der Intelligenz eine entscheidende Rolle zugewiesen, so etwa für die dialektisch behaviorale Therapie nach Linnehan (Bohus/Wolf-Arehult 2013) oder für die Verarbeitung einer traumatischen Situation (Beckrath-Wilking et al. 2013). Gleichzeitig ist es schwieriger, hilfreiche Stressbewältigungsstrategien (sogenannte Coping-Strategien) zu entwickeln, da die Problemlösefähigkeiten insgesamt eingeschränkt sind. Die Vulnerabilität ist also deutlich erhöht. Zusätzlich ist auch die Wahrscheinlichkeit, einem Stressor ausgesetzt zu sein, deutlich größer: Menschen mit Behinderung erleben häufiger traumatische Situationen, Gewalt, Fremdbestimmung, Versagensängste, Überforderung, wachsen in Institutionen auf und vieles mehr (Schanze 2014; Lingg/

den 1970er Jahren (Irblich 2003) – davor galten alle Verhaltensweisen als Teil der Behinderung.

28 Der Begriff wurde ursprünglich entwickelt, um auf eine psychische Erkrankung bei gleichzeitiger Suchterkrankung hinzuweisen, bezieht sich also nicht ausschließlich auf den Personenkreis von Menschen mit Intelligenzminderung.

Theunissen 2013). Ausschnitte aus Frau L.s Lebensgeschichte können das Modell erläutern:

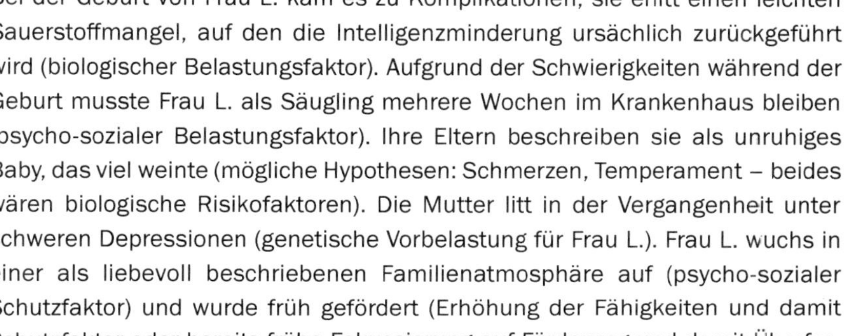

Fallbeispiel

Bei der Geburt von Frau L. kam es zu Komplikationen, sie erlitt einen leichten Sauerstoffmangel, auf den die Intelligenzminderung ursächlich zurückgeführt wird (biologischer Belastungsfaktor). Aufgrund der Schwierigkeiten während der Geburt musste Frau L. als Säugling mehrere Wochen im Krankenhaus bleiben (psycho-sozialer Belastungsfaktor). Ihre Eltern beschreiben sie als unruhiges Baby, das viel weinte (mögliche Hypothesen: Schmerzen, Temperament – beides wären biologische Risikofaktoren). Die Mutter litt in der Vergangenheit unter schweren Depressionen (genetische Vorbelastung für Frau L.). Frau L. wuchs in einer als liebevoll beschriebenen Familienatmosphäre auf (psycho-sozialer Schutzfaktor) und wurde früh gefördert (Erhöhung der Fähigkeiten und damit Schutzfaktor oder bereits frühe Fokussierung auf Förderung und damit Überforderung und Risikofaktor). Sie besuchte zunächst ein Förderzentrum mit Förderschwerpunkt Lernen, wo sie gut in die Klassengemeinschaft integriert war (sozialer Schutzfaktor). Nach einigen Jahren konnte sie dem Schulstoff inhaltlich nicht mehr folgen (Belastung) und wechselte in ein Förderzentrum mit Förderschwerpunkt geistige Entwicklung. Unter diesem Wechsel litt sie sehr und zog sich immer mehr zurück (psycho-soziale Belastung, eventuell auch Anzeichen der genetischen Vorbelastung Depression).

Das Beispiel zeigt, wie psycho-soziale und biologisch-genetische Faktoren ineinandergreifen, und gibt Hinweise darauf, dass eine vereinfachte Deutung von Sachverhalten in der Regel zu kurz greift. So stellt die beschriebene Schulwahl im Fall von Frau L. einerseits einen Schutzfaktor durch den Freundeskreis dar, führt in der Folge aber zu Überforderung und damit zu Belastungen. Das Vulnerabilitäts-Stress-Modell liefert keine Erklärung, warum Frau L. an Ängsten leidet (und nicht zum Beispiel an einer Schizophrenie), sondern verdeutlicht, wieso die Wahrscheinlichkeit, an einer psychischen Störung zu erkranken, für Frau L. erhöht ist.

Anregung zur (Selbst-)Reflexion

Kennen Sie die Biografie Ihrer Klient*innen? Welche Risiko- und welche Schutzfaktoren können Sie identifizieren?

Irblich (2003) leitet aus dem Vulnerabilitäts-Stress-Modell die Notwendigkeit ab, Schutzfaktoren zu erhöhen und die Lebenswelt von Menschen mit Lernschwierigkeiten deren Bedürfnissen und Fähigkeiten anzupassen, um keine zusätzlichen Stressoren zu kreieren. Mit der Forderung nach einer Milieuanpassung entfernt sich Irblich von den klassischen psychotherapeutischen

Ansätzen – was insbesondere im Hinblick auf herausforderndes Verhalten interessant erscheint.

Exkurs: Herausforderndes Verhalten – ein Thema für Pädagogik, Psychiatrie oder Psychologie?

Wie bereits erwähnt, liegt bei bis zu 40 % der psychiatrisch vorgestellten Menschen mit Lernschwierigkeiten eine sogenannte Verhaltensstörung vor. Diese wird im ICD-10 unter F7X.0 (keine oder geringfügige Verhaltensstörung), F7X.1 (deutliche Verhaltensstörung, die Beobachtung oder Behandlung erfordert) oder F7x.8 (sonstige Verhaltensstörung) klassifiziert. Allerdings erfolgt keine Spezifizierung, wie eine solche Verhaltensstörung aussieht. Sappok und Zepperitz legen für ihre Arbeit folgende, vom Royal College of Psychiatrists übernommene Definition zugrunde: „Verhaltensstörungen sind kulturell unangemessene Verhaltensweisen erheblicher Intensität oder Dauer, die zu einer Gefährdung der körperlichen Gesundheit oder sozialen Teilhabe führen und nicht durch andere psychische Störungen oder körperliche Erkrankungen erklärbar sind." (Sappok/Zepperitz 2016, S. 47). Elvén (2017) greift zu einer etwas kürzeren Definition: „Herausforderndes Verhalten ist ein Verhalten, das den Menschen um die betreffende Person Probleme bereitet." (ebd., S. 17). Elvén stellt damit den interaktionellen Charakter von herausforderndem Verhalten in den Vordergrund und führt weiter aus, dass in der Regel die Person, die das herausfordernde Verhalten zeigt, weniger darunter leidet als die Personen im Umfeld. Dies ist im Rahmen der Behindertenarbeit insofern bemerkenswert, als das Ziel der Sonderpädagogik lange Zeit war, den Menschen an seine Umgebung anzupassen. Autoren wie Elvén oder Heijkoop brechen mit dieser Ansicht und stellen damit in Frage, was als auffälliges, gestörtes oder herausforderndes Verhalten bezeichnet wird, und vor allem, aus wessen Perspektive dies geschieht.

Begibt man sich auf einen Streifzug durch die Literatur, die sich mit herausfordernden Verhaltensweisen von Menschen mit Lernschwierigkeiten beschäftigt, stellt man immer wieder fest, wie die drei Fachgebiete Pädagogik, Psychologie und Psychiatrie um Abgrenzung und Definitionsmacht ringen. So fürchten bspw. Lingg/Theunissen (2014) eine „Psychiatrisierung des Spektrums an (pädagogisch relevanten) Verhaltensauffälligkeiten" (ebd., S. 22), während Irblich (2003) darauf hinweist, dass „eine Therapeutisierung des Alltags, wie sie von manchen pädagogischen Autoren befürchtet wird, dabei ebenso wenig wünschenswert [ist] wie eine dauerhafte Unterbringung der betroffenen Menschen in Kliniken." (ebd., S. 316). Umgekehrt betonen Autor*innen aus dem Fachgebiet der Psychiatrie immer wieder, wie wichtig die pädagogischen Aspekte in der klinischen Arbeit mit Menschen mit Lernschwierigkeiten sind (Sappok 2019; Schanze 2014). Die Diskussion entzündet sich daran, ob herausfordernde Verhaltensweisen als Teil eines psychischen/psychiatrischen

Problems betrachtet werden oder als Verhaltensäußerungen, denen „pädagogische, interpersonale oder sozial-kommunikative Probleme zugrunde liegen.“ (Lingg/Theunissen 2013, S. 22). Konkret wird diese etwas abstrakte Diskussion, wenn Sie als Betreuungskraft entscheiden müssen, ob Sie im Umgang mit einer betreuten Person ein pädagogisches Vorgehen wählen oder eine psychiatrische Behandlung in die Wege leiten. Meine Erfahrung zeigt, dass sich die wenigsten behandlungsbedürftigen Verhaltensweisen rein psychopathologisch oder rein pädagogisch erklären lassen und sich in der respektvollen Ergänzung der Berufsgruppen der größte Mehrwert für die betreuten Menschen ergibt.

Literaturtipp

Wer sich näher mit dem Umgang mit herausforderndem Verhalten beschäftigen möchte, dem seien die Bücher von Heijkoop (2014) „Herausforderndes Verhalten von Menschen mit geistiger Behinderung“, Elvén (2017) „Herausforderndes Verhalten vermeiden“ oder Theunissen (2020) „Positive Verhaltensunterstützung“ empfohlen.

4.1.5 Erklärungen psychischer Störungen und Therapie

Die verschiedenen psychologischen Schulen (siehe Kapitel 1.2.1) liefern verschiedene Erklärungsmodelle für die Entstehung psychischer Störungen und diese wiederum führen zu verschiedenen therapeutischen Ansätzen. Psychologische Modelle sind in ihren Ansätzen so präsent im Allgemeinwissen, dass wir alle sie nutzen – je bewusster wir dies tun, desto reflektierter können wir sie einsetzen.

Erklärungsmodelle

Am Beispiel von Herrn S. lassen sich verschiedene Störungsmodelle herausarbeiten:

Fallbeispiel

Herr S., 27 Jahre alt, mittelgradige Intelligenzminderung, lebt in einer Wohngruppe. Das ihn betreuende Team möchte heute besprechen, wie am besten damit umzugehen sei, dass Herr S. nachts derzeit häufig einnässt. Nachdem dies in den letzten Monaten weniger aufgetreten war, kommt es aktuell fast täglich vor. Eine somatische Ursache wurde ausgeschlossen. Im Team entspinnt sich eine lebhafte Diskussion über die möglichen Gründe. Kollegin 1 erinnert sich daran, dass die Eltern von Herrn S. sich getrennt haben, als er ca. sechs Jahre alt war und laut Akte die Enuresis ab diesem Alter aufgetreten ist. Sie stellt die Hypothese auf, dass die Scheidung bei Herrn S. eine nachhaltige Verunsicherung hervorgerufen habe, über die er nicht hinweggekommen sei. Kollegin 2 gibt zu bedenken, dass das gemeinsame Bettabziehen und Wäschemachen eine Zeit der Einzelbegleitung für Herrn S. darstellt. Da es in der letzten Zeit sehr turbulent auf der Gruppe zugehe und wenig Zeit für intensive Kontakte sei, könne dies vielleicht eine positive Konsequenz darstellen, die die Enuresis verstärke. Dem fügt Kollegin 3 hinzu, dass Herr S. derzeit vermehrt von Streit mit seiner Freundin berichte. Eventuell sei die psychische Belastung durch diese Konflikte mit ursächlich und die Enuresis ermögliche Herrn S. zudem, dass er einen Grund habe, nicht mehr bei seiner Freundin zu übernachten.

Entsprechend der psychologischen Menschenbilder lassen sich auch die Ursachenerklärungen im Team zuordnen: Indem Kollegin 1 davon ausgeht, dass Konflikte und deren Verdrängung in der Kindheit sich nun im Erwachsenenalter von Herrn S. weiter auswirken, folgt sie einer *tiefenpsychologischen Sichtweise:* Psychische Störungen sind Folge von unbewussten Konflikten zwischen Es, Ich und Über-Ich (Hautzinger/Thies 2009). Diese entstehen, wenn innerhalb der psychosexuellen Stufen aufgrund äußerer Umstände (in unserem Fallbeispiel die Scheidung der Eltern) eine Fixierung statt einer reifen Entwicklung stattfindet (Zimbardo/Johnson/McCan 2016). Kollegin 2 formuliert eine typische *lerntheoretische Sichtweise:* Sie analysiert das gemeinsame Abziehen der Bettwäsche als positive Verstärkung für Herrn S. und geht daher davon aus, dass das Einnässen, also das Verhalten, das zu dieser Aktion führt, in Zukunft noch öfter auftreten müsste. Kollegin 3 schließlich ist eher dem *systemischen Ansatz* zuzuordnen, da sie die Interkationen mit dem Umfeld von Herrn S. in Betracht zieht und darin mögliche Ursachen vermutet. Aus Sicht der *humanistischen Psychologie* treten Symptome dann auf, wenn das Selbstkonzept und das Erleben des Organismus nicht übereinstimmen (inkongruent sind), beispielsweise weil eine Person zu viele fremde „Leitsätze" übernommen hat, die ihr eigentlich nicht entsprechen und die dennoch ihr Verhalten bestimmen (Gerl 1998).

Psychotherapie

Zur Behandlung psychischer Erkrankungen stehen *Psychotherapien* zur Verfügung, gegebenenfalls in Verbindung mit einer psychopharmakologischen Behandlung. Strotzka (1978) zufolge ist Psychotherapie „ein bewusster und geplanter interaktioneller Prozess zur Beeinflussung von Verhaltensstörungen und Leidenszuständen […] mit psychologischen Mitteln […] mittels lehrbarer Techniken auf der Basis einer Theorie des normalen und pathologischen Verhaltens." (zitiert nach Stahl 2003, S. 595). Auch diese Definition greift die Unterscheidung von „normal" und „pathologisch" auf und verweist auf ein theoriegeleitetes Handeln. In Deutschland sind tiefenpsychologische, verhaltenstherapeutische und systemische Therapien von der Krankenkasse zugelassen, zur Refinanzierung muss eine Diagnose nach ICD vorliegen. Entsprechend ihrer Erklärungsansätze von Krankheit unterscheiden sich auch die Therapievorschläge der verschiedenen psychologischen Schulen.

Die *tiefenpsychologische Therapie* setzt sich zum Ziel, die o. g. unbewussten Konflikte zu lösen, oder, wie Zimbardo es ausdrückt: „Das Ziel der *Psychoanalyse* ist die Errichtung einer innerpsychischen Harmonie, die die Aufmerksamkeit für die Kräfte des *Es* schärft und erweitert, den übertriebenen Gehorsam gegenüber den Anforderungen des *Über-Ich* abbaut und die Rolle des *Ich* stärkt (alle Hervorhebungen im Original)." (Zimbardo 1995, S. 660). Sie nutzt dazu Methoden wie freie Assoziation, Traumdeutung sowie Übertragung und Gegenübertragung. Es geht in der Therapie also nicht nur um die Veränderung eines Symptoms, sondern um die innere Neuausrichtung der Persönlichkeit, so dass Symptome nicht mehr auftreten. In der *Verhaltenstherapie* stellt sich dies genau umgekehrt dar: Behandelt werden vorhandene Symptome, woher diese kommen, ist nicht relevant. Dabei werden die Forschungsergebnisse des Behaviorismus genutzt. Da davon ausgegangen wird, dass psychische Störungen aus Lernprozessen resultieren, werden auch Lernprozesse eingesetzt, um das Verhalten wieder zu ändern. Bekannte verhaltenstherapeutische Methoden sind die systematische Desensibilisierung, die Exposition (auch Konfrontation genannt), Kontingenzmanagement sowie die Progressive Muskelentspannung oder Modelllernen. Aversive Reize oder Bestrafung werden heutzutage als Therapiemethoden abgelehnt (was keinesfalls immer der Fall war). Die *kognitive Verhaltenstherapie* hat zum Ziel, neben Handlungen auch Gedanken und Emotionen zu verändern, z. B. durch Identifikation und Veränderung unangemessener Überzeugungen und Stärkung der Selbstwirksamkeit.

Fallbeispiel

Ich hatte Ihnen bereits Frau S. vorgestellt, die davon überzeugt ist, dass sie „eh nichts kann", und große Schwierigkeiten hat, sich auf neue Arbeiten einzulassen. Der kognitiven Verhaltenstherapie zufolge wäre es zielführend, wenn Frau S. diesen Leitsatz als aus der Kindheit stammend identifiziert. In der Folge könnte sie sich entscheiden, ihn nicht mehr als handlungsleitend zuzulassen.

Die *systemische Therapie* setzt an den Interaktionen zwischen den Mitgliedern eines Systems an. Im klassischen Setting der Familientherapie ist während der Therapiestunde daher immer die ganze Familie anwesend. Die Rolle des/der Therapeut*in liegt in der Prozessbegleitung, so dass das System (die Familie) neue Interaktionen entwickeln kann, die dazu führen, dass ein Symptom nicht mehr „notwendig" ist. Wichtig hierbei sind zirkuläre Fragen, mit denen beleuchtet wird, welche Funktion ein Verhalten innerhalb des Systems hat (z. B. „Was macht Ihr Partner, wenn Sie nicht zur Arbeit gehen können, weil Sie eine Panikattacke haben?"). In den *humanistischen Therapierichtungen* stehen die Person und ihr aktuelles Erleben der Welt im Mittelpunkt. Aufgabe der

Therapeut*innen ist es, ein wachstumsförderndes Klima zu schaffen, in dem sie ihren Klient*innen empathisch und akzeptierend begegnen und selbst kongruent bleiben. Dadurch, so die Annahme, werden sich die Klient*innen besser kennenlernen und sich akzeptierend und wertschätzender sich selbst gegenüber verhalten, denn der Mensch, so Rogers, wird immer versuchen, sich in eine positive Richtung zu entwickeln (Gerl 1998). Die bekannteste humanistisch orientierte Therapie dürfte die klientenzentrierte Gesprächspsychotherapie nach Rogers sein (Rogers 1972).

Fallbeispiel

Anhand des Fallbeispiels von Herrn S. können auch mögliche therapeutische Vorgehensweisen dargestellt werden. (Die Diagnose nach ICD-10 lautet Enuresis F98.0.)

Gemäß psychodynamischen Überlegungen ginge es in der Therapie darum, herauszufinden, welche ungelösten/verdrängten Konflikte Herr S. in sich trägt, und diese zu lösen; Kollegin 1 bringt hier der Scheidung der Eltern ins Spiel. Folgt man dagegen den Vermutungen der Kollegin 2, dass sich das gemeinsame Wechseln der Bettwäsche als etwas Positives für Herrn S. darstellt, könnte eine verhaltenstherapeutische Überlegung lauten, dass Herr S. die Wäsche künftig alleine abzieht und stattdessen gemeinsame Aktivitäten geplant werden, wenn das Bett morgens trocken ist. Ebenfalls aus der verhaltenstherapeutischen Sicht würden sich Entspannungsverfahren und die Sensibilisierung der Körperwahrnehmung anbieten. Aus systemischer Perspektive (Kollegin 3) wäre der Einbezug der Partnerin von Herrn S. sinnvoll, um gemeinsam mit den beiden zu erörtern, wie die Enuresis die Beziehung der beiden beeinflusst und welche Veränderungen eine Reduktion der Symptomatik bewirken könnten. Bei allen beschriebenen Ansätzen ist zu beachten, dass Herr S. erwachsen ist und die Maßnahmen nur gemeinsam mit ihm entwickelt und besprochen werden können!

Die wenigsten Psychotherapeut*innen arbeiten jedoch nach der „reinen Lehre", die verschiedenen Therapierichtungen befruchten sich vielmehr gegenseitig (Hautzinger 2009). Die Psychotherapieforschung hat zudem ergeben, dass bei jeder Psychotherapie sowohl spezifische Wirkfaktoren auftreten, die der gewählten Therapierichtung zuzuschreiben sind, als auch unspezifische Faktoren, die unabhängig davon wirken. Zu diesen unspezifischen Faktoren zählen (Grawe/Donati/Bernauer 1994):

- die Qualität der Therapeuten-Patienten-Beziehung,
- die Errichtung eines gemeinsamen Erklärungssystems für das Problem,
- ein*e Therapeut*in, die überzeugend ausstrahlt, helfen zu können,
- die Erwartung der Patientin/des Patienten, Hilfe zu erhalten,
- Interesse an der Person des/der Patient*in.

Therapie bei Menschen mit Lernschwierigkeiten

Allen Menschen steht eine kassenfinanzierte ambulante Psychotherapie zur Behandlung einer psychischen Störung zu. Jedoch noch 2011 betitelte Glasenapp einen Vortrag zur Psychotherapie bei Menschen mit Intelligenzminderung mit: „Hilfe – mein Therapeut versteht nur Nichtbehinderte" und Buchner legte in demselben Tagungsband die deutschlandweit ersten Befunde zur Psychotherapieforschung bei Menschen mit Lernschwierigkeiten vor (beide in Hennicke 2011). Hier hat sich in den letzten Jahren viel getan: 2019 konnte Glasenapp feststellen, dass inzwischen ausreichend Metaanalysen vorlägen, die die Wirksamkeit von Psychotherapie bei Menschen mit Lernschwierigkeiten nachweisen (Landespsychotherapeutenkammer Baden-Württemberg 2019). Zudem erfolgte 2019 eine Anpassung des (deutschen) Psychotherapeutengesetzes an die Bedürfnisse der Klientel. So sind beispielsweise eine höhere Anzahl von Sitzungen, kürzere Sitzungseinheiten sowie der Einbezug von Bezugspersonen aus dem sozialen Umfeld möglich.

Literaturtipp

Die Landespsychotherapeutenkammer Baden-Württemberg (2019) fasst in einer übersichtlichen Broschüre rechtliche Grundlagen und hilfreiche Anpassungen für die Psychotherapie von Menschen mit Intelligenzminderung zusammen.[29]

Autor*innen, die zu diesem Thema publiziert haben, sind sich einig, dass die *Prinzipien* der therapeutischen Behandlung auf Menschen mit leichter bis mittlerer Intelligenzminderung anwendbar sind, es also keiner speziellen Therapieausrichtung bedarf (z. B. Landespsychotherapeutenkammer 2019; Hermes 2017; Stahl 2003). Angepasst werden müssen lediglich die Methoden – einmal mehr in einer Art, die den reduzierten kognitiven Fähigkeiten ebenso Rechnung trägt wie der Lebenserfahrung erwachsener Klient*innen. Hierzu wurden in den letzten Jahren diverse Therapiemanuale entwickelt, die z. B. Arbeitsblätter in leichter Sprache verwenden oder Anpassungsmöglichkeiten bekannter Methoden beschreiben.

Literaturtipp

Systemische Methoden, angepasst für die Arbeit mit Menschen mit Lernschwierigkeiten, finden sich bei Hermes (2017). Dem Thema Depression bei Menschen mit Lernschwierigkeiten widmen sich Erretkamps et al. (2017) und stellen hier u. a. Arbeitsblätter in leichter Sprache zur Verfügung. Elstern/Schade/Diefen-

---

29 www.lpk-bw.de/sites/default/files/fachportal/behinderung/20191023-psychotherapie-geistige-behinderung-fragen-antworten-pdf.pdf (Abruf: 05. 12. 2021)

bacher (2012) wiederum haben das Vorgehen der dialektisch-behavioralen Therapie für diese Klientel aufbereitet.

Ein psychotherapeutisch spannendes Feld bleibt die Behandlung von Menschen mit schwerer oder schwerster Intelligenzminderung, bei denen die verbalen Ausdrucksmöglichkeiten stark eingeschränkt sind. Aus meiner Sicht sind in diesem Bereich starke Überschneidungen zur Heilpädagogik vorhanden.

Auch wenn die o. g. Entwicklungen erfreulich sind, wird psychologische Behandlung sowohl bei Kindern und Jugendlichen als auch bei Erwachsenen mit kognitiven Beeinträchtigungen aktuell meist von Psycholog*innen und psychologischen Psychotherapeut*innen durchgeführt, die als „Fachdienst" in den Einrichtungen der Behindertenhilfe tätig sind. In der Praxis gestaltet es sich (noch?) äußerst schwierig, einen ambulanten Psychotherapieplatz zu finden. Eine Umfrage unter den Mitgliedern der Landespsychotherapeutenkammer Rheinland-Pfalz aus dem Jahr 2020 zeigt dafür mehrere Gründe auf: Zum einen lehnt eine nicht unerhebliche Zahl niedergelassener Therapeut*innen Menschen mit Lernschwierigkeiten weiterhin ab. Zum anderen gaben jedoch auch 57 % der Befragten an, bisher keine Anfragen dieser Klientel erhalten zu haben. Beide Gründe sind mit inklusiven Bestrebungen nicht vereinbar.

Kurz zusammengefasst

- Hauptzweck der klinischen Psychologie ist die Diagnose und Behandlung psychischer Erkrankungen.
- Für Menschen mit Lernschwierigkeiten ist das Risiko, psychisch zu erkranken, bis zu viermal so hoch wie für Menschen ohne Lernschwierigkeiten. Um eine umfassende und zielführende Diagnostik zu gewährleisten, gibt es bei dieser Klientel einige Besonderheiten zu beachten.
- Psychotherapien sind für Menschen mit und ohne Beeinträchtigung wirksam und werden in Deutschland von den Krankenkassen bezahlt. Um der kognitiven Verarbeitung gerecht zu werden, wurden die Regularien der Abrechnung für Menschen mit Lernschwierigkeiten entsprechend angepasst. Das Finden eines Therapieplatzes in einer regulären Psychotherapiepraxis gestaltet sich im Jahr 2021 jedoch weiterhin äußerst schwierig und erfordert ein hohes Engagement der Betreuungskräfte.

4.1.6 Exkurs: Resilienz

Das Kapitel der klinischen Psychologie hat sich bisher der pathologischen Seite der Psyche und deren Erklärung bzw. Heilung zugewandt. Der Ansatz der Salutogenese von Antonovsky/Franke (1997) liefert hierzu einen Gegenentwurf. Antonovsky ist es zu verdanken, dass sich Medizin und Psychologie nicht mehr ausschließlich um die Frage drehen, wie Krankheiten entstehen (Pathogenese) und behandelt werden können, sondern auch um die Frage, wie Gesundheit entsteht (Salutogenese) und was sie erhält. Zentrale Annahme ist, dass Krankheiten bzw. Schicksalsschläge zum Leben gehören; erforscht wird, wie es Personen schaffen, konstruktiv damit umzugehen. Daraus entstanden sind das Konzept der Resilienz und das der Kohärenz. Die beiden Modelle überschneiden sich teilweise, ihre Faktoren sind nicht immer klar zu trennen. Resilienz ist in der Öffentlichkeit der bekanntere Begriff und wird hier näher beleuchtet. Eine Ergänzung im Hinblick auf Familien und eine genauere Beschreibung des Kohärenz-Modells finden Sie in Kapitel 5.1.3.

Resilienz bezeichnet gemeinhin die Fähigkeit der Psyche, Krisen zu bewältigen. Sie geht damit über den Umgang mit alltäglichem Stress hinaus und bezieht sich eher auf das „Über-sich-Hinauswachsen" angesichts von Schicksalsschlägen (Retzlaff 2010). Die bekannteste Langzeitstudie zu Resilienz dürfte von Emmy Werner stammen, die den gesamten Geburtenjahrgang 1955 (insgesamt 698 Personen) auf einer hawaiianischen Insel über 40 Jahre hinweg befragte und beobachtete. Von allen Kindern, die unter erschwerten Bedingungen wie Armut, psychisch kranken Eltern oder familiärer Disharmonie aufwuchsen, zeigte ca. ein Drittel eine vollkommen „unauffällige" Entwicklung (Fröhlich-Gildhoff/Rönnau-Böse 2009). Werner und in der Folge weitere Resilienzforscher*innen interessierten sich dafür, warum manche Menschen mit Schicksalsschlägen oder ungünstigen Lebensbedingungen offensichtlich besser umgehen konnten als andere. Zunächst ging man davon aus, dass Resilienz eine Art Persönlichkeitsfaktor darstelle und kaum zu beeinflussen sei. Weitere Forschung zeigte jedoch, dass auch externe Faktoren die Resilienz befördern. Es gibt keine genaue Festlegung, welche Faktoren dies sind, in jedem Buch findet man dazu etwas unterschiedliche Aufzählungen. Dieser Überblick orientiert sich an Lösel und Bender (1999, wiedergegeben in Anlehnung an Retzlaff 2010, S. 94 f.). Resilientes Verhalten beinhaltet demnach:

- Akzeptieren der Krise und damit verbundener Gefühle
- Eine proaktive Haltung: Lösungen und Unterstützung aktiv suchen, dem Problem nicht aus dem Weg gehen
- Optimismus und Zukunftsorientierung
- Warme, stabile Beziehungen in der Familie und/oder im sozialen Umfeld
- Soziale Unterstützung und Rollenvorbilder für konstruktives Problemlöseverhalten
- Dosierte soziale Verantwortlichkeiten
- Erfahrung von Selbstwirksamkeit und ein positives Selbstkonzept
- Erfahrung der Sinnhaftigkeit und Struktur der eigenen Entwicklung
- Kognitive Kompetenzen

Kurz und salopp gesagt: Resiliente Menschen sind davon überzeugt, dass sie etwas bewirken können, und können loslassen, wenn sie feststellen, dass sie auf etwas keinen Einfluss haben.

Literaturtipp

Eine knappe und übersichtliche Einführung in die Resilienzforschung findet sich z. B. bei Fröhlich-Gildhoff/Rönnau-Böse (2009).

In den letzten Jahren wurde zunehmend Wert auf die Förderung von Resilienz gelegt. Viele der in diesem Zusammenhang erschienenen Ratgeber propagieren eher Selbstoptimierung und besseren Umgang mit Stress, um noch mehr Stress auszuhalten, anstatt die „Widerstandskraft der Seele“ zu stärken. Verfolgt man letztgenannten Punkt, ergeben sich interessante Ansätze für die Behindertenarbeit. Von einer strukturellen Warte aus gesehen, erschweren die Paradigmen der Fürsorge und Fremdbestimmung die Entwicklung von Resilienz. Meiner Erfahrung nach haben vor allem ältere Menschen, die in Institutionen aufgewachsen sind, eine proaktive Haltung bei Problemlösungen nur wenig erlernt. Auch stabile Beziehungen, das Erfahren von Selbstwirksamkeit und ein positives Selbstkonzept gelingen im Rahmen einer Einrichtung nicht immer. Durch den Wechsel von Fürsorge zu Selbstbestimmung und durch die Einführung von Bundesteilhabegesetz, Personenzentrierung und Sozialraumorientierung, dürften hier geeignetere Strukturen geschaffen werden.

Auf einer individuellen Ebene lassen sich konkrete Maßnahmen ableiten, für die hier einige Beispiele gegeben werden (kursiv finden Sie jeweils ein Fallbeispiel):

- Validation (Spiegeln) von Gefühlen und Begleitung auch in den Phasen, in denen „nichts gut“ ist (das entspricht der Akzeptanz der Krise):
  - *Einem Mädchen, das in einer Wohngruppe wohnt und das große Sehnsucht nach seiner Familie hat, vermitteln, dass man diesen Wunsch und auch die Trauer darüber versteht, anstatt sofort von diesen negativen Gefühlen abzulenken oder sie zu überdecken.*
- Die Übernahme von Verantwortlichkeiten unterstützen:
  - *Eine Clique von Menschen mit Lernschwierigkeiten hat einen Erste-Hilfe-Kurs belegt und assistiert den Rettungssanitäter*innen bei den Fußballspielen im Ort.*
  - *Frau B. versorgt die Katze ihrer Nachbarn, wenn diese im Urlaub sind.*
- Bei der Problemlösung helfen, statt Probleme stellvertretend zu lösen:
  - *S. und R. haben sich in der Pause gestritten und schaffen es nicht, den Konflikt beizulegen. Die Lehrerin beendete den Konflikt nicht wie eine Schiedsrichterin und schlägt auch keine Lösung vor, sondern erarbeitet mit den beiden im gemeinsamen Gespräch einen Kompromiss.*

- Erfolge feiern:
  - *R. hat seinen Schulabschluss am Förderzentrum geschafft, die Familie geht feierlich zum Essen.*
- Bewusst Momente schaffen, in denen der Blick auf das Positive gerichtet wird:
  - *Eine Klientin erzählte mir, dass in ihrer Wohngemeinschaft beim Abendessen täglich alle, die Lust haben, berichten, was ihnen heute Schönes passiert ist.*

Anregung zur (Selbst-)Reflexion

Wie schätzen Sie Ihre eigene Resilienz ein? Wenn Sie mögen: Beenden Sie eine Woche lang jeden Tag mit drei Gedanken, was Ihnen Positives widerfahren ist. Beginnen Sie jeden Tag mit der Ergänzung des folgenden Satzes: Das wird ein guter Tag, weil...

Wenn Sie an Klientinnen und Klienten denken: Wo sehen Sie Möglichkeiten, deren Resilienz zu stärken?

4.2 Ausgewählte Störungsbilder

An dieser Stelle werden zwei psychische Störungen genauer ausgeführt, deren Relevanz in der Behindertenarbeit erst seit wenigen Jahren ins Bewusstsein getreten sind: die Posttraumatische Belastungsstörung und die Demenz. Darüber hinaus folgt ein Exkurs zum Thema sexueller Missbrauch.

4.2.1 Trauma und Posttraumatische Belastungsstörung

Anregung zur (Selbst-)Reflexion

Wenn Sie an Ihre Klientinnen und Klienten denken, wie viele davon würden Sie als traumatisiert einschätzen bzw. bei wie vielen spielt ein traumaorientiertes Vorgehen in Ihrer Begleitung eine Rolle?

Sollten Sie das Thema Traumatisierung und traumsensibles Arbeiten bereits in Ihren Berufsalltag integriert haben, gehören Sie (noch) zu einer Minderheit. Tatsächlich findet die Psychotraumatologie erst langsam einen breiteren Widerhall in der Behindertenarbeit und die Studienlage ist weiterhin dünn. Dabei ist die Gefahr einer Traumatisierung für Menschen mit Behinderung deutlich erhöht (Irblich/Blumenschein 2011; Hennicke 2015; Rittmannsberger/Lueger-Schuster/Weber 2019a). Sie erleben mehr traumatische Situationen durch sexualisierte und physische Gewalt, schmerzhafte medizinische Eingriffe, lebensbedrohliche Vernachlässigung, die Beobachtung schrecklicher Ereignisse an nahestehenden Personen und Diskriminierung (vgl. Makrigianni 2013). Eine Situation kann durch die erschwerte Einschätzung und Reizverarbeitung eher bedrohlich erscheinen und die Verarbeitung eines Traumas fällt zugleich ungleich schwerer. Zu den Risikofaktoren für die Entwicklung einer Posttraumatischen Belastungsstörung gehören ein niedriger Bildungsstatus, geringes Einkommen und eine niedrige Intelligenz (Beckrath-Wilking et al. 2013) – alles Merkmale, die auf Menschen mit Lernschwierigkeiten zutreffen. Es lohnt sich also, einen Blick auf das Thema Trauma zu werfen; begleiten werden uns dabei Frau S. und K.:

Fallbeispiel

Frau S. ist das fünfte Kind in ihrer Familie. In ihrer Kindheit wird die Diagnose einer Entwicklungsverzögerung, später einer leichten Intelligenzminderung gestellt. In der Anamnese wird berichtet, dass Frau S. bei der Einschulung wenig gefördert gewirkt habe, man gehe auch von einem Milieu der emotionalen Vernachlässigung aus. In der Familie habe es Gewalt gegeben, auch Frau S. sei immer wieder misshandelt worden. Als erwachsene Frau lebt Frau S. nun in ihrer eigenen Wohnung, wo sie ambulant von einer Heilerziehungspflegerin begleitet wird, tagsüber arbeitet sie in einer Werkstatt für Menschen mit Behinderung. Frau S. zeigt starke Stimmungsumschwünge und ist manchmal ausgelassen und fröhlich dann wieder traurig und teilnahmslos. Sie berichtet immer wieder von Suizidgedanken und Schlafstörungen. Bei ihren Kolleg*innen ist sie beliebt und hoch angesehen. Frau S. erzählt oft von neuen Partnerschaften. Als sie einen jungen Mann, den sie in der Disko kennengelernt hat, mit nach Hause nimmt, vergewaltigt sie dieser in ihrer Wohnung. Die Personen, die aus professioneller Sicht mit ihr zu tun haben (Wohn- und Arbeitsbegleitung), geben an, sich häufig an ihren Grenzen wiederzufinden. Sie machen sich Sorgen um Frau S., können die Intensität der Stimmungsschwankungen jedoch nur schwer nachvollziehen. Zudem sind sich die Beteiligten untereinander uneins, wie die richtige pädagogische Begleitung aussehen sollte.

In diesem Fallbeispiel von Frau S. sind zwei potenziell traumatisierende Situationen leicht festzustellen: die Misshandlungen in der Kindheit und die Vergewaltigung. Dies entspricht ziemlich genau der *Definition* des ICD-10[30] bezüglich eines Traumas:

> „Die Betroffenen waren einem kurz oder lang anhaltenden Ereignis oder Geschehen von außergewöhnlicher Bedrohung oder mit katastrophalem Ausmaß ausgesetzt,

30 Für nähere Erklärungen zu ICD-10, ICD-11 und DSM siehe Kapitel 4.1.4.

> das nahezu bei jedem tiefgreifende Verzweiflung auslösen würden." (WHO 2011, S. 127)

Ein wichtiger Aspekt laut ICD-10, um von einem Trauma zu sprechen, ist also, dass der Vorfall nahezu bei jedem Verzweiflung auslösen würde. Betroffene berichten auch von einem starken Gefühl der Ohnmacht und des Ausgeliefertseins. In der Arbeit mit Menschen mit kognitiven Beeinträchtigungen begegnet man aber auch Ereignissen wie diesem:

Fallbeispiel

K. ist zehn Jahre alt und schwerstmehrfachbeeinträchtigt. Sie ist sehr aufmerksam, was Mimik und Gestik des Gegenübers angeht, es ist jedoch schwer ersichtlich, inwiefern sie verbalen Erklärungen folgen kann. Ihren Eltern fällt auf, dass sie beim Füttern immer öfter den Kopf wegdreht und viel weint. Es stellt sich heraus, dass sie einen entzündeten Zahn hat, der ihr beim Zahnarzt gezogen werden muss. K. versteht nicht, wieso sich ein fremder Mann mit verhülltem Gesicht plötzlich in ihrem Mund zu schaffen macht, sie wehrt sich und muss von ihren Eltern festgehalten werden, damit der Zahn gezogen werden kann.

Vermutlich mögen viele von uns Zahnarztbesuche nicht besonders, aber die wenigstens von uns wird ein solcher in „tiefgreifende Verzweiflung" stürzen. Für K., die nicht in der Lage ist, die Situation kognitiv zu verarbeiten, geschweige denn, sich mental darauf vorzubereiten oder im Nachhinein darüber zu sprechen, kann sich dies aber genau so darstellen. Um solchen Umständen gerecht zu werden, wird Trauma in der ICD-11 als ein „extrem bedrohliches oder entsetzliches Ereignis oder eine Reihe von Ereignissen" (Gysi 2018, S. 1) definiert werden. Damit wird dem Umstand Rechnung getragen, dass das *Gefühl* von extremer Bedrohung ausreicht. Eine weitere Veränderung betrifft das Ausmaß der Betroffenheit: Jemand muss die Bedrohung nicht selbst erleben, es genügt, wenn er Zeuge einer solchen wird.

Praxistipp

In gemeinsamen Wohnformen in Behinderteneinrichtungen, insbesondere in sogenannten Intensivwohngruppen, kann es immer wieder zu Sach-, Eigen- oder Fremdaggressionen kommen. Man darf nicht außer Acht lassen, dass auch dieses Umfeld potenziell traumatisierend auf Bewohner*innen und Mitarbeitende wirken kann.

Angesichts dieser Definitionen stellt sich schon fast die Frage, wie ein Mensch (mit oder ohne Behinderung) ohne Traumafolgestörung durchs Leben gehen kann. Tatsächlich liegt die Wahrscheinlichkeit, ein Trauma zu erleben, für Frauen bei 70 %, für Männer bei 80 %. Hier sind zwei Unterscheidungen wichtig:

1. Nicht jede belastende Situation ist ein Trauma, entscheidend ist das Gefühl des Ausgeliefertseins und der Verzweiflung.
2. Jeder Mensch ist *auch* dazu fähig, Belastungen auszuhalten und zu verarbeiten. Diese psychische Widerstandskraft wird als Resilienz (siehe Kapitel 4.1.6) bezeichnet.

Eine traumatische Situation führt also nicht zwangsläufig zu anhaltenden Belastungen. Häufig treten (teilweise auch massive) Stresssymptome unmittelbar nach dem Trauma auf und klingen im Laufe einiger Stunden oder Tage wieder ab. Dies wird in der ICD-10 auch als akute Belastungsstörung bezeichnet (F43.0). Erst wenn folgende Symptome länger als einen Monat anhalten, spricht man laut ICD-10 von einer Posttraumatischen Belastungsstörung (PTBS oder auch PTSD, posttraumatic stress disorder, genannt):

- Intrusives Wiedererleben (d. h. unwillkürliche und belastende Erinnerungen an das Trauma, Flashbacks)
- Vermeidungsverhalten
- Erinnerungslücken oder anhaltende physiologische Übererregung (Hyperarousal)

Die in Kapitel 4.1.3 dargestellten Besonderheiten der Diagnostik bei Menschen mit Lernschwierigkeiten gelten auch bei der Diagnose einer Traumafolgestörung und die gezeigten Symptome entsprechen nur teilweise den Diagnosekriterien der ICD-10 (Rittmannsberger/Lueger-Schuster/Weber 2019b). Hilfreich ist eine Übersicht von Meir (2015, S. 15) für mögliche Symptome einer PTBS bei Menschen mit Lernschwierigkeiten:

- Wiederholen traumatischer Erfahrungen in Gedanken, Bildern, Träumen, Flashbacks oder Handlungen
- Vermeiden traumabezogener Reize und Erinnerungen (Orte, Personen, Gedanken, Gefühlen, Situationen, Interaktionen)
- Probleme bei der Steuerung physiologischer Antworten auf Stress
- Intensive psychische Belastung bei internalen oder externalen Hinweisreizen, die an das Trauma erinnern
- Vermindertes Interesse und Teilnahme an wichtigen Aktivitäten, Einschränkung der affektiven Bandbreite, Entfremdung/Rückzug
- Bei Kindern und Jugendlichen: Regression (Mutismus, Einnässen, Einkoten, Nahrungsverweigerung), agitierte Erregungszustände infolge bestimmter Schlüsselreize, Schlafstörungen, Albträume, Angst vor Dunkelheit oder Alleinsein, Verlust eines bereits erworbenen Entwicklungsniveaus, Bindungsstörung

Diese Symptome sind zunächst unspezifisch, d.h. das Vorliegen eines oder mehrerer Symptome bedeutet nicht, dass zwingend eine PTBS vorliegt – sie *kann* aber vorliegen, wenn traumatisierende Ereignisse stattgefunden haben. Die Aufgabe professioneller Helfer*innen besteht darin, mögliche traumatische Kontexte aus der Gegenwart oder der Biografie in Bezug zu einem auffälligen Verhalten zu setzen und dies entsprechend zu interpretieren:

Fallbeispiel

Im Fall von K.s Zahnarztbesuch wäre ein solches Vorgehen äußerst hilfreich, da sie sich nicht selbst äußern kann. Nach dem Besuch beim Zahnarzt entwickelt sie Schlafstörungen, zeigt erhöhte Anspannung und Vermeidungsverhalten beim Zähneputzen. Außerdem beginnt sie zu weinen, sobald sie Desinfektionsmittel riecht. Ohne einen Zusammenhang zum Zahnarztbesuch herzustellen, könnte man die Symptome völlig anders und eventuell auch losgelöst voneinander interpretieren (z.B. als Verweigerungsverhalten bei der Körperpflege) und würde vermutlich auch anders darauf reagieren.

Die Wahrscheinlichkeit einer Traumafolgestörung hängt nicht nur von der eigenen Resilienz, sondern auch von der Art des erlebten Traumas ab. Untersuchungen haben ergeben, dass nach einer Vergewaltigung ca. 50% der Betroffenen eine PTBS entwickeln, während dies nach einem Verkehrsunfall bei ca. 10% der Fall ist (Flatten et al. 2011). In der Psychotraumatologie hat sich daher die in Tabelle 4 dargestellte *Kategorisierung möglicher Traumata* etabliert.

	Man made (von Menschen herbeigeführt)	*God made* (Naturkatastrophen oder höhere Gewalt)
Typ 1 – kurz andauernd	Einmalige Vergewaltigung, Überfall, gewalttätige Auseinandersetzung	Erdbeben, Wirbelstürme
Typ 2 – lang andauernd	Fortgesetzte sexualisierte oder körperliche Gewalt, Folter, Krieg	Naturkatastrophen mit langandauernden Folgen, z.B. Waldbrände

Tabelle 4: Kategorisierung von Traumata

Einmalige Katastrophen, die durch höhere Gewalt verursacht wurden, können leichter verarbeitet werden als menschengemachte Traumata. Man-made-Traumata vom Typ 2 führen dagegen mit sehr hoher Wahrscheinlichkeit zu schweren Traumafolgestörungen (vgl. z.B. Beckrath-Wilking et al. 2013). Schauer und Kollegen (2003) fanden zudem heraus, dass es eine Art Höchstmaß an erlebten traumatischen Situationen gibt, die ein Mensch verkraften kann, ohne gravierende psychische Schäden zu erleiden: Personen, die 28 oder mehr traumatische Situationen erlebten, litten zu 100 % unter einer PTBS.

Eine Übertragung all dieser eher nüchternen Zahlen auf die beschriebenen Fallbeispiele könnte folgendermaßen aussehen:

Fallbeispiele

Bei K. entspricht die auslösende Situation – der zahnärztliche Eingriff – einem Trauma Typ 1, man made.

Die Vergewaltigung von Frau S. entspricht einem Trauma Typ 1, man made. Bei der emotionalen Vernachlässigung und den körperlichen Misshandlungen handelt es sich um ein Trauma vom Typ 2, man made, und es ist mit hoher Wahrscheinlichkeit davon auszugehen, dass Frau S. eine Posttraumatische Belastungsstörung entwickelte.

Man weiß inzwischen, dass so tiefgreifende Einschnitte, wie sie Frau S. erlebt hat, mit einer einfachen PTBS nicht ausreichend beschrieben werden können, da sie weitreichende Veränderungen in der gesamten Persönlichkeit hervorrufen. In der ICD-11 wird daher die Vergabe einer „komplexen posttraumatischen Belastungsstörung" möglich sein, z. B. nach Folter, längerdauernder häuslicher Gewalt oder wiederholter sexueller oder körperlicher Gewalt gegen Kinder (vgl. Gysi 2018). Hermann und van der Kolk hatten eine solche komplexe PTBS bereits in den 1990er Jahren als DESNOS – Disorder of Extreme Stress Not Otherwise Specified – beschrieben. Die Auswirkungen, die Hermann (2003) formulierte, umfassen:

- Affektregulationsstörungen
- Gefühle der Wertlosigkeit, Scham, Schuld in Verbindung mit dem traumatischen Ereignis
- Dissoziative Tendenzen
- Störungen der Sexualität und Beziehungsgestaltung
- Somatisierungsstörungen und körperliche Erkrankungen
- Interpersonelle Störung (auch aber nicht nur in Bezug auf den/die Täter*in)
- Reviktimisierung (Personen, die eine frühkindliche Traumatisierung erfahren haben, sind einem höheren Risiko ausgesetzt, im Laufe ihres Lebens eine erneute Traumatisierung zu erfahren)
- Veränderungen im Bedeutungssystem

Ein erneuter Blick auf Frau S. zeigt die Symptome im Alltag:

Fallbeispiel
Frau S.s Stimmungen schwanken stark und es kommt immer wieder zu Suizidgedanken und Einweisungen in die Psychiatrie (tiefgreifende Probleme der Affektregulation). Nach eigenen Angaben würde sie sich eine stabile Partnerschaft wünschen und sie leidet unter den Streitigkeiten in ihren Beziehungen und den abrupten Abbrüchen (Interpersonelle Störung). In Bezug auf ihre Freizeit berichtet sie häufig von einem Gefühl der inneren Leere. Die Einladung der Diskobekanntschaft in ihre Wohnung, die zu einer erneuten Traumatisierung durch die Vergewaltigung führt, kann man dem Phänomen der Reviktimisierung (siehe oben) zurechnen.

Sollten Frau S. und ihre Symptome Sie stark an Klient*innen mit der Diagnose einer Borderline-Persönlichkeitsstörung erinnern, so liegen Sie damit durchaus richtig. Laut Beckrath-Wilking und Kollegen (2013) wurde diskutiert, ob nicht jede Borderline-Persönlichkeitsstörung eigentlich eine komplexe PTBS darstellt, wobei sich diese Meinung nicht durchsetzen konnte. Hilfreich ist aber sicherlich, im Kopf zu behalten, dass ein Großteil der Patientinnen mit Borderline-Persönlichkeitsstörung langandauernde sexuelle Gewalt in der Kindheit erfahren haben.

Neurologische Vorgänge

Wenn wir etwas erleben, arbeiten normalerweise zwei Gedächtniskomponenten zusammen: das non-deklarative Gedächtnis und das deklarative Gedächtnis (vgl. Kapitel 3.1.2). Dabei sind unterschiedliche Hirnregionen beteiligt. Wir nehmen eine Situation mit unseren Sinnen wahr und verarbeiten sie zunächst im sogenannten limbischen System (Amygdala, Hippocampus, Basalganglien und Septum; für eine ausführliche Einordnung, siehe z. B. Roth/Strüber 2018).[31] Die Amygdala bewertet Situationen – und das blitzschnell und äußerst effizient. Dabei ist sie vor allem auf besorgniserregende oder furchtauslösende Signale spezialisiert. Nimmt sie solche Signale wahr, versetzt sie den Körper in die sprichwörtliche Alarmbereitschaft. Wir handeln, ehe wir überhaupt wissen, wieso. Zu handeln, ohne erst darüber nachzudenken, kann in bestimmten Situationen wichtig sein, denn lebensbedrohliche Reize (Schlangen, herunterfallende Steine, ein angreifendes Wildtier…) kommen meist so schnell, dass man längst tot wäre, wenn man erst darüber nachdächte, anstatt einfach loszurennen oder auszuweichen. Der entsprechende Reiz wird in der Amygdala als *non-deklarativer Gedächtnisinhalt* verankert und führt bei wiederholter Konfrontation

31 Um genau zu sein, bezeichnet Roth diese Komponenten als *mittleres* limbisches System. Meist wird diese Unterscheidung jedoch nicht getroffen und ist auch für unsere Zwecke nicht notwendig, daher wird hier darauf verzichtet, weiter zu differenzieren.

dazu, dass man immer noch schneller reagiert. Wenn eine Situation bewältigbar ist, spielt im nächsten Schritt der Hippocampus eine wichtige Rolle. Er ist so etwas wie der Buchhalter der ausgelösten Emotionen und Erinnerungen. In Zusammenarbeit mit dem präfrontalen Kortex wird das Erlebte sortiert, eingeordnet und im deklarativen Gedächtnis abgelegt. Kortikale Strukturen sind dazu da, Situationen zu „durchdenken", überlegt zu handeln und die erste Reaktion gegebenenfalls zu unterdrücken. Jemand, der klettert, kann beispielsweise seine Angst vor dem Stürzen reduzieren, wenn er/sie gezielt Sturztraining macht und damit erlebt, dass nichts passiert. Wenn es gelingt, eine Erinnerung im deklarativen Gedächtnis abzulegen, ist sie kontrollierbar.

Bei einer Traumatisierung gelingt genau dies nicht. Die Gedächtnisinhalte bleiben im non-deklarativen Gedächtnis gespeichert und können jederzeit ausgelöst (angetriggert) werden, ohne dass die Person die Kontrolle darüber hat. Noch dazu werden einzelne Reize aus der traumatischen Situation getrennt voneinander abgespeichert. Lutz Besser vergleicht diese zersplitterten Erinnerungen mit einem kaputten Spiegel, „dessen Einzelteile unverbunden im Gedächtnis abgelegt werden" (zitiert nach Scherwarth/Friedrich 2012, S. 21).

Fallbeispiel

Frau S. zuckt jedes Mal zusammen, wenn sie laute Stimmen hört, und duckt sich instinktiv weg. Ihre Amygdala nimmt die erhobene Stimme wahr, ein sicheres Anzeichen für Streit in ihrer Herkunftsfamilie, und versetzt sie sofort in Alarmbereitschaft. Jede laute Stimme löst erneut die Emotionen und das Verhalten aus, das sie als Kind zeigte, ohne dass sie Einfluss darauf nehmen kann.

Der Mechanismus funktioniert im Übrigen unabhängig von der Intelligenz. Selbst wenn einem als traumatisierter Mensch rein rational bewusst ist, dass aktuell keine Gefahr droht, reagiert der Körper einfach – ganz so, als sei er noch in der traumatischen Situation. Bei einer wiederholten Traumatisierung in der Kindheit ist dieser Effekt umso stärker, da das Gehirn noch plastischer und daher leichter formbar ist (Beckrath-Wilking et al. 2013).

Beteiligt an der Verarbeitung einer traumatischen Situation sind außerdem das *sympathische* und das *parasympathische Nervensystem*. In einer (lebens-) bedrohlichen Situation passiert Folgendes: Wenn die Amygdala eine Gefahr erkennt, wird unser ganzer Körper nach einer kurzen Orientierungsreaktion *(freeze)* augenblicklich in Kampf- oder Fluchtbereitschaft versetzt. Die Atmung wird schneller, die Blutgefäße ziehen sich zusammen, der Herzschlag beschleunigt sich, unsere Aufmerksamkeit fokussiert sich, die Verdauung wird eingestellt – mit anderen Worten: Das sympathische Nervensystem wird hochgefahren. Die Amygdala schätzt ab, ob Flucht *(flight)* oder Angriff *(fight)* möglich und aussichtsreich sind, und unser Körper reagiert entsprechend. Sollte sich jedoch herausstellen, dass weder Flucht noch Kampf möglich sind, reagiert der Körper auf eine der folgenden Arten: Entweder der Mensch „friert" ein *(fright)* – rein körperlich ist er immobil, der Geist ist jedoch hellwach und nimmt alles wahr, das sympathische Nervensystem ist maximal aktiviert. Oder das (dorsale) parasympathische Nervensystem übernimmt und der Mensch geht in völlige Erschlaffung und Kapitulation *(flag)*. Der Herzschlag verlangsamt sich, die Hände werden wieder warm, der Blutdruck senkt sich, das System fährt eventuell bis zur Ohnmacht herunter *(faint)*. In beiden Fällen findet keine Gegenwehr statt – es ist die einzige Möglichkeit für den Organismus, zu überleben. Das Gehirn dissoziiert, um sich zu schützen, oder anders gesagt: Der Spiegel unserer Erinnerungen zersplittert. Viele Autor*innen bezeichnen diesen Zustand, in dem das Gehirn/der Organismus erkennt, dass weder Flucht noch Angriff möglich ist, auch als *traumatische Zange* (Beckrath-Wilking et al. 2013; Scherwarth/Friedrich 2012) – die Situation erlaubt keine Bewältigung mehr. Abbildung 4 verdeutlicht den Vorgang.

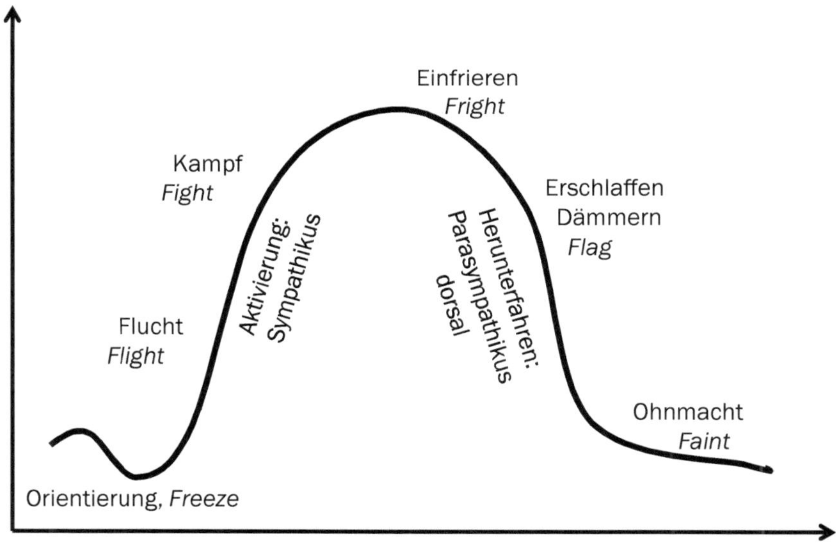

Abbildung 4: Menschliche Verteidigungskaskade bei Stressreaktion (nach Neuner/Schauer/Catani 2021)

Um zu überleben, ist dies ein wirklich hilfreiches Vorgehen. Das Problem ist, dass diese Verhaltensstrategien bei anhaltenden Traumatisierungen (z. B. Gewalt, sexualisierte Gewalt, extreme emotionale Vernachlässigung) zu einem Teil der Persönlichkeit werden. Das Nervensystem einer Person mit einer PTBS ist ständig in Alarmbereitschaft. Zahlreiche Untersuchungen (z. B. Beckrath-Wilking et al. 2013; Roth/Strüber 2018) haben gezeigt, dass dies die Lernfähigkeit eines Menschen beeinträchtigt; bei anhaltender Traumatisierung im Kindesalter entwickelt sich der präfrontale Kortex unzureichend.

Umgang mit einer PTBS

Anregung zur (Selbst-)Reflexion

Ich möchte Sie bitten, an dieser Stelle noch einmal an Ihre Klient*innen zu denken, diesmal mit der „Traumabrille" auf der Nase. Verändert es etwas in Ihrer Wahrnehmung? Würden Sie vor diesem Hintergrund manche Verhaltensweisen eventuell neu einschätzen oder überdenken?

Davon ausgehend, dass ein nicht unerheblicher Teil der Menschen, die wir begleiten, traumatisiert ist, stellt sich auch hier die Frage, was dies für den Alltag bedeutet. Wenn Sie sich an das Beispiel von Frau S. erinnern, zeigt sich neben ihrer Belastung im Alltag auch die der sie begleitenden Fachkräfte, die sich häufig an ihren Grenzen fühlen und sich uneins in der pädagogischen Begleitung sind. Diese Uneinigkeit hat damit zu tun, dass das Verhalten jeweils unterschiedlichen Ursachen zugeschrieben wird und entsprechend unterschiedliche Maßnahmen und Bewertungen daraus abgeleitet werden. Würde sich das Hilfesystem darauf einigen, das Verhalten als Folge einer langanhaltenden, frühkindlichen Traumatisierung zu werten (was natürlich ebenfalls eine Zuschreibung ist), würde der Pool der Interventionen sich um die Bereiche *Traumatherapie* und *Traumapädagogik* erweitern.

Traumatherapie wird von psychologischen oder ärztlichen Psychotherapeut*innen durchgeführt, die eine Weiterbildung in Traumatherapie absolviert haben. Schulenübergreifend werden im therapeutischen Prozess drei Phasen beschrieben:

1. Die *Stabilisierung* der Patientin oder des Patienten, worunter man eine bessere Regulierungsfähigkeit von Affekten und dissoziativen Zuständen versteht.
2. Die *Traumaexposition,* in der das Erlebte erneut besprochen oder nachgestellt wird – diesmal jedoch im sicheren Rahmen einer Therapie.
3. Die *Traumaintegration,* deren Ziel es ist, die zersplitterten Erinnerungen im expliziten Gedächtnis abzulegen (siehe oben).

Diese Phasen werden nicht streng nacheinander bearbeitet, sondern können immer wieder ineinanderlaufen. Zentral ist eine ausreichende Stabilisierung. Ob eine Traumatherapie bei einem Menschen mit Lernschwierigkeiten erfolgen kann, hängt stark von dessen Verarbeitungsfähigkeit ab. Dies zu entscheiden liegt in der Verantwortung des/der Therapeut*in. Grundsätzlich gibt es noch wenig Forschung und praktische Erfahrungen über die Wirkung von Traumatherapie bei dieser Klientel (Sappok 2019). Makrigianni (2013) weist darauf hin, dass das Ausdrücken und Aushalten starker Gefühle wenig geübt und schwierig ist, was zu einer erhöhten Abbruchquote bei einer Exposition führen könnte. Auch muss sichergestellt sein, dass der/die Klient*in zwischen Realität und Vorstellung unterscheiden kann und zeitlich ausreichend orientiert ist. Sowohl meine als auch die Erfahrungen anderer Psycholog*innen deuten darauf hin, dass eine Traumatherapie unter diesen Bedingungen Wirkung zeigen kann.

In jedem Fall möglich und hilfreich ist ein traumasensibles Vorgehen im Alltag. In diesem Kontext hat es sich in der Behindertenarbeit sowohl bei Kindern als auch bei Erwachsenen bewährt, auf die Prinzipien der *Traumapädagogik* zurückzugreifen. Ursprünglich in der Kinder- und Jugendhilfe entwickelt, ist das Ziel traumapädagogischer Begleitung die größtmögliche Stabilisierung der Betroffenen im Alltag. Dabei ergänzen sich Konzepte aus der Pädagogik und Erkenntnisse aus der Psychotraumatologie. Scherwarth/Friedrich (2012, S. 69) benennen als die Säulen traumapädagogischer Arbeit:

1. Herstellen von Sicherheit
2. Reduzieren und Vermeiden von Stress
3. Unterstützen von sicheren Bindungsentwicklungen
4. Unterstützen von positiven Selbstbildern
5. Ressourcenorientierung

Grundlage jeglichen Vorgehens ist dabei eine Haltung, die daran interessiert ist, ein Verhalten zu *verstehen* – und zwar in diesem Fall vor dem Hintergrund des Traumas. Handlungsleitend ist die *Annahme des guten Grundes*, die davon ausgeht, dass jede Verhaltensweise sinnvoll war, um die traumatische Situation zu überleben, und nun weiterbesteht, auch wenn objektiv kein Grund mehr dafür besteht.

Fallbeispiel

Im Fall von Frau S. könnte ein traumapädagogisches Vorgehen beispielsweise folgende Schritte beinhalten: Essenziell erscheint mir, dass die Fachkräfte ihr verlässliche Beziehungen anbieten, die trotz (bzw. gerade wegen) der Stimmungsschwankungen Bestand haben. Eventuell müssen die Fachkräfte hier auch einen Modus finden, wie sie sich selbst stärken können, denn es wird beschrieben, dass sie sich häufig an ihren Grenzen fühlen. Traumapädagogik könnte in diesem Fall auch beinhalten, eine supervisorische Begleitung für die Fachkräfte zu etablieren. Frau S. hat viele Ressourcen (sie geht arbeiten, ist beliebt, schafft es, in einer eigenen Wohnung zu leben), auf die im Alltag immer wieder zurückgegriffen und die weiter ausgebaut werden sollten. Auch an dem jeweils bestehenden Stresslevel könnte gearbeitet werden, indem Frau S. lernt, diesen einzuschätzen und entsprechende Maßnahmen zu ergreifen.

Literaturtipp

Scherwarth/Friedrich (2013) oder Weiß/Kessler/Gahleitner (2016) erklären Entstehung und Aufrechterhaltung von PTBS und beschreiben konkrete Unterstützungsmöglichkeiten für den pädagogischen Alltag.

Kurz zusammengefasst

- Menschen mit Lernschwierigkeiten haben ein erhöhtes Risiko, Traumatisierungen zu erleben und Traumafolgestörungen zu entwickeln.
- Ein Trauma hat massive Auswirkungen auf das Gedächtnis und das autonome Nervensystem, so dass die Beeinträchtigungen im Alltag durchgehend auftreten. Häufig gleichen die Symptome bei Menschen mit Lernschwierigkeiten dabei nicht den Symptomen in der übrigen Bevölkerung. Aufdecken und Behandeln einer posttraumatischen oder komplexen traumatischen Belastungsstörung hängt daher umso mehr von der Traumasensibilität der Fachkräfte ab.
- Für Behandlung und Begleitung ist ein traumapädagogisches Vorgehen und, falls aufgrund der Intelligenzminderung möglich und von dem/der Klient*in gewünscht, eine Traumatherapie angezeigt.

4.2.2 Exkurs: Sexueller Missbrauch

Sexueller Missbrauch stellt ein Trauma dar, dem Menschen und insbesondere Frauen mit Behinderung mit erhöhter Wahrscheinlichkeit ausgesetzt sind. Ebner (2018), die deutschlandweit die erste Studie zum Kinderschutz in stationären Einrichtungen der Behindertenhilfe vorlegte, stellt fest: „Nationale wie auch internationale Forschungen kommen zu dem Ergebnis, dass Kinder und Jugendliche mit Behinderung im Unterschied zu Gleichaltrigen ohne Beeinträchtigungen häufiger von sexueller, körperlicher und psychischer Gewalt betroffen sind." (Ebner 2018, S. 9). Ebenfalls in Deutschland erfolgte von 2009 bis 2011 eine großangelegte Studie vom Bundesministerium für Familie, Senioren, Frauen und Jugend (Schröttle/Hornberg 2014), die über 1500 erwachsene Frauen mit Behinderungen zum Erleben körperlicher, psychischer und sexualisierter Gewalt befragte. Das Ergebnis lautete, dass die Wahrscheinlichkeit, von Gewalt betroffen zu sein, für Frauen mit Behinderung zwei- bis dreimal höher liegt als für Frauen ohne Behinderung. Besonders betroffen waren Frauen mit Hörschädigungen und psychischen Behinderungen. Aiha Zemp (2002) erhob in einer österreichischen Studie mit je 130 Frauen und Männern mit Lernschwierigkeiten deren Gewalterfahrung: 64 % der befragten Frauen und 50 % der Männer gaben an, bereits Opfer sexueller Belästigung geworden zu sein (zum Vergleich: bei Frauen ohne Behinderung waren etwa 35 % betroffen). Von unangenehmen Berührungen an den Genitalien berichteten 44 % der Frauen und 21 % der Männer und jede vierte befragte Frau berichtete von einer oder mehreren Vergewaltigungen. Das Ergebnis ist also eindeutig: Die Gefahr, von sexueller, körperlicher oder psychischer Gewalt betroffen zu sein, ist deutlich erhöht.

Doch woran liegt das? Hier ist es hilfreich, sowohl einen Blick auf die Täter*innen zu werfen als auch auf die Lebensbedingungen von Menschen mit Behinderung, denn beide tragen ihren Teil dazu bei.

Täter*innen kamen sowohl in der Studie von Zemp als auch in der vom Bundesministerium für Familie, Senioren, Frauen und Jugend (Schröttle/Hornberg 2014) überwiegend aus dem unmittelbaren sozialen Nahraum, nämlich aus Partnerschaft und Familie. In der Mehrzahl wurden Männer als Täter genannt. Bei Personen, die in Einrichtungen leben, spielten in beiden Studien Mitbewohner*innen oder Kollegen*mit Beeinträchtigung in der Werkstatt für Menschen mit Behinderung eine große Rolle; bei den von Zemp befragten betroffenen *Männern* nahmen sie sogar den überwiegenden Anteil ein. Mitarbeitende der Behinderteneinrichtungen kamen als Täter*innen an vierter Stelle – unklar ist hier, wie hoch die Dunkelziffer derjenigen ist, die aus Angst nicht benannt wurden (Zemp 2002).

Zemp (2002) befragte zudem diejenigen Männer ihrer Studie, die ausgesagt hatten, übergriffig geworden zu sein (27 %), und filterte drei „Tätertypen" heraus:

- Täter, die sich im Recht fühlten, eine Frau zu vergewaltigen, wenn ihnen danach war, und die Übergriffe verharmlosten.
- Täter, die in anderen Zusammenhängen bereits Opfer geworden waren – was immerhin 60 % der Täter betraf, woraus Zemp schlussfolgert, dass „Nehmen und Genommenwerden" (ebd., S. 622) in diesem Zusammenhang den Alltag bestimmt.
- Täter, die über mangelndes Wissen zu Sexualität verfügen, und ihren Partner*innen unbeabsichtigt wehtaten.

Zur Erinnerung: Die von Zemp befragten Personen wiesen alle eine Intelligenzminderung auf. Davon zu unterscheiden sind Täter*innen ohne Intelligenzminderung. Sie planen sexuellen Missbrauch in der Regel sehr gezielt. Enders (2012) beschreibt in diesem Zusammenhang *David Finkelhors Vier-Faktoren-Modell* als Voraussetzung für Übergriffe. Demnach müssen Täter*innen die Motivation besitzen, einen sexuellen Missbrauch zu vollziehen. Durch Normen und Gesetze müsse sie vor der Umsetzung ihre eigenen inneren Hemmschwellen und in der Folge auch äußere Hemmschwellen überwinden. Und schließlich muss der Widerstand der betroffenen Person in der konkreten Situation überwunden werden. Es existieren sowohl intraindividuelle Merkmale als auch gesellschaftliche und institutionelle Strukturen, die das Risiko eines Übergriffs erhöhen können (vgl. Enders 2012). Zu den intraindividuellen Merkmalen zählen:

- Bei Menschen, die Unterstützung bei der Körperpflege benötigen, wird die Intimgrenze gezwungenermaßen regelmäßig überschritten. Die äußere Hemmschwelle ist also möglicherweise bereits herabgesetzt. Die Ausprägung eines selbstbestimmten Körpergefühls kann durch dauerhafte Pflege beeinträchtigt sein und eine eventuell empfundene Scham (z. B. bei gegengeschlechtlicher Pflege) muss ggf. unterdrückt werden. Dies wiederum kann in der Folge einen Übergriff erleichtern.
- Studien zeigen, dass Kinder, Jugendliche und auch Erwachsene mit Behinderungen über weniger sexuelles Wissen verfügen (Zemp 2002; Ortland 2012). Dies kann dazu führen, dass ein Übergriff nicht als solcher benannt beziehungsweise der Vorgang nicht näher beschrieben werden kann. Wer das Wort für Penis nicht kennt, kann auch nicht angeben, dass ein anderer seinen Penis in ihn eingeführt hat.
- Ein reduziertes Selbstwertgefühl macht empfänglich für Avancen von Täter*innen, was diese sich zunutze machen.

Fallbeispiel

Frau H. berichtet mir von ihrem neuen Freund. Kurze Zeit später erzählt sie mir, sie hätten Analverkehr gehabt. Sie habe das nicht gewollt, habe sich aber nicht getraut, dies auch zu sagen, weil sie Angst gehabt habe, er würde sie dann nicht mehr mögen.

Begünstigende gesellschaftliche oder institutionelle Strukturen sind laut dem Unabhängigen Beauftragten für Fragen des sexuellen Missbrauchs der Bundesregierung[32]:

- Menschen mit Behinderung sind als Opfer wenig im Blick der Gesellschaft, da sie nicht dem gängigen Schönheitsideal entsprechen – auch dies führt dazu, dass Täter*innen weniger entdeckt werden.
- Menschen mit einer Intelligenzminderung werden in ihren Aussagen häufig nicht ernst genommen. Kommt es zu einer Gerichtsverhandlung, wird häufig zunächst ein Glaubwürdigkeitsgutachten angefordert, manchmal können keine verwertbaren Aussagen geliefert werden.
- Der Zugang zu Beratungsstellen, Frauenhäusern, Hilfsangeboten ist unbekannt bzw. nicht selbstständig zu bewältigen.

32 beauftragter-missbrauch.de (Abruf: 25.06.2021)

- Das Leben in Einrichtungen ist nach wie vor von einem stark reduzierten Grad an Selbstbestimmung und erhöhten Reglementierungen geprägt – die hier vorliegende strukturelle Gewalt fördert Übergriffe.

Schröttle/Hornberg (2014) und Zemp (2002) kommen daher zu dem Schluss, dass eine wirkungsvolle *Prävention* am Aufbau von Selbstwert und Selbstbestimmung sowie am Abbau von struktureller Gewalt und Diskriminierung ansetzen muss, da diese Faktoren den Gewalterfahrungen am meisten Vorschub leisten. Die Entwicklung von Präventionskonzepten, Aufklärungsworkshops und Fortbildungsangeboten, die viele Träger der Behindertenarbeit anbieten, trägt diesen Ergebnissen Rechnung.

Anregung zur (Selbst-)Reflexion

Welche Angebote gibt es bei Ihrem Träger zum Thema Selbstwert, Selbstbestimmung, Sexualität und sexualisierte Gewalt?

4.2.3 Demenz

Fallbeispiel

Frau Ä. ist 52 Jahre alt und hat ein Down-Syndrom. Seit einiger Zeit fallen Veränderungen bei ihr auf, zunächst so klein, dass sie fast nicht wahrgenommen werden. Bei einer Fallbesprechung werden folgende Beobachtungen zusammengetragen: Frau Ä. hat in letzter Zeit Schwierigkeiten, die Spülmaschine richtig ein- und auszuräumen, auch vergisst sie gelegentlich einen Teller, wenn sie den Tisch deckt. Während sie früher ihren Namen und einfache Sätze schreiben konnte, gelingt es ihr jetzt nur noch, ihren Namen zu schreiben, die Schrift wird ungenauer, manchmal vergisst sie einen Buchstaben. Ihre Stimmung wirkt leicht gereizt, sie weint auch öfter als früher. Ihre Arbeit in einer Montagegruppe erledigt sie weiterhin zuverlässig und fehlerfrei. Sie kennt die Namen des Personals, nur den der neuen Schülerin kann sie sich einfach nicht merken.

Die gesammelten Verhaltensweisen bzw. Verhaltensveränderungen bei Frau Ä. deuten möglicherweise auf eine Demenzerkrankung hin. Das Thema Altern von Menschen mit Lernschwierigkeiten und in diesem Zusammenhang auch demenzielle Entwicklungen rückte in Deutschland erst in den letzten Jahren ins Bewusstsein der Fachleute. Zum einen war durch die Ermordung von Menschen mit Beeinträchtigung im Nationalsozialismus fast eine ganze Generation ausgelöscht worden. Vor allem aber ist die Lebenswartung von Menschen mit Beeinträchtigung durch medizinische Behandlungsmöglichkeiten insgesamt deutlich gestiegen (Müller/Kuske 2019).

Demenz ist eine Diagnose aus der ICD-10. Die Spezifika der Diagnostik bei Menschen mit Lernschwierigkeiten und in ihrer Betreuung werden in der Folge näher beleuchtet.

Literaturtipp

Gusset-Bährer (2018) legt mit „Demenz bei geistiger Behinderung" ein informatives Übersichtsbuch zum Thema vor, das neben der ausführlichen Beschreibung der unterschiedlichen Demenzerkrankungen auch Informationen zu Diagnostik, Therapie, Milieugestaltung und Lebensqualität beinhaltet.

Entstehung und Diagnose einer Demenz

Spricht man von Demenz, denken die meisten an *Demenz vom Alzheimer-Typ*. Das ist nicht weiter verwunderlich, sie macht mit 50–70 % den größten Anteil aus (Buijssen 2014; Müller/Kuske 2019). Immerhin 20 % aller Menschen mit Demenzerkrankung sind jedoch von einer *vaskulären Demenz* betroffen (Müller/Kuske 2019). Die ICD-10 kodiert darüber hinaus Demenzen bei anderen vorliegenden Krankheiten, hier ist in erster Linie die Body-Lewin-Demenz/Parkinson-Demenz bekannt (siehe Übersicht unten). Bei allen Demenzformen liegt eine „Abnahme des Gedächtnisses und des Denkvermögens mit beträchtlicher Beeinträchtigung der Aktivitäten des täglichen Lebens" vor (WHO 2000, S. 61). Neben den kognitiven Abbauprozessen stellen sich Verschlechterungen in der emotionalen Kontrolle, des Sozialverhaltens und der Motivation ein. Bei Menschen mit Lernschwierigkeiten stehen diese häufig zunächst im Vordergrund bzw. fallen zuerst auf (Müller/Kuske 2019).

Demenzielle Erkrankungen nach ICD-10 (WHO 2014)

F00 Demenz bei einer Alzheimer-Krankheit
F01 vaskuläre Demenz
F02 Demenz bei sonstigen andernorts klassifizierten Krankheiten
F03 nicht näher bezeichnete Demenz

Eine Demenz zieht *Veränderungen im Gehirn* nach sich. Bei einer Demenz vom Alzheimer-Typ findet ein Abbau des Gehirns statt, die Hirnfurchen (sulci) werden ebenso größer wie die Liquorräume, was auf Aufnahmen deutlich zu sehen ist. Zusätzlich lagern sich vermehrt Eiweiße (amyloide Plaques und neurofibrilläre Knäuel) im Gehirn ein, die dessen Funktion ebenfalls beeinträchtigen. Der Verlauf einer Demenz vom Alzheimer-Typ stellt sich in der Regel als kontinuierlicher Abbau über mehrere Jahre dar. Ganz anders sind die Ursachen und der Verlauf bei einer vaskulären Demenz. Hier ereignen sich immer wieder kleine Infarkte im Gehirn, die zu einem Absterben der betreffenden Regionen führen. Durch die Infarkte ist der Verlauf jedoch weniger kontinuierlich; es kommt zu abrupten Verschlechterungen und anschließend mehr oder weniger langen Stabilisierungen auf dem nach der Verschlechterung erreichten Niveau.

„Während die Alzheimer-Krankheit in ihrem Verlauf eher einer Wanderung einen leicht abschüssigen Bergpfad hinab gleicht, zeigt der Verlauf von MID (Multi-Infarkt-Demenz, eine Form der vaskulären Demenz, Anm. der Autorin) eher Ähnlichkeit mit einer Springprozession auf einem insgesamt abfallenden Weg: zwei Schritte hinab, einen zurück nach oben usw.“ (Buijssen 2014, S. 25)

Die Wahrscheinlichkeit für einen Menschen mit Lernschwierigkeiten, an einer Demenz zu erkranken, liegt etwa fünf Mal höher als in der Gesamtbevölkerung, der Abbauprozess erfolgt zudem deutlich schneller (Müller/Kuske 2019). Besonders hoch ist das Risiko einer Demenz vom Alzheimer-Typ allerdings für *Menschen mit Down-Syndrom:* Die Erkrankung beginnt bei ihnen häufig bereits im vierten Lebensjahrzehnt und im Alter von 60 bis 69 Jahren tritt sie bei 54,5 % auf (Prasher/Sachdeva/Pravant 2015). Diese Häufung erklärt sich durch das dreifach vorhandene Chromosom 21. Auf ihm wird das Betaamyloid-Vorläuferprotein kodiert, dessen Abfallprodukte für die oben erwähnten amyloiden Plaques zuständig sind (Kruse 2017). Das Gehirn wird also quasi überschwemmt von den Eiweißplaques, sie werden früher und in größeren Mengen eingelagert. Dass sich diese Plaques anders als bei Menschen ohne Down-Syndrom vor allem im frontalen und entorhinalen Cortex ablagern, liefert zudem eine Erklärung dafür, dass in den Anfangsstadien vor allem eine Störung der Impulssteuerung und der Handlungsplanung auftritt, während üblicherweise der Verlust des Arbeitsgedächtnisses als erstes hervorsticht (Kruse 2017).

Typische Anzeichen für den Beginn einer Demenz können sein (Gusset-Bährer 2018; kursiv finden Sie die Bezüge zu Frau Ä.):

- Eine Störung des Arbeitsgedächtnisses bei mehr oder weniger intaktem Langzeitgedächtnis: *Frau Ä. kann sich den Namen der neuen Schülerin nicht merken, den der schon länger vertrauten Mitarbeitenden jedoch schon. Ihre Arbeit in einer Montagegruppe erledigt sie weiterhin zuverlässig und fehlerfrei.*
- Verwirrtheit und Desorientierung
- Ein Verlust der sprachlichen Fähigkeiten, Verlangsamung der Sprache und Sprachverarmung
- Depression, Interessensverlust und sozialer Rückzug,
- Emotionale Probleme, Ängstlichkeit: *Frau Ä.s Stimmung wirkt leicht gereizt, sie weint öfter als früher.*
- Veränderungen der Persönlichkeit
- Gleichgewichtsstörungen und Gangunsicherheiten
- Umherstreifen
- Schlafstörungen aber auch starke Müdigkeit
- Verlust von alltagspraktischen Fertigkeiten: *Frau Ä. hat Schwierigkeiten, die Spülmaschine richtig ein- und auszuräumen, auch vergisst sie gelegentlich einen Teller, wenn sie den Tisch deckt.*

- Verlust erworbener Fertigkeiten: *Während Frau Ä. früher ihren Namen und einfache Sätze schreiben konnte, gelingt es ihr jetzt nur noch, ihren Namen zu schreiben, die Schrift wird ungenauer, manchmal vergisst sie einen Buchstaben.*
- Halluzinationen, Wahnvorstellungen
- Herausforderndes Verhalten
- Epilepsie

Diese Symptome sind nicht demenzspezifisch, sondern können auch bei anderen Erkrankungen auftreten. Es ist daher eine sorgfältige Differenzialdiagnose notwendig, insbesondere gegenüber einer depressiven Störung oder einem Delir auf psychischer Seite sowie metabolischen Störungen (z. B. Schilddrüsenunterfunktion), entzündlichen Erkrankungen (z. B. Borrelien) oder Autoimmunerkrankungen (z. B. Hashimoto-Thyreoditits) auf körperlicher Seite (Kuske/Müller 2019).

Fallbeispiel

Frau W., 72 Jahre, leichte Intelligenzminderung, zeigte sich zunehmend ängstlich, zog sich häufig auf ihr Zimmer zurück und weinte viel. Sie vermied es (im Gegensatz zu früher), „Botengänge" innerhalb der Einrichtung, in der sie wohnte, zu übernehmen, erschien häufig zittrig und unsicher beim Gehen. An Vereinbarungen konnte sie sich schlechter erinnern als gewohnt und beim Einkaufen vergaß sie einzelne Artikel, die sie ursprünglich hatte kaufen wollen. Das betreuende Team vermutete eine demenzielle Entwicklung und stellte sie bei einem Psychiater vor. Dieser entschied sich nach der psychiatrisch-neurologischen und körperlichen Abklärung jedoch für einen Behandlungsversuch mit einem Antidepressivum. Die beschriebenen Symptome verschwanden fast gänzlich, lediglich die Gangunsicherheit blieb zurück.

Bei Demenz in einem fortgeschrittenen Stadium tritt in der Regel Inkontinenz auf. Es kommt häufig zu Stürzen oder Immobilität. Durch das Auftreten von Schluckstörungen ist das Essen und Trinken erschwert, so dass eine Magensonde notwendig werden kann. Außerdem nehmen Infekte, Lungen- und andere körperliche Erkrankungen stark zu. Das Verhalten kann apathisch sein, grundlegende Aktivitäten des alltäglichen Lebens sind nicht mehr möglich.

Fallbeispiel

Bei Frau Ä. wurde tatsächlich eine Demenz diagnostiziert. Als sie sich im Verlauf in einem weit fortgeschrittenen Stadium der Demenz befindet, setzt sie sich beim Toilettengang eines Tages nicht mehr hin, sondern spielt stattdessen mit dem Wasser in der Toilettenschüssel, da sie die Funktion der Toilette nicht mehr erkennt.

Für die Diagnose einer Demenz gibt es keine eindeutigen körperlichen Marker. Auch wenn eine Aufnahme des Gehirns und eine Analyse des Liquors (Gehirnflüssigkeit) empfohlen werden, können sie vor allem im Anfangsstadium nur Hinweise geben. Die Diagnose erfolgt aufgrund des klinischen Eindrucks, neuropsychologischer Untersuchungen und dem Ausschluss anderer vorliegender Krankheiten mit möglicherweise ähnlichen Symptomen (Gusset-Bährer 2018). Auch bei Menschen ohne Lernschwierigkeiten vergehen häufig einige Jahre, bis eine Diagnostik vorgenommen wird (Buijssen 2014). Der kognitive Abbau ist durch entsprechende Testbatterien dann jedoch gut zu erkennen. Bei Menschen mit Lernschwierigkeiten greifen diese Testbatterien nicht, da kognitive Beeinträchtigungen bereits vor der Demenz vorliegen.

Beispiel: Eine Aufgabe aus dem Mini Mental Status Test (ein Screening zur Prüfung kognitiver Fähigkeiten) lautet beispielsweise, von 100 in Siebener-Schritten rückwärts zu rechnen, eine andere typische Aufgabe ist das Zeichnen einer Uhr mit einer bestimmten Uhrzeit. Mit beiden sind viele Menschen mit Lernschwierigkeiten per se überfordert.

Bei Menschen mit Lernschwierigkeiten geht es daher immer um die Feststellung einer *Verschlechterung der individuell vorliegenden kognitiven Fähigkeiten* im Vergleich zu der Zeit vor Krankheitsbeginn. Diese ist wiederum nur über eine Verlaufsmessung möglich, so dass der diagnostische Prozess in der Regel deutlich länger dauert (Gusset-Bährer 2018). Die Empfehlungen lauten daher, bei Menschen mit Lernschwierigkeiten ab dem 50. Lebensjahr, bei Menschen mit Down-Syndrom bereits ab dem 40. Lebensjahr ein jährliches Demenz-Screening durchzuführen, um eventuelle Veränderungen frühzeitig festzustellen (Müller/Kuske 2019). Zeigen sich im Screening auffällige Werte, sollte eine weitere Abklärung eingeleitet werden. Je stärker die kognitive Einschränkung ist, desto wichtiger werden fremdanamnestische Angaben durch die Betreuungspersonen.

Literaturtipp

Als Screening eignen sich die Checkliste zur Erfassung von Demenziellen Entwicklungen bei Menschen mit Intelligenzminderung (CEDIM; Schanze[33]) und der Dementia Screening Questionnaire for Individuals with Intellectual Disabilities (DSQIID[34]). Der DETIM (Demenztest für Menschen mit Intelligenzminderung) er-

33 download unter fobiport.de/wp-content/uploads/2021/02/fobiport_CEDIM.pdf (Abruf: 22. 10. 2021)

34 download in deutscher Fassung unter data.hogrefe.de/download/tests/dsqiid/DSQIID_Fremdbefragung_Bogen.pdf (Abruf: 22. 10. 2021)

möglicht eine neuropsychologische Untersuchung für Menschen mit Lernschwierigkeiten, ist jedoch ebenfalls auf zwei Messungen im Verlauf angewiesen (Müller/Kuske 2020).

Insbesondere bei Menschen mit Down-Syndrom treten in höherem Lebensalter gehäuft gravierende Seh- und Hörschwächen auf, die für mangelnde Orientierung, Unsicherheit und Ängstlichkeit sorgen können (Gusset-Bährer 2018) und ebenfalls ausgeschlossen werden müssen, bevor die Diagnose einer Demenz gestellt wird. Die üblicherweise empfohlene Untersuchung des Gehirns mittels eines bildgebenden Verfahrens kann bei Menschen mit Lernschwierigkeiten bei der ersten Aufnahme kaum Aussagen liefern, da nicht beurteilt werden kann, wann diese Veränderungen erstmals aufgetreten sind. Beispielsweise ist bei Menschen mit Down-Syndrom das Gehirn generell kleiner als bei Menschen ohne Down-Syndrom (Gusset-Bährer 2018).

Behandlung und Betreuung eines an Demenz erkrankten Menschen

Menschen mit Lernschwierigkeiten, die an einer Demenz erkranken, nehmen diese Veränderung wahr. Häufig ist diese Erkenntnis verbunden mit Sorge, Scham und Stress. Die Information über die Diagnose kann an dieser Stelle eine Entlastung bieten, da die Veränderungen nun „einen Namen haben“ (Kruse 2017). Die Diagnosevermittlung fällt grundsätzlich schwer, bei Menschen mit Lernschwierigkeiten stellt sie für die betreuenden Personen oft eine enorme Hemmschwelle dar. Gelegentlich wird davon ausgegangen, dass die erkrankte Person aufgrund ihrer kognitiven Beeinträchtigung die Veränderungen nicht bemerkt, häufig spielt der Wunsch eine Rolle, die Person vor der Diagnose zu schützen. Wird die Diagnose verheimlicht, hat dies zur Folge, dass die Betroffenen bei Entscheidungen nicht mehr miteinbezogen werden (Gusset-Bährer 2018). Dabei wäre dies gerade am Anfang einer Demenzerkrankung durchaus noch möglich und unbedingt wünschenswert. Ebenfalls notwendig ist eine Aufklärung der Angehörigen und der Mitbewohner*innen, falls die erkrankte Person in einer Wohngruppe lebt.

Literaturtipp

Zwei Hefte und mehrere Videos in leichter Sprache zum Thema Demenz finden sich auf der Homepage der Bundesregierung, zum Download unter www.bmfsfj.de/bmfsfj/service/publikationen/was-ist-eine-demenz--96074 (Abruf: 22.10.2021)

Bei Menschen, die eine Demenz entwickeln und zu diesem Zeitpunkt in einer ambulant begleiteten oder stationären Wohnform leben, stellt sich oftmals die Frage, wie beziehungsweise vielmehr wo die weitere Betreuung vonstattengehen soll und kann. Ganz abgesehen von demenzspezifischen Angleichungen des Wohnraums (Licht, Farben etc., siehe unten) sind stationäre Einrichtungen der Eingliederungshilfe häufig nicht auf die zunehmenden Anforderungen an Barrierefreiheit und Pflege eingestellt, so dass ein Wechsel der Einrichtung bei bereits bestehender Demenz ansteht.[35] Gleichzeitig sind sich Mitarbeitende der Behindertenarbeit und Autor*innen einig, dass ein möglichst langer Verbleib in der vertrauten Umgebung wünschenswert wäre, unter der Bedingung, dass diese den demenzgegebenen Anforderungen angepasst wird (aging in place; Müller/Kuske 2017, Gusset-Bährer 2018). In der Realität ist eine solche Anpassung jedoch teuer und aufwändig, so dass sie meist nur in Teilen durchgeführt werden kann. Erschwerend kommt die Aufteilung in Eingliederungshilfe und Pflegeleistung in Deutschland hinzu. Leistungen für Menschen mit einer Behinderung werden über die Eingliederungshilfe abgedeckt, deren Ziel die Verbesserung der Teilhabe ist und deren Personalschlüssel sich entsprechend hoch gestaltet. In der Pflege ist das Ziel dagegen die Versorgung der zu pflegenden Person, der Personalschlüssel ist entsprechend niedriger. Das Wissen der Fachkräfte aus Behinderten- und Altenhilfe unterscheidet sich und die beiden Gruppen können in der Betreuung von Menschen mit Lernschwierigkeiten und Demenzerkrankung in vielfacher Weise voneinander profitieren. Aus heilpädagogischer Sicht ist unumstritten, dass diese Klientel sowohl Eingliederungshilfe als auch Pflege benötigen (Müller/Kuske 2017, Gusset-Bährer 2018). Bisher gibt es in Deutschland jedoch kein Konzept der Kostenträger, das beide Leistungen vereinbaren würde.

Die Fliedner Stiftung (2016) erinnert an die Tatsache, dass in der Biografie von Menschen mit Lernschwierigkeiten häufig traumatisierende Lebens- bzw. Beziehungsereignisse auftreten. Auch unter diesem Aspekt ist der Verbleib in einer vertrauten Umgebung mit Mitarbeitenden, die die Geschichte der Person kennen, zu befürworten.

Praxistipp

Die Erfassung der Biografie einer Person muss beginnen, solange sie sich noch erinnern kann, am besten weit vor dem Beginn einer Demenz oder auch der normalen Altersvergesslichkeit. Haben Sie hierzu in der Einrichtung ein Konzept? Was geschieht mit den biografischen Angaben (damit sind nicht nur die „harten Fakten“ gemeint, sondern welche Musik jemand mag, welche Düfte, welche Kleidung, welches Essen, ...), wenn ein*e Klient*in umzieht? Es lohnt sich auch, sich Gedanken darüber zu machen, wie mit sensiblen Daten umgegangen wird: Wo wird bspw. eine Missbrauchserfahrung dokumentiert, so dass sie zugänglich ist, ohne auf dem „Präsentierteller“ zu liegen?

35 Viele Wohngruppen verfügen beispielsweise nicht über einen Aufzug, selbst wenn sie mehrstöckig sind, oder über Pflegebäder.

Eine Befragung von Müller/Kuske (2017) unter Mitarbeitenden stationärer Angebote in der Eingliederungshilfe zeigte, dass sich bei einer Mehrheit der Befragten die Arbeitsorganisation und die Stimmung im Team zum Negativen verändert, wenn ein*e Bewohner*in einer Wohngruppe an Demenz erkrankt. Es treten vermehrt Konflikten innerhalb des Teams sowie in der Beziehung zu den betreffenden Klient*innen auf. Mitarbeitende wünschen sich mehr Fort- und Weiterbildungen zum Thema Demenz und ausreichend Unterstützung durch Leitung. Solche Mehrbelastungen werden von Angehörigen, die eine Person mit Lernschwierigkeiten und Demenzerkrankung zuhause pflegen, dagegen nicht berichtet (Gusset-Bährer 2018). Dies mag auch damit zusammenhängen, dass für Mitarbeitende der Eingliederungshilfe mit der Demenzerkrankung ein gravierender Sichtwechsel auf professionelles Handeln in Bezug auf die begleitete Person einhergehen muss. Statt die Teilhabe am gesellschaftlichen Leben zu fördern, steht bei einer Person mit Demenz im Vordergrund, die Person zu entlasten, gemeinsam mit ihr den Tag zu gestalten, sie so weit wie möglich zu aktivieren und den Abbau auszuhalten (Hartmann 2017, S. 52). Ein Beispiel kann diesen Spagat aufzeigen:

Fallbeispiel

Frau Ä. lebt, wie berichtet, in einer Wohngruppe. Es ist üblich, dass sich alle gemeinsam um Haushaltsdinge wie Müllentsorgung, Tischdecken etc. kümmern. Frau Ä. ist dazu zunehmend weniger in der Lage. Es geht jetzt nicht mehr darum, ihre Fähigkeiten zum selbstständigen Tischdecken möglichst lange zu erhalten, sondern vielmehr darum, ihr beim Decken des Tisches zunehmend Unterstützung anzubieten, so dass sie ihre Aufgabe erfolgreich bewältigen kann. Man könnte beispielsweise bereits die richtige Anzahl an Tellern und Besteck auf den Tisch stellen oder bunte Sets auf die Plätze legen, auf denen je ein Teller stehen muss. In einem späteren Stadium ist es möglicherweise angezeigt, den Tisch stellvertretend zu decken, während Frau Ä. einfach dabei ist. In diesem Zusammenhang ist es wichtig, dass die anderen Mitglieder der Wohngruppe über die Demenzerkrankung aufgeklärt sind, damit es nicht zu Frustration über die vermeintliche Bevorzugung von Frau Ä. kommt. Früher oder später wird sich die Frage stellen, ob Frau Ä. den Wechsel zwischen Wohnen und Arbeiten noch bewältigen kann, welche Tagesstruktur stattdessen geeignet ist und wie diese finanziert werden kann.

Für eine solche Begleitung ist die bewusste Gestaltung des Milieus ein wichtiger Faktor. „Bei der Milieugestaltung werden die materielle und die soziale Umwelt an die veränderte Wahrnehmung, Empfindung und die Kompetenzen von demenziell erkrankten Menschen mit geistiger Behinderung angepasst. Diese Anpassung erfolgt über den Abbau von Überforderungsquellen, das Einbringen von Orientierungshilfen und die klare Orientierung des Alltags an der

Biografie." (Ebeling/Konsorski 2016, S. 38). Es liegt inzwischen eine Fülle an Vorschlägen und Informationen vor, wie die Wahrnehmung von Menschen mit Demenz sich verändert, welche Farb- oder Raumkonzepte hilfreich sind, wie Kommunikation gestaltet werden sollte oder welche stressauslösenden Momente im Alltag entstehen können.

Literaturtipp

Sehr anschaulich, mit vielen Beispielen und Checklisten wird das Thema in einer Handreichung des Netzwerks NRW geistige Behinderung und Demenz behandelt (2016). Auch in dem bereits erwähnten Buch von Gusset-Bährer (2018) findet sich ein Kapitel zur Milieugestaltung.

Neben diesen Anpassungen im Alltag gibt es verschiedene erprobte Therapien. Bewährt haben sich die Basale Stimulation und Snoezelen, beides Angebote, die aus der Arbeit mit Menschen mit schwerer Behinderung bekannt sind. Logopädie ist insbesondere hinsichtlich der häufig auftretenden Schluckschwierigkeiten und den Kommunikationseinbußen hilfreich. Musik-, Ergo- und Kunsttherapie werden im Rahmen der Altenhilfe häufig eingesetzt und gelten als wirksam (Kruse/Sappok 2019). Schließlich wird aus psychiatrischer Sicht die Verschreibung von Antidementiva empfohlen. Diese können eine demenzielle Erkrankung zwar nicht heilen, verlangsamen aber den Krankheitsprozess und verlängern somit die Stadien, in denen noch aktiv an der Umwelt teilgenommen werden kann (Kruse/Sappok 2019).

Kurz zusammengefasst

- Menschen mit Lernschwierigkeiten sind mit einem hohen Risiko behaftet, an einer Demenz zu erkranken. Für Menschen mit Down-Syndrom liegt die Wahrscheinlichkeit, an einer Alzheimer-Demenz zu erkranken, ab einem Alter von 60 Jahren bei 50 %. Das Fortschreiten der Krankheit erfolgt zudem wesentlich schneller.
- Eine frühe Diagnose erlaubt der oder dem Betroffenen und seiner Umgebung, sich auf die Krankheit einzustellen. Empfohlen wird daher ein jährliches Screening ab dem 50. Lebensjahr (bei Vorliegen eines Down-Syndroms ab dem 40. Lebensjahr).
- Die Begleitung eines Menschen mit Demenzerkrankung erfordert Entlastung, Gestalten des Tages, ein gemeinsames Aushalten der Verschlechterung und eine Anpassung des Milieus.

5. Sozialpsychologie

> „Die *Sozialpsychologie* (Hervorhebung im Original) beschäftigt sich mit der Art und Weise, wie Gedanken, Gefühle, Wahrnehmungen, Motive und Verhaltensweisen durch Interaktionen und Transaktionen zwischen Menschen beeinflusst werden.“ (Gerrig/Dörfler/Roos 2018, S. 648)

Thema der Sozialpsychologie ist also, wie Menschen oder Gruppen von Menschen sich gegenseitig beeinflussen. Dabei zählen sowohl die reale als auch die imaginäre und die symbolische Präsenz anderer Menschen. Fragestellungen der Sozialpsychologie sind:

- Wie werden soziale Welten konstruiert?
- Was sind Einstellungen und Vorurteile, wie entstehen sie, wie beeinflussen sie unsere Handlungen und wie können wir sie beeinflussen?
- Wie entstehen Rollen, Regeln, Normen und Entscheidungsfindungen in Gruppen?
- Wie entstehen soziale Beziehungen?
- Wie entstehen Aggressionen, Altruismus und prosoziales Verhalten und wie lassen sie sich beeinflussen?

Im Zusammenhang mit Behinderung wird in diesem Buch vor allem auf Erkenntnisse der ersten drei Punkte zurückgegriffen. Mit einem Blick auf das Erleben von Familien mit einem/einer Angehörigen mit Beeinträchtigung wird zunächst die kleinste soziale Zelle, die Familie, betrachtet. Größere Gruppen in diesem Kontext sind Wohn- und Arbeitsgruppen aber auch Teams – sie alle sind gruppendynamischen Prozessen entworfen. Ein weiteres Kapitel widmet sich schließlich dem Thema Einstellungen und Vorurteile und erweitert den Fokus damit auf die gesamtgesellschaftliche Perspektive.

5.1 Familien

Wenn Sie in irgendeiner Form zu einem System gehören, das ein Kind mit Entwicklungsstörung begleitet, arbeiten Sie immer auch auf die eine oder andere Art und Weise mit den Eltern zusammen. Aber auch in der Arbeit mit Erwachsenen mit Lernschwierigkeiten spielen die Angehörigen meist weiterhin eine wichtige Rolle. Sei es, weil sie die gesetzliche Betreuung übernommen haben, sei es, weil sie weiterhin ihre Funktion als Eltern haben, in einem Familiensystem, das Ablösung aufgrund der Behinderungen erschwert. Wissen darüber, was die Diagnose einer Behinderung auslösen kann, wie Familien sie bewältigen und was Familien sich wünschen, kann Ihnen also dabei helfen, Familien gut zu begleiten. Dies erscheint umso notwendiger, da Eltern immer wieder berichten, sich mit den Herausforderungen einer Behinderung alleingelassen zu fühlen (Sarimski 2021). Die Begleitung von Familien beginnt mit der Diagnosestellung, hier steigt auch dieses Kapitel ein. Es beschäftigt sich außerdem mit der Dynamik zwischen Familien und Hilfesystemen und schließt mit der Vorstellung zweier Modelle, die Aufschluss geben können, wieso Familien mit einem Angehörigen mit kognitiver Beeinträchtigung dies ganz unterschiedlich zu bewältigen scheinen.

Literaturtipp

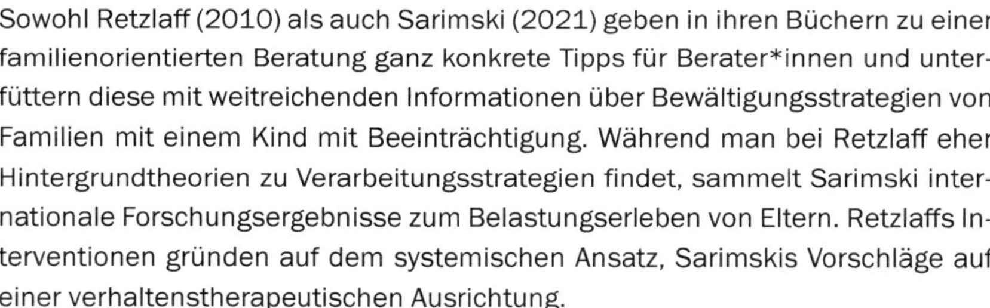

Sowohl Retzlaff (2010) als auch Sarimski (2021) geben in ihren Büchern zu einer familienorientierten Beratung ganz konkrete Tipps für Berater*innen und unterfüttern diese mit weitreichenden Informationen über Bewältigungsstrategien von Familien mit einem Kind mit Beeinträchtigung. Während man bei Retzlaff eher Hintergrundtheorien zu Verarbeitungsstrategien findet, sammelt Sarimski internationale Forschungsergebnisse zum Belastungserleben von Eltern. Retzlaffs Interventionen gründen auf dem systemischen Ansatz, Sarimskis Vorschläge auf einer verhaltenstherapeutischen Ausrichtung.

Vorbemerkung zum weiteren Kapitel: Zu schreiben, die Geburt eines Kindes mit Beeinträchtigung sei für die Familien eine Belastung, gar mit Traumatisierungspotenzial, scheint im Widerspruch zu stehen zum Wunsch nach Inklusion oder Sätzen wie „Wir sind alle verschieden". Es scheint auch nicht dazu zu passen, dass Menschen mit Beeinträchtigungen oder deren Familien die Beeinträchtigung keineswegs in einem Maße mit Belastung oder Leid verbinden, wie dies die Umwelt häufig vermutet. Man muss hier differenzieren zwischen dem Moment, wo eine Beeinträchtigung ins Leben tritt (sei es durch einen Unfall, eine Genmutation, einen entsprechenden Geburtsverlauf) und dem Leben *mit* der Beeinträchtigung. Der Moment, in dem die Diagnose gestellt wird, stellt das Leben aller Beteiligten auf den Kopf. Eltern berichten, dass die Mitteilung der Diagnose „ein Weltuntergang" war, die ersten Wochen danach „ein Albtraum" (Sarimski 2021, S. 19). Entscheidend ist, dass dieser Schock in aller Regel nicht anhält, sondern Menschen und Familien in der Lage sind, mit widrigen Umständen umzugehen, und sich die Bewertung einer Beeinträchtigung im Lauf der Zeit verändert. Auch existieren reale Belastungen im Alltag, teilweise lebensbedrohliche Situationen in den ersten Lebensmonaten, häufige Krankenhausaufenthalte, unklare oder wechselnde Diagnosen, später finanzielle Einbußen, verminderte Möglichkeiten der Berufstätigkeit, zeitliche Beanspruchung durch Therapie- und Arzttermine, reduzierte Freizeitgestaltung etc. Das bedeutet jedoch nicht, dass die oder der Angehörige mit Beeinträchtigung eine Belastung ist. Viele Familien berichten von einer Verschiebung ihrer Prioritäten und von positiven Entwicklungen, die sich aus dem Leben mit einem Menschen mit Behinderung ergeben haben (Retzlaff 2010). In diesem Kontext müssen die folgenden Abschnitte verstanden werden.

Sowohl soziologische als auch psychologische *Forschung* beschäftigt sich schon länger mit Familien[36] mit einem Kind mit Beeinträchtigung, wobei der Schwerpunkt hier wirklich auf der Kindheit liegt – über Familien mit einem erwachsenen Sohn/einer erwachsenen Tochter mit Lernschwierigkeiten findet man in der Literatur kaum etwas. Der Fokus der Forschungsfragen hat sich über die Zeit allerdings grundlegend verändert. Zunächst standen die Mütter im Mittelpunkt der Versorgung und damit auch im Mittelpunkt der Studien. Noch immer sind es vorwiegend die Mütter, die ihre Berufstätigkeit reduzieren, doch die Väter sind sowohl im Familienleben als auch in den Studien zunehmend involviert (Sarimski 2021). Verändert hat sich auch der Blick auf die Familien: Während der Schwerpunkt früher v. a. auf der pathologischen Ausprägung von Familienstrukturen lag und automatisch vom Leid der Familien ausgegangen wurde („Behinderte Familien" als Stichwort, siehe Cloerkes 2001), liegt der Fokus nun auf der Frage, wie gute Bewältigungsprozesse gelingen und Familien gestärkt werden können (Sarimski 2021; Retzlaff 2010).

Doch zurück zum Anfang, zur Diagnosestellung.

5.1.1 Diagnosestellung und Belastungserleben

Die Diagnose einer Entwicklungsstörung oder Intelligenzminderung kann zu ganz unterschiedlichen Zeitpunkten erfolgen: vor der Geburt durch Pränataldiagnostik (z. B. bei Chromosomenanomalien), gleich nach der Geburt (z. B. beim Down-Syndrom) oder erst nach einigen Jahren (z. B. bei Autismus-Spektrum-Störung, einem Unfall oder einer das Gehirn betreffenden Erkrankung). Es ist wichtig, sich bewusst zu machen, dass eine solche Diagnose stets das Risiko einer Traumatisierung der Eltern birgt. Häufig sind die Umstände der Diagnosevermittlung alles andere als optimal. Bei Befragungen von Eltern mit Kindern mit Down-Syndrom und Fragilem-X-Syndrom gab jeweils etwa ein Drittel der Eltern an, die behandelnden Ärzt*innen hätten sich fünf bis zehn Minuten Zeit für die Mitteilung der Diagnose genommen (Sarimski 2021).

36 Unter Familie wird hier eine auf längere Zeit angelegte Lebensgemeinschaft verstanden, in der eine Mutter und/oder ein Vater mit einem oder mehreren Kindern und eventuell weiteren Personen zusammenleben (Haller 2005).

Fallbeispiel

Eine Kollegin von mir hat erlebt, wie ein Arzt im Krankenhaus in das Vierbettzimmer kam, in dem sie nach der Geburt ihres Sohnes lag, und zu ihrer Zimmernachbarin sagte: „Ach übrigens, ihr Kind hat Trisomie 21. Ich habe hier eine Broschüre für Sie. Wenn Sie Fragen haben, kommen Sie auf mich zu.“ Und er verließ das Zimmer mit einer völlig verdutzten Frau.

Die Diagnose einer Behinderung muss emotional, kognitiv und praktisch verarbeitet werden. Ob eine Traumatisierung bestehen bleibt, hängt von folgenden Faktoren ab (Sarimski 2021):

- Art und Behandelbarkeit der Beeinträchtigung
- Alter des Kindes
- Zeit, die seit der Diagnosestellung vergangen ist
- Individuelle Ressourcen der Eltern
- Soziale Ressourcen der Eltern

Gelingt eine Auflösung der Traumatisierung, fühlen sich die Mütter weniger belastet, sie sind weniger körperlich krank und die Kinder können ein stabileres Bindungsverhalten entwickeln. Eine nicht aufgelöste Traumatisierung erkennt man daran, dass bei den Eltern weiterhin der Schock und die Traurigkeit im Vordergrund stehen (Sarimski 2021).

Anregung zur (Selbst-)Reflexion

Wissen Sie, welche Gefühle die Diagnose bei Angehörigen, mit denen Sie arbeiten, ausgelöst hat, wie sich die Gefühle über die Zeit verändert haben und wie sie aktuell sind?

Das *Reaction to Diagnosis Interview* in der deutschen Fassung von Paul (2020) formuliert folgende Leitfragen, um eine Traumatisierung durch die Diagnose bei Angehörigen zu erfragen:

- Wann ist Ihnen zum ersten Mal bewusst geworden, dass Ihr Kind ein dauerhaftes Entwicklungsproblem haben wird?
- Was waren Ihre Gefühle in der Zeit, als Sie dies wahrgenommen haben?
- Wie haben sich diese Gefühle über die Zeit hinweg verändert?
- Erzählen Sie mir noch einmal genau, was geschah, als Ihnen die Diagnose mitgeteilt wurde? Wo waren Sie, wer war noch da, was dachten und empfanden Sie in diesem Moment? Wie haben sich diese Gefühle seither entwickelt?
- Manchmal fragen sich Eltern, warum sie ein Kind mit besonderen Bedürfnissen haben. Stellen Sie sich auch diese Fragen?

Für eine anamnestische Befragung im Rahmen der Betreuung eines Kindes mit Entwicklungsstörung bietet es sich an, die Fragen positiver und lösungsorientierter zu stellen, zum Beispiel in folgender Form:

- Wann haben Sie bemerkt, dass die Entwicklung Ihres Kindes anders verläuft als bei anderen?
- Wer und was hat Ihnen damals geholfen, wo haben Sie Unterstützung gefunden?
- Es ist wirklich beeindruckend, wie Sie diese Zeit gemeistert haben.

Cloerkes (2001) verweist auf die Ambivalenz von Zuneigung und Ablehnung, die die Geburt eines nicht gesunden Kindes bei den Eltern auslöst. Die Einstellungen der Gesellschaft gegenüber Menschen mit Beeinträchtigung sind oft negativ und von Stereotypen geprägt (siehe Kapitel 5.3.3). Eltern eines Kindes mit einer Beeinträchtigung sind davon natürlich zunächst nicht ausgenommen und müssen ihre Einstellung gegebenenfalls erst verändern. Dieser Prozess wird häufig mit einem Trauerprozess um den nicht erfüllten Wunsch nach einem gesunden Kind verglichen. Je höher darüber hinaus die Erwartungshaltung gegenüber der Zukunft des eigenen Kindes war, desto größer kann auch die Enttäuschung sein (Cloerkes 2001).

Vergleiche von Müttern von Kindern mit und ohne Beeinträchtigung ergeben, dass Mütter eines Kindes mit Beeinträchtigung zwar sowohl praktisch als auch psychisch höher belastet sind als die anderen Mütter, dass jedoch in der Regel kein psychotherapeutischer Behandlungsbedarf besteht (Sarimski 2021). Oder, wie Sara Green (2007, o. S.) eine Mutter zitiert: *„We're tired, not sad"*. Entsprechend resümieren auch Sarimski (2021) und Retzlaff (2010), dass Familien mit einem Angehörigen mit Beeinträchtigung/Behinderung im Normalfall von einer psychologischen Familien*beratung* profitieren, eine Familien*therapie* jedoch zunächst nicht indiziert ist. Natürlich kann, wie bei jeder anderen Familie auch, eine Familientherapie angezeigt sein, wenn sich Interaktionen so entwickeln, dass ein Familienmitglied psychische Symptome zeigt. Nicht jedoch per se, weil bei einem Familienmitglied eine Beeinträchtigung vorliegt. In Familien, in denen Väter aktiv in die Erziehung einbezogen sind (co-parenting), geben die Mütter signifikant niedrigere Belastungen an. Hilfreiche Elternarbeit bedeutet entsprechend auch, Rahmenbedingungen zu schaffen, die es Vätern erleichtern, an Elterngesprächen teilzunehmen und sich einzubringen (Sarimski 2021).

Anregung zur (Selbst-)Reflexion

Wann finden Elterngespräche statt – während der Arbeitszeit der Eltern oder davor/danach? Wird automatisch erwartet, dass sich Eltern frei nehmen, oder sind Sie bereit, Ihre Arbeitszeiten gegebenenfalls anzupassen? Wie gehen Sie mit

Patchworkfamilien um, um allen Parteien gerecht zu werden? Wie beziehen Sie aktiv beide Elternteile ein?

Befragungen haben außerdem ergeben, dass Väter stärker als Mütter zu einem kognitiven Bewältigungsstil tendieren und Wert auf Informationen und konkrete Handlungsanweisungen legen. Zunehmend werden daher spezielle Angebote für Väter und ihre Kinder entwickelt, um deren Anliegen gerecht zu werden (Sarimski 2021).

Literaturtipp

Das Bayrische Staatsministerium für Familie, Arbeit und Soziales hat eine Handreichung für die praktische Arbeit mit Vätern von Kindern mit Beeinträchtigung herausgegeben, zu bestellen unter www.bestellen.bayern.de (Abruf: 08.10. 2021)

In einer Studie von Doege et al. (2011) mit Eltern von Kindern mit intellektueller Entwicklungsstörung stellte sich (konform zu internationalen Studien) heraus, dass höhere Werte auf Skalen zur sozialen Erwünschtheit und zur Abwehr der Behinderung mit einer geringeren Stressbelastung einhergehen. Eltern geben dann zum Beispiel an: „Ich kann mir nicht vorstellen, dass irgendeine Familie besser klarkommt als unsere" (ebd., S. 119). Dies erscheint mir insofern interessant, als es für Fachkräfte meiner Erfahrung nach manchmal gar nicht leicht auszuhalten ist, wenn Familien die Belastungen scheinbar „kleinreden". Die Studienergebnisse sprechen dafür, dies als konstruktiven Weg der Familie wertzuschätzen.

Retzlaff weist darauf hin, dass sich die Belastungen mit dem Abstand zur Diagnosestellung verändern. Steht zunächst die Bewältigung der Diagnose im Vordergrund, sind Familien mit Schulkindern oft bereits geschult im Umgang mit der Beeinträchtigung und im Umgang mit Ämtern. Die Familienstrukturen würden jedoch in dieser Zeit häufig rigide, Familien laufen Gefahr sich zu isolieren und der Behinderung einen bestimmenden Platz in ihrem System zu überlassen (Retzlaff 2010).

5.1.2 Zusammenarbeit mit Hilfesystemen

Durch die veränderte Sicht auf Familien hat sich auch der Ansatzpunkt von Elternarbeit im Lauf der Jahre verändert (Cloerkes 2001). Man spricht von einem Wandel vom *Laien-Modell* (die Eltern dienen (ausschließlich) als Lieferanten für Informationen an die Fachkräfte, Ärzt*innen, Therapeut*innen) über das *Ko-Therapeut*innen-Modell* (Eltern werden in die Förderung miteinbezogen, indem ihnen von Fachkräften mitgeteilt wird, wie sie ihr Kind am besten behandeln sollen) zum *Kooperations-Modell* (Eltern und Fachkräfte begegnen sich auf Augenhöhe, jeweils als Expert*innen für das Kind aus unterschiedlicher Sicht). Der Fokus liegt nicht mehr ausschließlich auf dem Kind, sondern auf der ganzen Familie. Anstatt Probleme und Defizite zu betrachten, werden Kompetenzen und Ressourcen in den Blick gerückt (Seifert 2019).

Fallbeispiel

Das Team eines Wohnheims, in dem der sozio-emotionale Stand eines betreuten Kindes mittels eines Interviews (SEED) erhoben wurde, erhofft sich durch die Ergebnisse, dass die Eltern „endlich erkennen, wo ihr Kind wirklich steht“. Es scheint hier eine Konkurrenzsituation zu geben, in der Fachkräfte und Eltern jeweils der Meinung sind, das Kind „besser“ einschätzen zu können. Im Sinne des kooperativen Ansatzes wäre es, alle Beteiligten würden die unterschiedliche Einschätzung des Kindes als Ausgangspunkt für weitere Diskussionen sehen und beispielsweise ergründen, wo sich das Kind wie verhält und welche Gründe es dafür geben könnte.

Während dieser Paradigmenwechsel in der Frühförderung bereits seit den 1980ern stattfindet, stellt sich die Situation in Wohnheimen nach wie vor häufig eher entsprechend des Ko-Therapeut*innen-Modells dar (Seifert 2019). Bartelt (2019) beschreibt dies drastisch: Mit einer Heimaufnahme erlebten Eltern in ihrer Selbstwahrnehmung ein doppeltes Scheitern. Nach der Geburt eines nicht gesunden Kindes und der Auseinandersetzung damit, sehen sich die Eltern nun darüber hinaus nicht mehr in der Lage, das Kind zuhause zu versorgen. Dieses Erleben kann bis ins Erwachsenenalter nachwirken:

Fallbeispiel

Eine Mutter, deren erwachsene Tochter in einer Wohngruppe lebt und bei der zur Behandlung von Unruhe und impulsiven Verhaltensweisen eine Medikation mit Psychopharmaka im Raum stand, formulierte es mir gegenüber in etwa folgendermaßen: „Dafür habe ich meine Tochter doch in ein Wohnheim gegeben, damit man dort so mit ihr umgehen kann, dass sie keine Medikamente braucht. Ihr müsst doch wissen, wie das geht.“

Bartelt weist außerdem auf die Entmündigung hin, die Eltern häufig widerfährt, wenn das Kind in einer Wohngruppe aufwächst. Die Definitionsmacht, was das Kind braucht, liege nun bei den Fachkräften und nicht mehr bei den Eltern. Diese Überlegungen gelten aus meiner Sicht auch für Erwachsene. In Bartelts Gegenentwurf zu dieser Situation nimmt das Kooperationsmodell eine zentrale Rolle ein, so dass Eltern auch im Heimbereich als zentrale Akteur*innen und Mitgestalter*innen betrachtet und behandelt werden und nicht als „Anhängsel“ der betreuten Person. Bei Erwachsenen gesellt sich hier die Thematik der

Ablösung hinzu, die jedoch auch mit allen Beteiligten bearbeitet werden muss. Dass das Kooperationsmodell langfristig zu mehr Lebenszufriedenheit in der ganzen Familie führt, zeigen Interviews, die Sappok (2019) mit Eltern von erwachsenen Angehörigen mit Lernschwierigkeiten geführt hat. Als ein Element neben anderen wird dort ein selbstbewusstes Auftreten gegenüber Fachleuten beschrieben.

Das Tragische dabei ist, dass sich sowohl Eltern als auch Mitarbeitende der Behindertenarbeit in ihren Bemühungen häufig nicht wertgeschätzt sehen. Die Eltern, wenn ihre Beobachtungen und Erfahrungen nicht ernstgenommen werden oder ihnen gar mitgeteilt wird, das Kind/der erwachsene Angehörige sei nach den Heimfahrtwochenenden „immer so schwierig". Die Mitarbeitenden, wenn ihnen beispielsweise vorgeworfen wird, die falsche Hose gekauft oder den Koffer falsch gepackt zu haben (Seifert 2019).

Anregung zur (Selbst-)Reflexion

Wie betrachten Sie Eltern und Angehörige? Welche Rolle wird ihnen in Ihrer Arbeit zugewiesen? Falls Sie in einer Einrichtung arbeiten: Gibt es eine konzeptionelle Verankerung von Elternarbeit oder Fortbildungen hierzu?

Praxistipp

In diesem Zusammenhang ist es auch hilfreich, sich bewusst zu machen, mit wie vielen Hilfesystemen eine Familie mit einem/einer Angehörigen mit kognitiver Beeinträchtigung im Laufe der Zeit zu tun hat und wer welche Aufträge in das System der Familie bringt. Tsirigotis (2020, S. 63) schlägt vor, mit Eltern systematisch alle Beteiligten aufzulisten, die etwas „zu ihrem Kind zu sagen hatten" und anschließend zu sortieren, welche Meinung den Eltern wichtig war, welche weniger wichtig, auf welche sie gut hätten verzichten können und was für Folgen das gehabt hätte.

Literaturtipp

Tsirigotis (2020) wirft in einem Artikel einen systemischen Blick darauf, „wie Behinderung die Familien durcheinanderwirbelt", und beschreibt dort Kommunikationsmuster, die häufig nach der Diagnose einer Beeinträchtigung entstehen.

5.1.3 Bewältigung von Behinderung

Familien bewältigen die Tatsache, dass ein Familienmitglied eine Beeinträchtigung hat, ganz unterschiedlich. Aus der systemischen Perspektive wurden Modelle entwickelt, die das Konzept der *Resilienz* und der *Kohärenz* vom Individuum auf Familien und deren Strukturen übertragen (Retzlaff 2010). Individuelle Resilienz wurde bereits in Kapitel 4.1.6 erläutert. Das Konstrukt der *Familienresilienz* beleuchtet, welche Prozesse innerhalb einer Familie dazu beitragen, dass die Familie als Ganzes mit Schwierigkeiten umgehen kann (Retzlaff 2010). „Resiliente Familien haben die Fähigkeit, sich bei widrigen Ereignissen zu regenerieren und auf Veränderungen einzustellen." (ebd., S. 95). Resiliente Familien mit einem/einer Angehörigen mit Beeinträchtigung schaffen es, zwischen den Erfordernissen der Behinderung und den Bedürfnissen der restlichen Familie eine Balance zu finden, sie bleiben als Familie im Ganzen verbunden und wahren klare Grenzen nach innen und außen. Die einzelnen Familienmitglieder betreiben Selbstfürsorge, soziale Netzwerke werden aktiv gepflegt und eine kooperative Zusammenarbeit mit Hilfesystemen hergestellt. Die Behinderung ist Teil des Familiensystems, nicht Dreh- und Angelpunkt. Und die Familien bleiben achtsam für die Entwicklungsaufgaben, die in der Familie gerade anstehen, und vollziehen diese (Patterson 1991). Das folgende Beispiel bezieht sich auf diesen letzten Punkt:

Fallbeispiel

R. hat seinen Schulabschluss an einem Förderzentrum mit dem Förderschwerpunkt geistige Entwicklung gemacht. Die ganze Familie feiert den Abschluss gebührend mit einem Restaurantbesuch. Die Eltern haben außerdem begonnen, sich zu erkundigen, wo R. in Zukunft leben kann – er wird dauerhafte Unterstützung benötigen, die Eltern sehen jedoch langsam den Zeitpunkt gekommen, die Ablösung aus der Familie in die Wege zu leiten.

Resiliente Familien zeichnen sich weiterhin durch kompetente Kommunikation und aktive Problemlösestrategien aus. Genau wie im Kohärenz-Modell (siehe unten) ist auch hier die positive Deutung der Situation relevant. Schließlich entwickeln diese Familien weniger rigide Strukturen im Umgang miteinander und mit dem Außen, sondern bleiben stattdessen flexibel.

Antonovsky entwickelte das *Kohärenz-Modell,* nachdem er Überlebende des Holocaust interviewt hatte (Antonovsky/Franke 1997). Demnach ist der Umgang mit einer Herausforderung abhängig von (zitiert nach Retzlaff 2010, S. 114):

1. dem Gefühl der Verstehbarkeit (kognitiver Aspekt),
2. dem Gefühl von Handhabbarkeit bzw. Bewältigbarkeit (pragmatischer Aspekt),
3. und dem Gefühl von Sinnhaftigkeit/Bedeutsamkeit (emotional-motivationaler Aspekt).

Die drei Faktoren sind in Analysen nicht streng voneinander zu trennen, können aber als Modell dienen, Bewältigungsprozesse differenzierter zu betrachten (Doege et al. 2011). Bereits Antonovsky/Franke (1997) übertrugen das Konzept der individuellen Kohärenz auf Familien. Diese sogenannte Familien-Kohärenz umfasst, ob Familienmitglieder die eigene Familie als vorhersagbar und sinnstiftend betrachten und man sich zutraut, gemeinsam konstruktiv mit Schwierigkeiten umzugehen. Ein erhöhtes Familien-Kohärenzgefühl in Familien mit einem Kind mit Beeinträchtigung geht einher mit einem größeren sozialen Netzwerk, erhöhter emotionaler Unterstützung der Familie, einer höheren Rate an Teilzeitarbeit, einem erhöhten Einkommen und weniger herausforderndem Verhalten der Kinder (Retzlaff 2010). Je höher das Familien-Kohärenzgefühl ist, desto niedriger ist die gefühlte Belastung der Eltern (Doege et al. 2011). Stärkung und Unterstützung von Familien ist in allen drei Bereichen und zu verschiedensten Zeitpunkten möglich.

1. Verstehbarkeit: „Unterstütze Eltern darin, zu Experten für die Behinderung zu werden" (Retzlaff 2010, S. 189).

Verstehbarkeit im Zusammenhang mit einer Beeinträchtigung/Behinderung bedeutet zunächst, ausreichend Informationen zu erhalten. Eltern erleben die Weitergabe von schriftlichem Informationsmaterial als hilfreich (Sarimski 2021). Dieser Punkt beinhaltet in meinen Augen auch, sich genug Zeit bei der Diagnosestellung zu nehmen und den Angehörigen auch im Verlauf immer wieder für Rückfragen zur Verfügung zu stehen. Tsirigotis (2020, S. 62) stellt als Leitfragen „Was passiert hier? Womit haben wir es zu tun?", um störungsspezifisches Wissen mit der Entwicklung des Kindes in Bezug zu setzen. Ihr Ansatz birgt andererseits das Risiko, dass sich die Beobachtung ausschließlich auf die Beeinträchtigung richtet und diese damit zu sehr in den familiären Fokus rückt und als Erklärung für alles dient. Es ist also ebenso wichtig, Eltern darin zu unterstützen, die Beeinträchtigung nur als einen von vielen Aspekten ihres Kindes zu sehen. Auch hier geht es um ein Sowohl-als-auch und nicht um ein Entweder-oder. Geschwister und Großeltern dürfen an dieser Stelle nicht außenvor gelassen werden. Sarimski (2021) rät dazu, Geschwister aktiv und altersgemäß mit Informationen zu versorgen. Selbsthilfegruppen (sowohl für Eltern als auch für Geschwisterkinder) können sowohl für die Verstehbarkeit als auch für die Handhabbarkeit eine wertvolle Unterstützung sein.

2. Handhabbarkeit/Bewältigbarkeit: Dieser Aspekt beinhaltet die Überzeugung, das Problem bewältigen und entsprechende Ressourcen aktivieren zu können. Es handelt sich also einerseits um Zutrauen in sich selbst, die eigenen Kräfte und die Erziehungskompetenz, andererseits um Unterstützung, die Familien im sozialen Umfeld aktivieren können.

Praxistipp

Netzwerkkarten ermöglichen die systematische Erfassung möglicher Unterstützer*innen, indem sie verschiedene Lebensbereiche einer Person oder einer Familie abfragen (z. B. erweiterte Familie, Bekannte, Nachbarschaft, Professionelle). Hermes (2017) führt in ihrem Buch Beispiele auf, die auch mit Menschen mit Lernschwierigkeiten nutzbar sind. Sarimski (2021) fügt ergänzend Fragen zu den sozioökonomischen Ressourcen hinzu.

Neben dem persönlichen Umfeld spielen auch Institutionen, Therapien und sozialrechtliche Leistungen eine wichtige Rolle. Das Problem liegt in Deutschland weniger darin, dass es nicht genügend Hilfen gäbe, sondern dass sie häufig unbekannt und schwierig zu beantragen sind. Zwar gibt es bei den Rehabilitationsträgern Servicestellen, die zur Beratung zur Verfügung stehen, dies wussten jedoch bei einer Umfrage der AOK nur ein Viertel der befragten Eltern. In derselben Umfrage zeigte sich, dass einzelne Entlastungsmöglichkeiten (wie Schulbegleitung, Haushaltshilfe) teilweise weniger als 50 % der Befragten bekannt waren (Sarimski 2021). Neben der Nutzung von Netzwerken und Hilfen können auch Elterntrainings zum Umgang mit herausfordernden Verhaltensweisen oder zum Aufbau der Erziehungskompetenz sinnvoll sein. Einerseits korreliert das Ausmaß an herausforderndem Verhalten des Kindes positiv mit der Belastung der Eltern, andererseits senkt das Vertrauen in die eigene Erziehungskompetenz das subjektive Belastungsgefühl von Eltern (Sarimski 2021).

3. Sinnhaftigkeit: Sinnhaftigkeit zu erkennen bedeutet, über die akute Versorgung und die nächsten Schritte hinaus einen Sinn aus der neuen Lebenssituation zu schöpfen (Tsirigotis 2020). Eltern berichten beispielsweise, dass sich ihr Wertesystem verändert hat oder dass sie die Versorgung eines Kindes mit Beeinträchtigung auch als Chance zur persönlichen Reifung erleben (Sarimski 2021). Dabei gestaltet sich der Weg einer jeden Familie sowohl inhaltlich als auch zeitlich sehr unterschiedlich (Retzlaff 2010). Als Teil des Hilfesystems kann man hier begleiten und anregen, zum Beispiel durch Statements von Eltern, die den Prozess bereits durchlebt haben. Auszuhalten, dass eine Familie noch keine Akzeptanz gefunden hat, ist jedoch ein ebenso wichtiger Teil der Begleitung (Retzlaff 2010). Eltern, die mehr positive als negative Aspekte mit ihrem Kind verbinden, zeigen sich deutlich weniger belastet (Sarimski 2021). In diesem Sinn lohnt es sich, gezielt nach den Stärken oder positiven Besonderheiten eines Kindes zu fragen (zum Beispiel auch in einem Elternabend), anstatt sich in der Begleitung von Eltern ausschließlich auf problematische Situationen zu fokussieren.

Kurz zusammengefasst

- Familien können von einer familienorientierten Beratung profitieren. Diese sollte ressourcenorientiert sein, Eltern als Expert*innen für ihr Kind/ihren Angehörigen wahrnehmen und die Väter mit einbeziehen.

- Ausführliche Informationen zur Behinderung, zu staatlichen Leistungen (Schwerbehindertenausweis, Pflegegeld) und zu Selbsthilfegruppen sind für Eltern meist sehr hilfreich.
- Familien durchlaufen im Leben mit einem/einer Angehörigen mit Beeinträchtigung unterschiedliche Phasen, in denen sich unterschiedliche Anforderungen an die Beratung ergeben.
- Zur Erklärung von Bewältigungsprozesse im Umgang mit Beeinträchtigungen stellen die Modelle der Familienresilienz und der Familien-Kohärenz wichtige Impulsgeber in der Begleitung von Familien dar.

5.2 Gruppen und ihre Dynamik

Wir alle bewegen uns ständig in Gruppen und jede*r von uns hat bereits verschiedene Erfahrungen mit gruppendynamischen Prozessen gemacht. Auch im Kontext der Arbeit mit Menschen mit Lernschwierigkeiten sind Gruppen eine häufige Form des Zusammenseins, sei es in Kindergarten oder Schule, Tagesstätte, Förderstätte, Wohnstätte oder einer Werkstatt für Menschen mit Behinderung. Zudem arbeitet man in diesem Zusammenhang oft im Team, ebenfalls einer Form der Gruppe. Dieses Kapitel beschäftigt sich daher zunächst mit dem Begriff der Gruppe, bevor die Entstehung bzw. der Verlauf von Gruppennormen, Rollen und Gruppenphasen genauer betrachtet werden.

Literaturtipp

Zwei ausgezeichnet zu lesende Bücher zur Dynamik in Gruppen mit ganz gegensätzlichen Ansätzen liefern Sader (2008) und Stahl (2017). Während Sader konstruktivistisch argumentiert und die Festlegung bestimmter Rollen und Gruppenphasen kritisch rezipiert, findet man bei Stahl aus gruppendynamischer Sicht das genaue Gegenteil, nämlich eine ausführliche Beschreibung verschiedener, laut Stahl zwingend notwendiger Rollen und der Gruppenphasen nach Tuckman.

5.2.1 Der Begriff der Gruppe

Eine Gruppe besteht aus mindestens zwei Personen. So weit, so gut. Dann jedoch gehen die Definitionen einer Gruppe je nach Forschungskontext auseinander (Sader 2008). Das liegt daran, dass auch der Begriff der Gruppe ein Konstrukt ist, das beschrieben werden muss, um es beobachten zu können (Sader 2008). Viele Definitionen stimmen darin überein, dass eine Gruppe gekennzeichnet ist durch direkte Kommunikation und Interaktion zwischen den Gruppenmitgliedern und einer gemeinsamen Aufgabe/einem gemeinsamen Ziel (z. B. König/Schattenhofer 2012). Die zufällig gleichzeitig anwesenden Besucher*innen eines Festivals wären demnach keine Gruppe. Die Sozialpsychologie, die größere Menschenmengen erforschen möchte, fasst den Gruppenkontext dagegen deutlich weiter. So legen z. B. Stürmer/Siem (2020) lediglich fest, dass sich Menschen einer Gruppe zuordnen müssen, um einer Gruppe anzugehören. Die genannten Festivalteilenehmenden könnten dann also sehr wohl eine Gruppe bilden. Fest steht, dass Gruppen unterschiedliche Zielsetzungen haben, die ihren Verlauf und ihre Entwicklung beeinflussen. Nützlich im Kontext von Behindertenarbeit erscheint mir die Unterscheidung zwischen formeller und informeller Gruppe. Informelle Gruppen sind solche, die sich aus freien Stücken bilden, wie z. B. Cliquen, Sportvereine etc. Eine formelle Gruppe wird von außen bestimmt, ihre Mitglieder finden sich nicht freiwillig zusammen. Beispiele sind Schulklassen oder stationäre Wohngruppen, wenn die Entscheidung über die Gruppenzusammensetzung von außen (z. B. der Einrichtungsleitung, dem Team) gefällt wird. Die Identifikation mit der Gruppe oder den Gruppenzielen ist bei formellen Gruppen deutlich geringer als bei informellen (Sader 2008).

Anregung zur (Selbst-)Reflexion
In welchen formellen und in welchen informellen, selbstgewählten Gruppen bewegen sich Ihre Klient*innen?

Ein Team ist eine Sonderform der Gruppe, das stets arbeits- und aufgabenbezogen agiert. Die Teammitglieder müssen also nicht nur sachliche Aufgaben erledigen, sondern auch „ihre" gruppendynamischen Prozesse bewältigen (König/Schattenhofer 2012). Gelingt Letzteres nicht, kann sich ein Team in der eigenen Arbeit blockieren.

Menschen unterscheiden zwischen der Eigengruppe, der sie sich zugehörig fühlen, und der Fremdgruppe, die alle anderen umfasst, wobei jeder Mensch vielen verschiedenen Gruppen angehört. Wir neigen dazu, Mitglieder der Eigengruppe auf- und die der Fremdgruppe abzuwerten (Zick 2017, siehe auch Kapitel 5.3.3).

5.2.2 Normen

Damit Gruppen funktionieren, bilden sie Normen aus. Darunter ist sowohl eine sich von selbst entwickelnde Gleichheit oder deren verbindliche Forderung im Verhalten der Gruppenmitglieder zu verstehen als auch die soziale Bewertung von Verhaltensweisen. Normen können sich innerhalb einer Gruppe entwickeln und/oder von außen an sie herangetragen werden. (König/Schattenhofer 2012). Ihre Funktion liegt darin, die soziale Wirklichkeit und die Beziehungen zur Umwelt zu definieren, Orientierungshilfen für das Verhalten der Mitglieder zu geben und den Zusammenhalt und das gemeinschaftliche Ziel der Gruppe aufrechtzuerhalten (Stürmer/Siem 2020).

Fallbeispiel

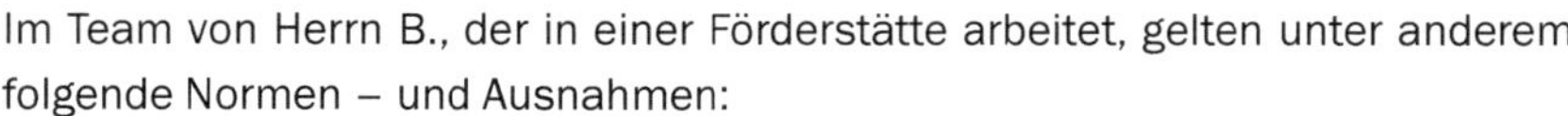

Im Team von Herrn B., der in einer Förderstätte arbeitet, gelten unter anderem folgende Normen – und Ausnahmen:

- Man duzt sich im Team und mit den Klient*innen, die die Förderstätte besuchen.
- Herr B. macht immer Kaffee.
- Man erscheint mindestens fünf, höchsten zehn Minuten vor dem Eintreffen der Klient*innen in der Arbeit – außer Frau L., da sie aufgrund häuslicher Belastungen häufig den Bus verpasst.
- Bei der Pflege wird die Tür zugemacht – außer bei dem Klienten Herrn S., da dieser Angst in verschlossenen Räumen hat.
- Im Team wird fallbezogen diskutiert, private Gespräche werden in die Pausen verlegt.
- Man redet offen miteinander – außer gegenüber der Chefin.
- …

Im oben dargestellten Fallbeispiel wird ersichtlich, dass es offizielle und inoffizielle Normen gibt. Man spricht in diesem Zusammenhang auch von expliziten und impliziten Normen. Während erstere die offiziell formulierten Verhaltensgrundsätze darstellen, die in einer Gruppe gelten, sind implizite Normen unausgesprochen und meist verhaltensprägender als die expliziten. Man geht davon aus, dass Gruppen produktiver sind, wenn auch die impliziten Normen ausgesprochen und reflektiert werden.

Fallbeispiel

Bei einem Träger, zu dem ich zur Supervision eingeladen war, stand in den sexualpädagogischen Leitlinien, dass Klient*innen auf Wunsch Unterstützung erhalten würden, eine*n Sexualbegleiter*in zu organisieren (Sexualbegleiter*innen sind Menschen, die sexuelle Begegnungen speziell für Menschen mit Beeinträchtigungen anbieten). Allerdings gab es in der relativ großen Einrichtung noch nie den Fall, dass dies jemand gewünscht hätte. Die Vermutung liegt nahe, dass es weniger an den fehlenden Wünschen als vielmehr an impliziten Normen lag.

Anregung zur (Selbst-)Reflexion

Können Sie die impliziten Normen ihres Teams aufzählen? Wird im Team darüber gesprochen oder eher nicht? Wenn Sie diese Normen mit den Leitlinien Ihres Arbeitgebers vergleichen: Wie groß ist die Deckungsgleichheit, wo finden Sie Unterschiede?

Vielleicht haben Sie bei der Reflexion gerade festgestellt, dass es verschiedene Regeln gibt, deren Ursprung Sie gar nicht kennen. Das könnte daran liegen, dass Normen die Tendenz haben, sich selbst zu erhalten. Sie sind dann für eine aktuelle Gruppe gegebenenfalls weder nötig noch sinnvoll. Ein eindrückliches Experiment über die Auswirkung der normierenden Funktion von Gruppen, legte Asch (1955) vor: Versuchspersonen wurden gebeten, eine Linie mit drei anderen Linien zu vergleichen und diejenige zu benennen, die genauso lang war, wie die Vergleichslinie. Die Unterschiede zwischen den Linien waren so groß, dass die fehlerhaften Angaben normalerweise bei unter einem Prozent lagen. Nun ließ Asch die Einschätzung in einer Gruppe vornehmen, in der alle außer der Versuchsperson instruiert waren, zwei Linien als gleich lang zu benennen, die sich deutlich voneinander unterschieden. Das Ergebnis? 37 % der Versuchspersonen schlossen sich diesem offensichtlich falschen Urteil an. Der Versuch zeigt, wie schwierig es ist, sich gegen die Meinung der Mehrheit einer Gruppe zu stellen. War nur ein einziger anderer „Abweichler" in der Gruppe vorhanden, sank die falsche Zustimmungsrate auf 5 % ab. Weniger falsche Zustimmungen gab es auch dann, wenn die Einschätzung zwar in der Gruppe, aber schriftlich und anonym abgegeben wurde.

Praxistipp

Wenn Sie bei einem Gruppenabend oder einer Teamdiskussion bereits wissen, dass eine Mehrheit eine bestimmte Meinung vertreten wird, und Ihnen daran gelegen ist, auch andere Stimmen zu Wort kommen zu lassen, könnte es nützlich sein, zunächst eine „anonyme" Abfrage zu machen oder Personen mit einer anderen Meinung (die „Abweichler*innen") vorab miteinander ins Gespräch zu bringen.

Im Zusammenhang mit der Arbeit in Einrichtungen der Behindertenhilfe ist es wichtig, sich auch die Machtdimension bei der Normsetzung zu vergegenwärtigen. Mitarbeitende der Behindertenarbeit befinden sich in einer Position, aus der heraus sie Normen für Gruppen bestimmen können. Klient*innen können sich diesen anpassen oder offenen oder verdeckten Widerstand zeigen – was dann normalerweise zu Konflikten führt. Die erste Gefahr besteht darin, dass sich in solchermaßen auferlegten Normen die Werte der Mitarbeitenden spiegeln und diese nicht zwingend denen der Klient*innen entsprechen. Wer legt beispielsweise fest, dass es „gut" ist, zur Arbeit zu gehen, ein netter Mensch oder monogam zu sein? Diese Fragen sind mit der grundlegenden Reflexion des eigenen Berufsbildes verbunden und weder einfach noch in jedem Fall gleich zu beantworten. Dennoch ist es vor dem Hintergrund von Selbstbestimmung und professioneller Haltung wichtig, sie sich zu stellen. Die zweite Gefahr sehen Appel/Kleine Schaars (2008) darin, dass solche Regeln zu Unselbstständigkeit und Regression führen. Dabei geht es nicht darum, norm- und regellos zu sein, das würde aufgrund der Gruppenprozesse sowieso nicht funktionieren, da *jede* Gruppe Normen ausbildet. Sie plädieren dafür, dass sich Mitarbeitende und Klient*innen auf gleicher Stufe begegnen: „Absprachen [...] sind in jeder Lebensgemeinschaft nötig. Wenn diese Absprachen den Bewohnern von Gruppenleitern auferlegt worden sind, werden sie zu Regeln. Es ist aber möglich, Bewohner selbst solche Verabredungen treffen zu lassen." (ebd., S. 68)

Literaturtipp

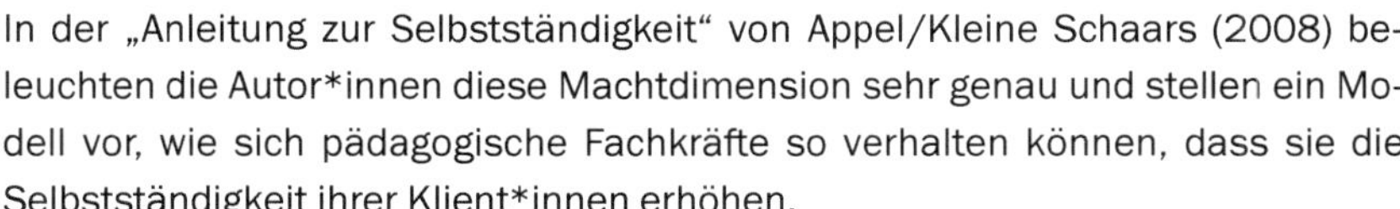

In der „Anleitung zur Selbstständigkeit" von Appel/Kleine Schaars (2008) beleuchten die Autor*innen diese Machtdimension sehr genau und stellen ein Modell vor, wie sich pädagogische Fachkräfte so verhalten können, dass sie die Selbstständigkeit ihrer Klient*innen erhöhen.

5.2.3 Rollen

Fallbeispiel

Neulich war ich bei einem Treffen meiner ehemaligen Jugendclique. Wir hatten mindestens 15 Jahre nichts voneinander gehört und ich freute mich sehr auf das Wiedersehen. Als ich an dem Abend nach Hause fuhr, blieb ein eigenartiger Beigeschmack: Gefühlt war ich kaum „ich" gewesen, sondern hatte mich auf eine Weise verhalten und gefühlt, wie ich es gut von damals kannte, jedoch lange nicht mehr an mir beobachtet hatte. Ich fühlte mich, als sei ich ohne Vorwarnung 15 Jahre zurückkatapultiert worden, als hätte ich mich in dieser Zeit gar nicht verändert.

Ähnlich geht es vielen, wenn sie nach Jahren auf einem Klassentreffen waren, über das Wochenende zu Besuch bei ihren Eltern sind oder die eigenen Kinder zu Besuch kommen. Im Zusammensein mit anderen übernehmen wir bestimmte Rollen, die sich aus einer Mischung aus Persönlichkeit und Situation ergeben (König/Schattenhofer 2012). Jeder Mensch verfügt über ein ganzes Rollenrepertoire, das er im Laufe seines Lebens erworben hat und in Gruppen oder Situationen je nach „Nachfrage" einsetzen wird (Stahl 2017). Rollen dienen der Komplexitätsreduktion, indem sie ein Skript für Verhalten liefern und das Verhalten der anderen berechenbarer machen (Stürmer/Siem 2020), die Kehrseite der Medaille ist eine gewisse Rigidität im Verhalten. Ich hatte in dem o. g. Beispiel meine damalige Rolle einfach wieder übernommen. Die damit entstehende Starrheit verursachte das eigenartige Gefühl im Anschluss. Auch Rollen sind Konstrukte, deren Definition von der Sichtweise der Forschenden abhängt. Man kann hier unterscheiden zwischen persönlichkeitsorientierten Rollentheorien, sozialpsychologischen Ansätzen und gruppendynamischen Sichtweisen (König/Schattenhofer 2012). Erstere vermitteln, dass eine bestimmte Person aufgrund ihrer Persönlichkeit bestimmte Rollen übernehmen wird, z. B. Anführer*in/Mitläufer*in/Clown etc. Diese Sichtweise verspricht eine noch stärkere Komplexitätsreduktion als die gruppendynamische („Herr X. ist eben ein Meckerer, da kann man nichts machen") und kommt der menschlichen Tendenz entgegen, das Verhalten einer Person an ihrer Persönlichkeit festzumachen und nicht an der Situation (der sogenannte fundamentale Attributionsfehler, siehe auch Kapitel 5.3.1). Sie unterschätzt jedoch die *Macht der Situation* (Gerrig/Dörfler/Roos 2018), die menschliches Verhalten stärker bestimmt als man annehmen möchte (für ein ausführlicheres Beispiel und den daraus abzuleitenden Konsequenzen für stationäre Einrichtungen, siehe unten). Zahlreiche sozialpsychologische Untersuchungen belegen, dass bestimmte Situationen mit hoher Wahrscheinlichkeit zu einem bestimmten Verhalten führen, und zwar unabhängig von der Persönlichkeit der Versuchsperson. Der gruppendynamische Ansatz wiederum sieht vor, dass eine Gruppe im Hinblick auf ihre Ziele bestimmte Rollen ausbildet, die von den Gruppenmitgliedern ausgefüllt werden. Die Rollen sind dabei nicht zwingend auf bestimmte Personen festgelegt, sondern wechseln je nach Situation zwischen den Mitgliedern hin und her (König/Schattenhofer 2012). Unbestritten ist, dass ein gewisses Mindestmaß an unterschiedlichen Rollen vorhanden sein muss, damit sich eine Gruppe erhält und ein Ziel verfolgen kann. Laut König/Schattenhofer (2012, S. 53) sind dies: „jemanden, der oder die initiativ wird, neue Ideen anstößt, bisheriges in Frage stellt und neue Konzepte einfordert. Es braucht Leute, die mitmachen, Gefolgschaft leisten und die Initiative loyal und engagiert unterstützen. Und es braucht jemanden, die oder der dagegenhält, kritisch gegenübersteht, sich nicht anschließt, sondern kompetent opponiert und die Antreiber dazu bringt, ihre Konzepte zu überprüfen."

Rollen werden also übernommen, weil sie Komplexität reduzieren, die Situation dazu einlädt und sie notwendig im Gruppengefüge sind. Menschen neigen jedoch dazu, die Rolle mit der Persönlichkeit des Inhabers/der Inhaberin gleichzusetzen – was in dieser Vereinfachung häufig einem Fehlschluss gleichkommt. Um dem entgegenzuwirken empfiehlt Sader (2008), konkretes Verhalten in konkreten Situationen zu beschreiben statt Rollenzuschreibungen vorzunehmen. Außerdem schlägt er vor, die meist verdeckten Rollenzuschreibungen innerhalb einer Gruppe offenzumachen, um somit den Personen die Möglichkeit zu geben, ihre Rolle zu wechseln.

Anregung zur (Selbst-)Reflexion

Welche Rolle(n) nehmen Sie in Ihrem Team/Ihrem Unternehmen ein? Welche Rolle würden Sie gerne einmal übernehmen (und was würde dann wohl in der Gruppe passieren)? An welche Situationen erinnern Sie sich, in denen Sie vielleicht die Rolle einer Person mit deren Persönlichkeit verwechselt haben? Welche Rollen schreiben Sie Ihren Klient*innen zu?

Eine weitere Besonderheit in diesem Kontext in der Arbeit in Wohnstätten ist, dass mehrfache Rollenbelegungen gleichzeitig vorkommen. Gruppenleitungen arbeiten in der Regel auch im normalen Gruppendienst mit, sind also gleichzeitig Leitung und Kolleg*in. Zudem arbeitet man in wechselnden Konstellationen zusammen. Auch die Klient*innen stellen eine Gruppe dar, deren Gruppendynamik auf die des Teams stößt und je nach anwesenden Mitarbeiter*innen ganz unterschiedlich ausfallen dürfte. Mitarbeitende sind nicht Teil der Gruppe der Klient*innen, dienen aber als Referenzpunkt (umso mehr, je stärker eine Außenstrukturierung notwendig ist oder ausgeübt wird) und haben demnach auch Einfluss auf die Gruppenstruktur.

Exkurs: Die Macht der Situation und ihre Bedeutung für stationäre Angebote

Ein eindrucksvolles Beispiel für die Macht der Situation ist das Stanford-Gefängnisexperiment von Zimbardo aus den 1970er Jahren, das so berühmt wurde, dass es in jedem sozialpsychologischen Lehrbuch zu finden ist (beschrieben nach Gerrig/Dörfler/Roos 2018): Zimbardo teilte eine Gruppe (psychisch unauffälliger) Studenten per Los in Gefangene und Wärter ein. Über zwei Wochen sollte eine Gefängnissituation simuliert werden, um zu verfolgen, wie sich die Einzelpersonen und die beiden Gruppen zueinander verhielten. Das Experiment (das ethisch aus heutiger Sicht gar nicht mehr durchführbar wäre) musste vorzeitig nach sechs Tagen abgebrochen werden, da das Verhalten der Wärter zunehmend erniedrigend und sadistisch, die Gefangenen psychisch stark belastet waren. Da alle Teilnehmer vorab mittels Persönlichkeitstests untersucht worden waren und die Zuteilung zur Gruppe der Wärter oder Gefangenen per Los erfolgte, kamen Persönlichkeitsmerkmale als Grund für das Verhalten der Wärter nicht in Frage. Die Autoren schlussfolgerten, dass situative Bedingungen ausschlaggebend gewesen sein mussten. Bei den Teilnehmern seien Rollenmuster aktiviert worden, die jede Person in sich trägt und die in der völlig abgeschlossenen und sich selbst verstärkenden Situation des Gefängnisses entsprechend verstärkt wurden.[37] Die Ergebnisse dieses Experiments sind für die Behindertenarbeit von großer Bedeutung, da sie zeigen, wie leicht Rollen und strukturelle Merkmale zu Machtmissbrauch führen. Strukturen stationärer Einrichtungen bieten per se den Raum für eine solche Situation. Es besteht ein Macht-Ungleichgewicht zwischen Betreuer*innen und Betreuten, Teams können sich in einer solchen Dynamik selbst verstärken,

37 Eine traurige Realität erlebte das Experiment u. a. in den 2000er Jahren in Abu Ghraib und Guantánamo, wo US-amerikanische Soldat*innen Inhaftierte folterten und auf entsetzliche Weise demütigten. Allerdings gibt es hier Stimmen, die eine rein situative Erklärung für zu kurz greifend halten und die Persönlichkeit der Soldat*innen sehr wohl miteinbeziehen.

häufig finden Einzeldienste statt, so dass eventuell keine Verhaltenskorrektur durch Kolleg*innen stattfindet. Diese Feststellung beinhaltet keineswegs die Behauptung, dass Misshandlungen und Machtmissbrauch vorkommen *müssen*, sondern dass die Gefahr dafür *strukturell gegeben ist*. Dies ist der Grund, wieso Einrichtungen der Kinder- und Jugendhilfe inzwischen gesetzlich verpflichtet sind, ein sogenanntes Schutz- oder Präventionskonzept vorzulegen, das Bedingungen schaffen soll, die Missbrauch und Misshandlungen erschweren. Einrichtungen im Erwachsenenbereich sind natürlich genauso anfällig. Auch wenn eine gesetzliche Bestimmung hierzu noch aussteht, geben sich viele Einrichtungen im Erwachsenenbereich daher selbst ein Konzept.

Literaturtipp

Die Bundesregierung hat einen unabhängigen Beauftragten gegen Missbrauch ernannt, auf dessen Homepage sich eine Fülle an Materialien findet: beauftragter-missbrauch.de. Mit dem inklusiven Gewaltpräventionskonzept der Lebenshilfe Wetzlar-Weilburg liegt ein umfassendes Konzept mit Passagen in leichter Sprache vor (zu finden unter www.zibb-beratung.de).

5.2.4 Gruppenphasen

Was halten Sie für eine „gute" Gruppe? Falls Ihre Antwort lautet, eine gute Gruppe sei eine, in der das Gruppenziel produktiv verfolgt wird, wenig Konflikte auftreten und die einzelnen Mitglieder gleich viel „wert" sind, ergeht es Ihnen wie den meisten: Menschen mögen in der Regel keine oder nur moderate Konflikte und scheuen Veränderungsprozesse[38] (König/Schattenhofer 2012). Wir neigen außerdem dazu, Schwierigkeiten in der Zielerfüllung dem mangelnden Zusammenhalt einer Gruppe zuzuschreiben (Sader 2008). Ein Blick in die Theorien der Gruppendynamik zeigt jedoch, dass eine solche ideale Gruppe dauerhaft nicht existiert und dass ein Zustand der Nicht-Veränderung nicht unbedingt erstrebenswert ist. Nicht erstrebenswert insofern, als dass fehlende Veränderung auch Stillstand bedeuten kann.

Anregung zur (Selbst-)Reflexion

Was würde passieren, wenn man nicht so sehr nach dem vermeintlich idealen Zustand einer Gruppe streben, sondern Konflikte und eine gewisse Ungleichheit als „normal" betrachten würde? Würde dies Ihre Einschätzung in Bezug auf Ihr Team/eine Gruppe von Klient*innen verändern?

38 Auch wenn man sich manchmal eine Veränderung wünscht, wird deren Prozess dennoch häufig als anstrengend empfunden.

Veränderungsprozesse (auch Gruppenprozesse genannt) sind also unumgänglich und in der Psychologie existieren verschiedene Modelle, um diese zu beschreiben. Das bekannteste Modell dürfte dabei von Tuckman (1965) stammen, der die Phasen Forming, Storming, Norming und Performing prägte. Solche Phasenmodelle vermitteln eine stufenförmige Entwicklung, die in chronologischer Reihenfolge abläuft und mit einem Idealzustand endet. Sie ähneln damit den Stufenmodellen der Entwicklungspsychologie (siehe Kapitel 2.1.2), und es gelten hier ähnliche kritische Anmerkungen: Weder ist der Verlauf solcher Gruppenprozesse zwingend chronologisch oder unidirektional, noch muss jede Stufe durchlaufen werden. Dennoch stellen sie eine hilfreiche Heuristik dar, um sich bestimmte Muster in der Interaktion von Gruppenmitgliedern zu erklären, so dass Tuckmans Modell an dieser Stelle kurz vorgestellt wird. Das Modell greift sowohl, wenn sich eine Gruppe ganz neu bildet, als auch, wenn neue Personen zu einer bereits bestehenden Gruppe hinzustoßen. Die verschiedenen Phasen können immer wieder durchlaufen werden und die einzelnen Gruppenmitglieder können sich an unterschiedlichen Stellen innerhalb des Prozesses befinden. In der Arbeit mit Gruppen von Klient*innen stehen diese möglicherweise an einer ganz anderen Stelle des Gruppenprozesses als das Team, beispielweise weil eine neue Person in die Wohngruppe eingezogen ist, das Team aber gerade sehr stabil ist, oder umgekehrt, wobei sich diese verschiedenen Prozesse auch wieder gegenseitig beeinflussen. Wie in systemtheoretischen Prozessen üblich, ist es komplex.

König/Schattenhofer (2012) ordnen die jeweiligen Phasen auf einem Kontinuum zwischen Integration und Differenzierung ein. Integration dient dem Zusammenhalt der Gruppe und betont Gemeinsamkeiten, während Differenzierung bedeutet, dass Unterschiede und Spannungen zugelassen werden und sich weitere Rollen entwickeln können. Der idealtypische Verlauf einer Gruppenbildung pendelt zwischen diesen beiden Polen (König/Schattenhofer 2012).

Praxistipp

Lesen Sie die folgende Beschreibung der Gruppenprozesse jeweils mit Blick auf sich, Ihr Team und die Klient*innengruppen, mit denen Sie zu tun haben.

Forming: Hierunter wird allgemein die Phase der Gruppenbildung verstanden. Man kennt sich weder untereinander besonders gut noch die gemeinsam geltenden Gruppennormen. In einer neuen Gruppe müssen diese erst noch gebildet werden, bei einer bereits bestehenden sind sie dem neu hinzugestoßenen Gruppenmitglied unbekannt. Dies ist eine Phase großer Unsicherheit, man geht vorsichtig miteinander um, möchte sich orientieren. Gibt es eine designierte Leitung, richtet sich die Hoffnung an sie, für Orientierung und Struktur zu sorgen. Man versucht, sich als Gruppe zu finden. Thema: Integration.

Fallbeispiel

Herr P. ist von einer Jugendwohngruppe in eine Erwachsenenwohngruppe gezogen. In seiner Wohngruppe gab es viele Regeln, da er der Älteste war, hatte er aber auch gewisse „Freiheiten". In seiner neuen Gruppe ist er der Jüngste und muss sich erst daran gewöhnen, dass es viel weniger Regeln (bzw. hoffentlich Vereinbarungen, siehe oben) gibt. Er verhält sich sehr zurückhaltend und beobachtet zunächst die erfahrenen Gruppenmitglieder in dieser für ihn ganz neuen Situation.

Storming: Sehr bildlich dargestellt, handelt es sich hier um die Sturmphase. Die Gruppe kennt sich gut genug, um Konflikte und Spannungen zuzulassen, eigene Rollen werden gesucht und häufig gewechselt, die Rolle der Leitung nicht mehr widerspruchslos akzeptiert. Thema: Differenzierung.

Fallbeispiel

Frau W. kommt als Heilerziehungspflegeschülerin im Abschlussjahr neu in das Team einer Heilpädagogischen Tagesstätte. Nach wenigen Wochen beginnt sie eigene Ideen einzubringen und bestehende Strukturen zu hinterfragen. Frau L., die langjährige Fachkraft, ist verärgert, fühlt sich angegriffen und reagiert entsprechend, Frau W. fühlt sich nicht ernstgenommen, Herr S., ein weiterer Teamkollege, fühlt sich als Prellbock zwischen den beiden, da sich ihm beide anvertrauen.

Norming: König/Schattenhofer (2012, S. 63) nennen dies die „Flitterwochen der Gruppe". Normen und Rollen werden gemeinsam ausgehandelt, Gemeinsamkeiten und Erfolge werden betont. Die Gruppenmitglieder fühlen sich einander verbunden, es stellt sich die Frage, wie viel Nähe man aushalten möchte. Thema: Integration.

Performing: Die Gruppe ist zielorientiert und leistungsfähig, wobei unterschiedliche Standpunkte differenziert miteinbezogen werden. Man kann den Einzelnen ihre „Marotten" nachsehen. Leitung hat die Aufgabe, sich ersetzbar zu machen. Thema: Differenzierung.

Fallbeispiel

Wenn R. und S. zusammen Spätdienst auf der Wohngruppe haben, müssen sie sich kaum absprechen. Sie haben sowohl den Gruppenablauf im Kopf als auch eine Aufteilung untereinander, wer welchen Teil dieses Ablaufs übernimmt.

Adjourning: Diese Phase stammt ursprünglich nicht von Tuckman. Sie bezieht sich auf die Auflösung der Gruppe oder den Abschied einzelner Gruppenmitglieder. Eine solche Auflösung/Verabschiedung löst bei den einzelnen Personen ganz unterschiedliche Gefühle aus. Abschiede müssen gestaltet werden. Es erfolgt eine „Bilanzierung" der Gruppenprozesse. Hierbei erlebe ich häufig zwei komplementäre Möglichkeiten: Wenn der Abschied von den meisten Gruppenmitgliedern „für gut befunden wird", erfolgt er harmonisch und mit überwiegend positiven Rückblicken. Erfolgt der Abschied dagegen aus einem Konflikt heraus, spitzt sich dieser in dieser Phase eher noch zu, getreu dem Motto: „Von einem Schuft verabschiedet es sich leichter".

Kurz zusammengefasst

- Wenn zwei oder mehr Personen sich mit einer gemeinsamen Zielsetzung zusammenfinden, spricht man von einer Gruppe. Jede Gruppe entwickelt Normen und Rollen, die jedoch nicht immer offen benannt werden (können).
- Das Wissen über Gruppenprozesse/-phasen, Rollen und Normen erleichtert das Verständnis vom eigenen Verhalten und dem der anderen Gruppenmitglieder.
- Stationäre Einrichtungen bergen durch ihre Struktur die Gefahr von Machtmissbrauch, dem durch entsprechende Konzepte bewusst entgegengewirkt werden muss.

5.3 Stereotype, Vorurteile, Stigmatisierung – und Inklusion

Stereotype, Vorurteile, Stigmata und Diskriminierung gehören inhaltlich eng zusammen und sind in der Sozialpsychologie häufig beforschte Themenkomplexe. Das folgende Kapitel beschäftigt sich mit der Klärung der Begrifflichkeiten, mit der Frage, wie und weshalb Stereotype etc. eigentlich entstehen und welche Möglichkeiten zur Veränderung vorliegen. Da gelingende Inklusion auch den Abbau von Vorurteilen und Diskriminierung bedeutet, bildet ein kurzer Ausblick auf Inklusion aus psychologischer Sicht den Abschluss des Kapitels.

5.3.1 Stereotype und Vorurteile

Das folgende Fallbeispiel dient als Leitfaden, um die Begriffe Stereotyp und Vorurteil näher zu bestimmen.

Fallbeispiel[39]

S., M. und R., drei junge Erwachsene, die leidenschaftlich gerne Fußball spielen, sind begeistert: Am Wochenende ist ein Benefizturnier angesagt, insgesamt wer-

39 Spoiler-Alarm: Obwohl das Fallbeispiel tatsächlich so passiert ist, werden in der Anpassung für dieses Kapitel natürlich auch einige Stereotype ausgebreitet, die die Autorin

den acht Mannschaften aus der näheren Umgebung gegeneinander antreten. In einer davon, nämlich S.s, haben alle Mitspieler eine Lernschwierigkeit. Als S. am Abend nach Hause kommt, ist seine Begeisterung etwas geschmälert. Seine Mannschaft wurde mit großem Abstand letzte und beim abschließenden Grillen seien zwar alle freundlich gewesen, aber so richtig geredet habe von den anderen Spielern eigentlich keiner mit ihm. Eher kamen sich S. und seine Mannschaftskollegen etwas beobachtet vor. M. berichtet dagegen sehr viel positiver. Er fand es cool, dass ein Team mit Menschen mit Lernschwierigkeiten dabei war, auch wenn er nicht so richtig gewusst habe, wie er sich ihnen gegenüber verhalten soll. Er sei ganz erstaunt gewesen, dass einige wirklich gut mit dem Ball umgehen konnten und offenbar die Fußballregeln beherrschten. R. dagegen regt sich schrecklich auf, wieso diese „Spastis" eigentlich mitspielen durften, das habe doch nur alles verzögert und sei völlig lächerlich gewesen. Der Schiri habe viel öfter pfeifen müssen. Später habe er dann auch noch hinter so einem Typen beim Grill anstehen müssen und schon Angst gehabt, dieser schütte ihm gleich sein Bier über die Hose.

Die drei Männer bringen unterschiedliche Eindrücke nach diesem Fußballspiel mit nach Hause und in den Aussagen von M. und R. spiegeln sich sehr verschiedene Einstellungen gegenüber Menschen mit Lernschwierigkeiten wider. Während M. verunsichert, aber positiv gestimmt ist, zeigt R. klare Ablehnung und trifft diskriminierende Aussagen. Dabei beziehen sich beide jeweils auf die gesamte Mannschaft von S. An die Stelle der Unterscheidung zwischen einzelnen Mitspielern wurden sie in Menschen mit und ohne Behinderung eingeteilt. In der Sozialpsychologie spricht man hier von *sozialer Kategorisierung*. Sie ist ein Mechanismus, den wir alle ständig betreiben: Aufgrund mehr oder weniger auffälliger Merkmale wie z. B. Geschlecht, Hautfarbe, Alter, Behinderung, Parteizugehörigkeit, Bildungsniveau, teilen wir unsere Mitmenschen in soziale Kategorien ein. Diese Kategorien wiederum sind mit bestimmten Erwartungshaltungen und Meinungen über ihre Mitglieder hinterlegt, sie prägen unser Urteil und unsere Erwartung gegenüber dem Verhalten der „eingeteilten" Person: Wir bilden *Stereotype* über die Gruppenmitglieder (Klauer 2020). Menschen benötigen Stereotype, um die Komplexität der sozialen Umwelt zu reduzieren und das (vermutliche) Verhalten ihrer Mitmenschen aufgrund weniger Eindrücke einschätzen zu können (ähnlichen den Rollen im vorherigen Kapitel). Stereotype steuern aber auch unsere Wahrnehmung und unsere Erinnerung, so dass es zu folgenschweren Verzerrungen kommen kann: Wir nehmen das wahr,

---

über Fußball hat: Es werden nur männliche Akteure genannt, eine gemischte Mannschaft ist weit und breit nicht in Sicht und natürlich gibt es nach dem Fußballspiel Grillfleisch und Bier!

was wir erwarten, und erinnern uns besser an erwartungskonforme Gegebenheiten. Dieser Effekt wird auch *Confirmation Bias* (Erwartungsfehler) genannt.

Praxistipp

Wenn Sie im Team über bestimmte Verhaltensveränderungen eine*r Klient*in sprechen, ist davon auszugehen, dass Sie das angesprochene Verhalten aufgrund der Wahrnehmungsverzerrung in Zukunft stärker/öfter beobachten werden. Hier können Verhaltensbeobachtungsbögen mit genau operationalisierten Kriterien hilfreich entgegenwirken.

In diesem Zusammenhang wird auch ein weiterer, typisch menschlicher Denkfehler interessant. Wenn wir versuchen, das Verhalten einer Person zu erklären, neigen wir dazu, dieses Verhalten auf internale Gründe, also auf die Persönlichkeit, zurückzuführen und weniger auf die situativen Bedingungen, in denen das Verhalten gezeigt wird. Uns unterläuft hier der sogenannte *fundamentale Attributionsfehler* (Zimbardo 1995).[40] Er erklärt zum Beispiel das Erstaunen, wenn in einer Teambesprechung festgestellt wird, dass sich Person X bei Kollegin Y ganz anders verhält als bei Kollegin Z. Das ist an sich nicht verwunderlich, weil sich die Kontexte eben unterscheiden; eine Tatsache die unser Gehirn aufgrund des fundamentalen Attributionsfehlers jedoch gerne ignoriert. In der Behindertenarbeit fügte sich dies gut zu der medizinisch-psychologischen Vorstellung von herausforderndem Verhalten, für das die Ursachen lange Zeit in der Person gesucht wurden. Erst in neueren Ansätzen (Theunissen 2020; Elvén 2017; Heijkoop 2014) werden der Kontext und die situativen Bedingungen mehr ins Auge gefasst.

Verhalten, das nicht dem Stereotyp entspricht, wird eher als eine Ausnahme gewertet, als dass es den Stereotyp aufbricht (z. B. eine Frau, die mathematisch begabt ist). Das alles ist insgesamt durchaus eine nützliche Vereinfachung des Alltags, wenn wir z. B. versuchen, die Argumente einer politischen Diskussion nachträglich den einzelnen Akteur*innen zuzuordnen. Aber natürlich ist es auch fehleranfällig und insbesondere gefährlich, wenn die Stereotype auf behindertenfeindlichen, sexistischen, rassistischen etc. Merkmalen basieren. Die Aktivierung von Stereotypen verläuft automatisch und unbewusst innerhalb von Millisekunden, kann aber nachträglich bewusst kontrolliert werden, wenn man die Inhalte der Stereotype kennt und sich z. B. aus moralischen Gründen anders verhalten möchte (Schmid Mast/Krings 2020). Stereotype basieren auf kulturell und sozial geteilten Wissensstrukturen oder auf der individuellen Lerngeschichte (Meiser 2020). Sie können wertfrei sein, beispielsweise wenn

40 Wenn es darum geht, unsere *eigenen* Missgeschicke zu erklären, führen die meisten Menschen diese jedoch auf situative Umstände zurück.

ich beim Stereotyp „Bergsteiger*in" davon ausgehe, dass sich die Person gerne in der Natur bewegt und körperlich eher fit ist. Wenn sie dagegen mit positiven oder negativen Bewertungen belegt sind, spricht man von *Vorurteilen* (Kizilhan/Klett 2021).[41] Vorurteile sind wesentlich schwerer zu verändern als Stereotype, da sie emotional verankert sind und damit rationalen Argumenten nur schwer zugänglich (Aronson/Wilson/Akert 2014). Einstellungen gegenüber Menschen mit Behinderung sind häufig negativ, wobei im Vergleich zu (unauffälligen) körperlichen oder Sinnesbehinderungen deutlich sichtbare Behinderungen und geistige Behinderung am negativsten bewertet werden (Krahé 2020; Cloerkes 2001).

Ein Blick auf das Fallbeispiel zeigt die Stereotype der drei Beteiligten:

Fallbeispiel

M. ist erstaunt über die Ballfertigkeit und das Regelwissen seiner Gegner. Sein Stereotyp lautete, dass Menschen mit geistiger Behinderung[42] motorisch ungeschickt sind und sich Regeln nicht merken können.

R. spricht Menschen mit geistiger Behinderung die Fußballfähigkeit komplett ab. Außerdem erwartet er gravierende motorische Schwierigkeiten, wenn er Angst hat, das Bier werde ihm über die Hose geschüttet. Im Gegensatz zu M. sind seine Aussagen stark emotional gefärbt („Spastis", „lächerlich"). Bei ihm sind Vorurteile aktiviert, die durch das Erlebnis nicht korrigiert worden sind. Die Tatsache, dass kein Bier auf seiner Hose landete, ist für ihn wohl eher glücklicher Zufall als ein Hinweis darauf, dass Menschen mit Lernschwierigkeiten nicht zwingend motorisch ungeschickt sind.

S. fühlte sich beobachtet. Möglicherweise stand die Einteilung in behindert/nichtbehindert für ihn zunächst nicht im Vordergrund, sondern eher Kategorien der Mannschaftszugehörigkeit oder Fußballer/Zuschauer. Die ambivalente oder gar ablehnende Haltung hat er als diskriminierend erlebt. Welche Stereotypen und über wen bei ihm aktiviert wurden, geht aus dem Fallbeispiel nicht hervor.

Ein aktiver Stereotyp führt zu zwei weiteren Phänomenen, die im Zusammenhang mit Behinderung/Beeinträchtigung Entwicklungen beeinflussen können. Die These der *selbsterfüllenden Prophezeiung* (auch bekannt als self-fulfilling prophecy, Pygmalion-Effekt oder Rosenthal-Effekt) bezieht sich auf die Auswirkungen, die eine Erwartung auf diejenige Person hat, der die Erwartung entgegengebracht wird. Die ursprüngliche Studie stammte von Rosenthal und Kollegen. In ihr wurde Lehrkräften am Anfang eines Schuljahres vermittelt, die Versuchsleiter hätten bestimmte Schüler*innen in der Klasse aus-

41 Meist spricht man von Vorurteilen, wenn explizit negative Bewertungen vorliegen.

42 R. und M. würden vermutlich eher von Menschen mit geistiger Behinderung sprechen, da dies der Begriff ist, der sich in der Gesellschaft im Moment noch durchgesetzt hat.

findig gemacht, die in diesem Jahr „aufblühen“ und besondere akademische Leistungen zeigen würden. Tatsächlich waren diese Kinder jedoch per Zufall bestimmt worden. Bei einer zu Anfang und am Ende des Schuljahres durchgeführten Intelligenztestung zeigte sich, dass die benannten Schüler*innen am Jahresende bessere Werte erzielten als ihre Mitschüler*innen. Rosenthal/Jacobson folgerten daraus, dass die Lehrkräfte die beiden Gruppen unbewusst unterschiedlich behandelt und die „Aufblüher*innen“ mehr gefördert hatten (Rosenthal/Jacobson 1968). In der Folge wurde sowohl dieser Verbesserungs-Effekt als auch ein Effekt zur Verschlechterung bei negativen Annahmen zahlreiche Male repliziert (Greitemeyer 2020). Unsere Erwartung in eine Person X beeinflusst unser Verhalten und die Interaktion in einer Art und Weise, dass sich das Verhalten von Person X eher in die erwartete Richtung entwickelt: Die Prophezeiung erfüllt sich selbst. Hier schließt sich der Kreis zur Wirkmacht von Diagnosen (vgl. Kapitel 4.1.4): In der Annahme, eine Person sei depressiv/intelligenzgemindert/impulsiv oder ähnliches, erwarten wir ein bestimmtes Verhalten und verhalten uns auf eine bestimmte Weise dieser Person gegenüber. Dies wirkt sich wiederum entsprechend auf deren Verhalten aus.

Anregung zur (Selbst-)Reflexion

Welche Erwartungen haben Sie in die Menschen, mit denen Sie arbeiten? Wie würden Sie sich anders verhalten, wenn Sie eine andere Erwartung hätten? Wo haben Sie schon erlebt, dass sich Ihre Erwartungen erfüllt haben, wo wurden Sie überrascht?

Einen weiteren, sich in jedem Fall negativ auswirkenden Moment, formuliert die Theorie der Bedrohung durch Stereotype *(Stereotype Threat Theory)* von Steele/Aronson (1995). Wenn Menschen fürchten, sie könnten in einem Test einen negativen Stereotyp, der über ihrer Gruppe existiert, bestätigen, verschlechtern sich ihre Leistungen. Allerdings muss ihnen der Stereotyp in diesem Moment bewusst sein. So fielen in einer Untersuchung von Keller/Dauenheimer (2003) die Ergebnisse in einem Mathematiktest bei Mädchen signifikant schlechter aus, wenn ihnen zuvor suggeriert worden war, dass es bei diesem Test üblicherweise geschlechtsspezifische Unterschiede gebe. Wurde stattdessen mitgeteilt, der Test sei geschlechtsneutral, fielen die Ergebnisse der Mädchen besser aus. Sie schnitten dann gleich gut ab wie die Jungen. Legt man diese Befunde für die Durchführung von Intelligenztests bei Menschen mit einer Intelligenzminderung zugrunde, ist

a) anzunehmen, dass sich ein Teil von ihnen in der Testsituation aufgrund der Stereotype über Intelligenzminderung „bedroht“ fühlt, sprich: Angst haben dürfte, schlechte Ergebnisse zu produzieren, und dies
b) tatsächlich eine negative Auswirkung auf die Testergebnisse hat.

5.3.2 Stigmata und Stigmatisierung

Die Theorie zu Stigmata und Stigmatisierung wurde durch Erving Goffman bekannt, der den Begriff im Zusammenhang mit sozialen Zuschreibungsprozessen prägte (Goffman 1967). Ein Stigma geht über einen Stereotypen insofern hinaus, als dass es „in bezug (sic) auf eine Eigenschaft gebraucht [wird], die zutiefst diskreditierend ist…“ (Goffman 1967, S. 11). Die Folge ist der versuchte oder gelingende Ausschluss aus einer Gruppe. Goffman ging davon aus, dass durch eine solche Stigmatisierung die gesamte Identität eines Menschen beschädigt wird, wobei es hierzu inzwischen gegenläufige Hinweise gibt. Menschen können ihr Stigma auf eine Weise bewältigen, dass Selbstkonzept und Selbstwert nicht dauerhaft beeinträchtigt sind. Dies erfordert jedoch Anstrengungen und das sognannte Stigmamanagement (Tröster/Pulz 2020).

Fallbeispiel

Als ich Frau R. frage, welche Reaktionen sie auf ihre Beeinträchtigung erfährt und wie es ihr damit geht, erwidert sie sinngemäß: „Naja, manchmal schauen mich die anderen Leute schon komisch an. Aber das ist mir eigentlich egal. Hilft ja nichts.“

Was als Stigma betrachtet wird, ist erneut abhängig von kulturellen und sozialen Bewertungen, eine Behinderung gehört üblicherweise aber dazu. Weitere Beispiele sind Homosexualität, Zugehörigkeit zu einer ethnischen Minderheit, psychische Erkrankungen oder ansteckende Krankheiten wie HIV.

5.3.3 Diskriminierung

Wenn sich Vorurteile in abwertender Handlung äußern, spricht man von *Diskriminierung.* Diskriminierungsforschung findet meist statt im Zusammenhang mit Hautfarbe, Geschlecht, Herkunft und sexueller Orientierung. In Bezug auf Behinderung finden sich überwiegend Studien zu Körperbehinderungen (Krahé 2020). Die Studienlage ist eindeutig: Menschen diskriminieren andere, die nicht zu ihrer eigenen Gruppe gehören. Zick (2017) beispielsweise kommt nach einer Metaanalyse zu dem ernüchternden Ergebnis: „Menschen ziehen die Herkunft heran, um systematisch andere schlechter zu behandeln bzw. zu ignorieren oder ihre Hilfe und Unterstützung abzusenken.“ (ebd., S. 60). Im Zusammenhang von Diskriminierung gegenüber Menschen mit Beeinträchtigung spricht man von Behindertenfeindlichkeit oder Ableismus. Das Antidiskriminierungsbüro Sachsen zählt als typische Handlungen die folgenden auf:

- „Nicht-Thematisierung (keine Erwähnung, kein Interesse)
- Überbetonung der Behinderung (Menschen werden nicht als Menschen, sondern als Behinderte wahrgenommen)
- direkte Feindseligkeit (besonders gegenüber Menschen mit Behinderung, die sehr selbstbewusst auftreten)
- paternalistische Fürsorge (Menschen mit Behinderung werden primär als Opfer und Hilfebedürftige gesehen, immer als Nehmende, nie als Gebende)
- Vermeidungsverhalten (Menschen mit Behinderung aus dem Weg gehen)
- Projektion von Ängsten und Konflikten (Menschen mit Behinderung für das eigene Unbehagen verantwortlich machen)
- Abwertung (Menschen mit Behinderung wird ein geringerer Anteil an Leben, Sexualität, Glück, Erfolg, Macht etc. zugestanden)
- besondere Betonung der Mehrheitsnormen (z. B. Autonomie/Selbstversorgung, Effizienz und Leistungsfähigkeit, Ökonomismus, Ästhetik, herrschende Schönheitsideale)."

Zinsmeister (2017) benennt als Wurzel der Diskriminierung von Menschen mit Körperbehinderung und Lernschwierigkeiten die Einschränkungen der Selbstbestimmung und die reduzierten Teilhabemöglichkeiten durch Barrieren in der Gesellschaft. Cloerkes (2001) weist außerdem auf die Ausgrenzung durch scheinbar positive Reaktionen wie Mitleid, aufgedrängte Hilfe, unpersönliche Hilfe durch Spenden oder Schein-Akzeptanz hin (ebd., S. 78). Die Antidiskriminierungsstelle des Bundes berichtet von Anfragen von mehr als 5 200 Personen zwischen 2017 und 2020, die Diskriminierung aufgrund ihrer Behinderung oder einer chronischen Krankheit erfahren hatten. Abbildung 5 zeigt noch einmal den Zusammenhang von Stereotypen, Vorurteilen und Diskriminierung.

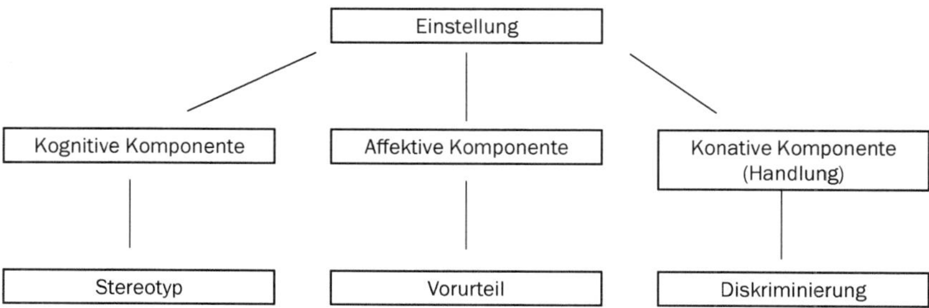

Abbildung 5: Zusammenhang Stereotype/Vorurteil/Diskriminierung

Literaturtipp

Berichte zu dem Thema aus der Sicht Betroffener findet man beispielsweise auf folgenden Seiten: www.facebook.com/lauragehlhaar; www.jule-stinkesocke.de/ oder leidmedien.de/

Anregung zur (Selbst-)Reflexion

Welche Stereotype haben Sie gegenüber Menschen mit Lernschwierigkeiten? Welche Formen der Diskriminierung kennen Sie selbst bzw. wurden Ihnen von Klient*innen berichtet?

Theorien zu Ursachen für Diskriminierung

Bei all diesen Ergebnissen stellt sich fast zwingend die Frage: Wieso und wozu diskriminieren sich Menschen? Beziehungsweise, konkretisiert für dieses Buch, wieso werden Menschen mit Beeinträchtigungen besonders häufig diskriminiert? Hierfür gibt es sowohl aus der Soziologie als auch aus der Sozialpsychologie verschiedene Theorien.

Bereits seit der griechischen Antike existiert die Vorstellung, dass, wer schön ist, auch gut ist. Damit wird das Aussehen auf den Charakter übertragen und, wer nicht dem *Schönheitsideal* der Gesellschaft entspricht, als charakterlich schwach und fehlerbehaftet definiert (Krahé 2020). Instagram oder Fernsehformate wie Germany's next Topmodel werten die vermeintliche Wichtigkeit von Schönheit weiter auf und definieren das Ideal von Schönheit gleich mit. Neben dem Aussehen stehen in den westlichen Gesellschaften Leistung, Wissen und sozialer Status hoch im Kurs – Kriterien, die Menschen mit Lernschwierigkeiten nur bedingt erfüllen können. Beides liefert eine Erklärung für die Befunde, dass eine umso stärkere Abwertung stattfindet, je offensichtlicher eine Beeinträchtigung ist, und dass eine sogenannte geistige Behinderung negativer bewertet wird als eine körperliche (siehe oben). Verknüpft mit dem Grundsatz „survival of the fittest" nach Darwin fanden diese Ansichten in den Rassenhygienegesetzen des Nationalsozialismus eine grausame Zuspitzung und endeten in der Ermordung hunderttausender Menschen mit Beeinträchtigung (Hartwig 2020). Eine Perspektive auf die *innerpsychischen Gründe* aus psychoanalytischer Sicht nimmt Cloerkes (2001) ein. Die Angst vor eigener Beeinträchtigung, die normalerweise verdrängt wird, führe im Kontakt mit einer beeinträchtigten Person als Abwehrstrategie zur Abwertung dieser Person. Diese (sozial unerwünschte) Ablehnung rufe zugleich einen Konflikt mit dem Über-Ich hervor, was weitere Abwehrstrategien (wie beispielsweise Mitleid oder unpersönliche Spenden, siehe oben) erfordert.

Interessant sind schließlich noch zwei Theorien aus der Sozialpsychologie. Laut der *Theorie des realistischen Gruppenkonflikts* nach Campell werden Mitglieder der Fremdgruppe diskriminiert, wenn dadurch ein Wettbewerbsvorteil um begrenzte Ressourcen für die Eigengruppe entsteht (vgl. Zick 2017). Dies war in beiden Weltkriegen der Fall, bereits im 1. Weltkrieg ließ man Menschen mit Beeinträchtigung verhungern (Hartwig 2020); im 2. Weltkrieg „warben" Plakate der NSDAP mit dem Satz: „60 000 Reichsmark kostet dieser Erbkranke die Volksgemeinschaft auf Lebenszeit. Volksgenosse, das ist auch Dein Geld."[43] Darauf zu sehen sind ein offensichtlich körperbehinderter Mann und ein Krankenpfleger. Die *Theorie der sozialen Identität* (ursprünglich auf Tajfel zurückgehend) postuliert dagegen eine Verbesserung der eigenen Identität, indem Mitglieder der Eigengruppe auf- und Mitglieder der Fremdgruppe abgewertet werden. Je niedriger der eigene Selbstwert, desto stärker die Diskriminierung (vgl. Petersen 2020).

5.3.4 Veränderung von Vorurteilen und diskriminierendem Verhalten

Als Ausgangspunkt dient wieder das bereits beschriebene Fußballspiel:

Fallbeispiel

Auch den Veranstaltern des Benefizturniers war aufgefallen, wie wenig Kontakt es zwischen den Fußballern mit und ohne Behinderung gab. Ihr Ziel einer inklusiven Veranstaltung sehen sie damit noch nicht erreicht und gestalten den Ablauf im nächsten Jahr komplett um. Es gibt nicht mehr viele Mannschaften ohne und eine Mannschaft allein mit Menschen mit Lernschwierigkeiten. Stattdessen werden die Mannschaften gemischt und die Spieler mit Lernschwierigkeiten jeweils zu zweit auf die anderen Mannschaften verteilt (und sie dürfen nicht auf der Reservebank sitzen!). Es zeigt sich, dass die Mannschaften innerhalb kurzer Zeit so weit zusammenwachsen, dass sie eine funktionierende Einheit bilden. Beim anschließenden Grillen, das auch diesmal wieder stattfindet, mischen sich die Gruppen viel mehr, S. bleibt gleich bei M. am Tisch sitzen und es entspinnt sich eine angeregte Unterhaltung über den aktuellen Stand der Bundesliga.

Tatsächlich ist ein Verlauf wie im Beispiel beschrieben gar nicht so unwahrscheinlich. Die theoretische Position, die eine Erklärung hierfür liefert, ist die sog. *Kontakthypothese,* die von Gordon Allport im Zusammenhang mit der Aufhebung der Rassentrennung in den USA bereits 1954 formuliert wurde. Sie besagt, dass der Kontakt zwischen zwei Gruppen dazu führt, dass Vorurteile abgebaut werden. Wie der Unterschied zwischen den beiden Fallbeispielen zeigt, gibt es jedoch förderliche Bedingungen, die einen Abbau der Vorurteile noch verstärken (Stürmer/Knauf 2020). Laut Allport (1954) und in der Zwischenzeit

43 www.dhm.de/lemo/bestand/objekt/pli02843 (Abruf: 01.10.2021)

unzählige Male überprüft sind dies (nach Stürmer/Knauf 2020; kursiv finden Sie jeweils den Bezug zum Fallbeispiel):

- Kooperation statt Wettbewerb zwischen den Gruppen
Durch die Aufteilung der Teilnehmer mit Lernschwierigkeiten auf die verschiedenen Mannschaften und dem Reservebankverbot wurde ein Sieg des Turniers nur gemeinsam möglich. Beim ersten Spiel war genau das Gegenteil der Fall, die Teams standen untereinander im Wettbewerb, was Frustration bei S. und auch R. hervorrief.
- Gemeinsame übergeordnete Ziele, die nur durch ein Zusammenwirken der beiden Gruppen erreicht werden können (Interdependenz)
Das übergeordnete Ziel der gemischten Mannschaften war logischerweise eine möglichst gute Platzierung beim Turnier.
- Gleicher Status zwischen den Gruppenmitgliedern
Zunächst haben natürlich alle Spieler den gleichen Status. Allerdings liegt hier vermutlich der größte Stolperstein, denn es kann leicht passieren, dass die Spieler mit Lernschwierigkeiten nicht angespielt werden. Dann würde sich der ungleiche Status von Menschen mit und ohne Behinderung auch im Spiel niederschlagen.
- Autoritäten, Normen, Gesetze, die verdeutlichen, dass ein diskriminierendes Verhalten gegenüber der Minderheit nicht erwünscht oder geduldet ist
Durch die Ausschreibung als „Benefizturnier“ und die Einladung an Spieler mit Lernschwierigkeiten wird bereits ein Rahmen gesetzt, der offen diskriminierendes Verhalten nicht erwarten lässt. Auf Gesetzesebene sind hier beispielsweise die Behindertenrechtskonvention oder die Einrichtung der Antidiskriminierungsstelle des Bundes zu nennen.[44]

Praxistipp

Sie können die von Allport formulierten Bedingungen bei der Planung eines inklusiven Events wie eine „Checkliste“ handhaben, anhand derer Sie Ihre Maßnahmen überprüfen können.

Die Kontakthypothese wurde auch im Zusammenhang mit Menschen mit Beeinträchtigung immer wieder überprüft und weitgehend bestätigt (Krahé 2020; Cloerkes 2001).

Vorurteile entwickeln sich in der Kindheit und finden ihren Höhepunkt in der Grundschule (Beelmann/Neudecker 2020). Für eine entwicklungsorien-

---

44 Wäre die Inklusion schon weiter fortgeschritten, wäre auch die explizite Benennung als Benefizturnier in diesem Zusammenhang nicht mehr notwendig…

tierte Prävention von Vorurteilen geben Beelmann/Neudecker (2020) folgende Tipps (ebd., S. 119):

- Explizite negative Zuschreibungen vermeiden
- Überflüssige soziale Kategorisierungen vermeiden
- Positive Einstellungen kommunizieren
- Unerwünschtheit von Vorurteilen kommunizieren
- Gleichheitswerte vermitteln
- Verzerrtes Bedrohungsempfinden abbauen
- Selbstwert von Kindern und Jugendlichen stärken
- Kontaktmöglichkeiten schaffen

5.3.5 Inklusion

Eine vorurteilsreduzierende Erziehung scheint mir eine gute Grundlage für Inklusionsbemühungen zu sein. Von Inklusion wird in Deutschland seit den 2000er Jahren gesprochen, wodurch der Begriff der Integration zumindest in der Behindertenarbeit weitgehend abgelöst wurde. Inklusion bedeutet den „vollen und gleichberechtigten Genuss aller Menschenrechte und Grundfreiheiten durch alle Menschen mit Behinderung" (UN-Behindertenrechtskonvention, veröffentlicht durch BMAS 2011). Die Frage ist nicht mehr, wie integrationsfähig ein Mensch ist, sondern wie inklusionsfähig unsere Gesellschaft sich darstellt (Theunissen/Kulig/Schirbort 2007). Deutschland hat die UN-Behindertenrechtskonvention 2009 unterzeichnet und sich seither nach Ansicht von Aichele (Leiter der Monitoring Stelle UN-Behindertenrechtskonvention des Deutschen Instituts für Menschenrechte) „in behindertenpolitischer Perspektive bemerkenswert positiv verändert" (Aichele 2019, S. 5). Trotz dieser positiven Entwicklungen stellte der UN-Fachausschuss für die Rechte von Menschen mit Behinderungen bei seiner Prüfung 2015 gravierende Mängel in der Umsetzung fest. Kritisiert wurden (Aichele 2019):

- weiterhin bestehende Sonderstrukturen im institutionellen Bereich (Förderzentren, Werkstätten für Menschen mit Behinderung, Wohnheime)
- mangelnder Rechtsschutz der Inklusion
- unzureichende Bestrebungen, insbesondere Mädchen und Frauen mit Behinderung vor Gewalt zu schützen

Es gibt also noch einiges zu tun. Ich möchte an dieser Stelle einen kurzen Blick darauf werfen, wie psychologische Erkenntnisse für Inklusionsbestrebungen genutzt werden können.

Literaturtipp

Der Bundesverband deutscher Psychologinnen und Psychologen hat 2013 einen Band herausgegeben, in dem er sich mit genau diesem Thema beschäftigt und in dem neben berufspolitischen Überlegungen Praxisbeispiele aus verschiedensten Arbeitsfeldern vorgestellt werden (BDP 2013).

Als Ausgangslage kann die Forschung zu Einstellung, Diskriminierung und der Veränderung von Vorurteilen dienen, wie sie oben beschrieben wurde. Anhand des beschriebenen Fußball-Beispiels wurde deutlich, wie kleine Änderungen im Ablauf des Turniers große Veränderungen im Sinne von Inklusion bewirken können. Woll (2017) untersuchte ebenfalls Kontaktbedingungen als Prädiktoren von Einstellungen zu Inklusion und befragte dafür Lehrkräfte aus dem sonderpädagogischen, dem Grundschul- und dem weiterführenden Schulbereich. Sie stellte erwartungsgemäß fest, dass positive Kontakterfahrungen und erhöhte Kontaktdauer mit einer positiveren Einstellung gegenüber Inklusion einhergingen (Sonderpädagog*innen und Lehrkräfte an Grundschulen äußerten eine positivere Einstellung gegenüber Inklusion als Lehrkräfte an weiterführenden Schulen). Interessanterweise zeigte sich aber auch, dass ein positives Selbstbild über die eigene Wirksamkeit als Lehrkraft mit einer positiveren Einstellung gegenüber Inklusion einherging und dass Fortbildungen zu Inklusion deren Wertschätzung ebenfalls erhöhten. Hierin liegen zwei mögliche Stellschrauben, die in die Fortbildungsangebote von Lehrkräften einfließen können. Richten sich die Befragungen/Beobachtungen auf Schüler*innen, zeigt sich, dass die entscheidenden Variablen Qualität, Ausmaß und Organisation des gemeinsamen Unterrichts sind (Mühl 2000). Schließlich darf die Inklusionsdebatte nicht den Blick davor verschließen, dass Studienüberblicke zeigen, dass Kinder mit Beeinträchtigungen in gemischten Klassen häufig negative soziale Erfahrungen machen (Mühl 2000).

Deutschland verfügt über eines der differenziertesten Sonderschulsysteme weltweit (Biermann 2019). Systemtheoretisch lässt sich dies mit dem Versuch erklären, die Komplexität der Beschulung zu reduzieren: Indem immer mehr Spezialisierungen vorgenommen wurden, wurde es weniger komplex, die anwesenden Schüler*innen gemeinsam erfolgreich zu unterrichten. In der Folge (wieder systemtheoretisch gedacht) haben solche Systeme jedoch die Tendenz zur Selbsterhaltung (Autopoiesis), so dass es äußerst schwerfällt, sie wieder abzuschaffen (Bleidick 2000). Ein praktisches Beispiel, wie sozialpsychologische Forschung erfolgreich in die Praxis umgesetzt werden kann, und vielleicht auch eine Idee für inklusive Beschulung ist die sogenannte Jigsaw-Methode (Aronson/Wilson/Akert 2014). Angesichts der Aufhebung der Rassentrennung in den 1960er Jahren standen die USA vor der Aufgabe alle Kinder unabhängig von ihrer Hautfarbe gemeinsam zu beschulen – damals ähnlich unvorstellbar, wie es heute manchen Personen erscheint, alle Kinder unabhängig von einer Beeinträchtigung gemeinsam zu beschulen. Aronson leitete aus der Intergruppenforschung ab, dass eine Zusammenarbeit unterschiedlicher Gruppen am besten funktioniert, wenn zwischen den verschiedenen Gruppen Kooperation notwendig ist um ein Ziel zu erreichen, und dabei eine gegenseitige Abhängigkeit (Interdependenz) besteht. Seine Methode sah daher mehrere Schüler*innengruppen pro Klasse vor, die in Kleingruppen jeweils einen Teil der allgemeinen Fragestellung beantworteten. Anschließend wurden die Gruppen so gemischt, dass sich von jeder Kleingruppe eine Person in der neuen Gruppe wiederfand. Um weiterzuarbeiten, musste das Wissen sämtlicher Schüler*innen zusammengeführt werden, jede und jeder hatte dabei eine unerlässliche Information für die neue Gruppe. Ein gutes Ergebnis konnte nur erzielt werden, wenn alle miteinander kooperierten und sich gegenseitig zuhörten. Die Forschung zeigte, dass die bestehenden Gruppeneinheiten tatsächlich aufgebrochen wurden und die Schüler*innen sich gegenseitig insgesamt respektvoller behandelten (für eine ausführliche Darstellung siehe Aronson/Wilson/Akert 2014).

Als ein möglicher Leitgedanke sei abschließend noch der *Index für Inklusion* beschrieben. Er wurde in Großbritannien zur Bewertung von Schulen entwickelt und von Boban/Hinz (2003) für Deutschland übersetzt und angepasst. Der Index für Inklusion beinhaltet die drei Ebenen inklusive Kulturen, inklusive Strukturen und inklusive Praktiken. Inklusive Kulturen treten ein für Vielfalt und inklusive Einstellungen auf einer Gesellschaftsebene, die diese Werte als sozial erwünscht vorgibt. Inklusive Strukturen ermöglichen die Umsetzung dieser Werte, z. B. durch Barrierefreiheit oder diskriminierungsfreies Lernen. Inklusive Praktiken schließlich sind als konkrete Methoden zu verstehen, wie Inklusion umgesetzt werden kann (beispielsweise die weiter oben aufgeführte Jigsaw-Methode).

Inklusion beschränkt sich nicht, wie die aktuelle Diskussion häufig nahelegt, auf die Schulbildung, sondern umfasst jeden Lebensbereich und jedes Alter. Aus meiner Sicht können die drei formulierten Ebenen des Inklusions-Indexes gesamtgesellschaftlich gesehen werden und auf jeder Ebene lassen sich spezifische psychologische Aufgaben ableiten (vgl. BDP, hier insbesondere Balz 2003; Kracke 2014). Tabelle 5 zeigt Vorschläge auf, welche psychologischen Interventionen auf der jeweiligen Ebene möglich wären. Um solche Überlegungen umzusetzen, ist es dringend notwendig, dass das Fachgebiet „Beeinträchtigung und Behinderung" im Studiengang Psychologie mehr Beachtung findet.

Inklusive Kulturen	• Forschung zu Einstellungen, Vorurteilen, Diskriminierung und deren Veränderungsmöglichkeiten • Intergruppenforschung • Gerechtigkeitsempfinden	
Inklusive Strukturen	• Organisationsentwicklung • Disability Studies • Entwicklung diagnostischer Instrumente zur individuellen Förderplanung	• Interdisziplinäre Forschung • Erfassung des Status Quo • Supervision
Inklusive Praktiken	• Schultrainings • Entwicklung von Fördermaterial • Aus- und Weiterbildung für Fachkräfte • Angepasstes Diagnose- und Informationsmaterial • Angepasste Therapiemanuale	

Tabelle 5: Psychologische Interventionen bezogen auf den Inklusions-Index

Kurz zusammengefasst

- Stereotype sind Erwartungen, die man den Mitgliedern einer bestimmten Gruppe entgegenbringt. Affektiv bewertete Stereotype bezeichnet man als Vorurteile, diese führen häufig zu Diskriminierung der betroffenen Personengruppe.
- Menschen mit Beeinträchtigungen sind besonders häufig Vorurteilen und Diskriminierung ausgesetzt.
- Durch Kontakt mit und mehr Wissen über negativ bewertete Gruppen lassen sich Vorurteile abbauen.
- Inklusion bedeutet uneingeschränkte Teilhabe für alle, wofür Gesellschaftsstrukturen weiter angepasst werden müssen. Die Psychologie könnte hier Beiträge durch Forschung, Erklärungsmodelle und konkrete Praktiken liefern.

6. Schlussbetrachtung

Psychologisches Wissen liefert wichtigen Input in der Behindertenarbeit. Wie Sie in diesem Buch gesehen haben, lassen sich Forschungsergebnisse aus praktisch allen Fachdisziplinen der Psychologie für die Arbeit mit Menschen mit Lernschwierigkeiten nutzen. Ein eher offensichtlicher Anknüpfungspunkt ist die kognitive Psychologie und die Intelligenzforschung. Es ist gleichzeitig das Kapitel, das ich anfangs mit dem größten Widerstand geschrieben habe, zum einen, *weil* es so offensichtlich ist, zum anderen, weil hier die Defizite so im Mittelpunkt stehen. Wenn man eine differenzierte Betrachtung der kognitiven Fähigkeiten aber nicht als eine Liste von Defiziten begreift, sondern als „Bestandsaufnahme" für die Möglichkeiten einer Person, wo sie sich weiterentwickeln kann und wo Kompensation oder eine Anpassung der Umwelt notwendig sind, wird es eben doch wieder interessant! Für den *Alltag* und den direkten Umgang mit Menschen mit Lernschwierigkeiten am relevantesten erscheint mir Wissen aus der Entwicklungspsychologie und deren Modelle. Es ergänzt die kognitiven Aspekte um Dimensionen von emotionaler, psychosexueller oder sozialer Entwicklung und ermöglicht so eine ganzheitliche Einschätzung, gleichermaßen bei Kindern wie bei Erwachsenen. Wissen aus der klinischen Psychologie wird immer dann relevant, wenn eine behandlungsbedürftige *psychische Störung* auftritt. Erkenntnisse, welche Besonderheiten hier bei Menschen mit Lernschwierigkeiten zu beachten sind, haben in den letzten Jahren deutlich zugenommen. Dieses Wissen ist nicht nur für Psychiater*innen und Psycholog*innen relevant, sondern auch für die Begleitung in Wohn- oder Arbeitsstätten, da eine psychische Veränderung hier als erstes auffallen wird. Aus meiner Sicht noch viel zu wenig wahrgenommen werden die Möglichkeiten, die psychologische Forschung zum Thema *Inklusion* beitragen kann. Wissen über Gruppenverhalten, Vorurteile und Diskriminierung und auch deren Veränderung liegt zu anderen Minderheiten bereits zahlreich vor – hier wäre es gewinnbringend, einerseits die Übertragung bereits bekannten Wissens auf die Situation von Menschen mit Lernschwierigkeiten zu prüfen und andererseits gezielt Forschung zu dieser Fragestellung auszubauen.

Gleichzeitig kommt das Thema „geistige Behinderung" an den meisten Hochschulen im Fach Psychologie kaum vor, die Profession der Psychologie könnte ihr Interesse hier noch deutlich ausbauen. Allerdings tut sich auch hier etwas: Der Studiengang der Rehabilitationspsychologie, der sich langsam auch in Deutschland etabliert, stellt Menschen mit Beeinträchtigungen und chronischen Erkrankungen in den Mittelpunkt und vermittelt neben psychologischen Inhalten auch relevante Themen aus der Medizin und der sozialen

Arbeit. Wobei in dieser Spezialisierung natürlich eine erneute Gefahr der „Besonderung“ (ähnlich der Sonderpädagogik) steckt – wieder gäbe es die „Spezialisten“, die sich der Arbeit mit Menschen mit Beeinträchtigung widmen. Vielleicht liegt auch hier wieder der Schlüssel im „Sowohl-als-auch“ anstelle des „Entweder-oder“: Nicht Psychologie *oder* Rehabilitationspsychologie, nicht Psychologie *oder* Heil- oder Sonderpädagogik *oder* Pädagogik, sondern interdisziplinäres Zusammenarbeiten und Nutzen der Ergebnisse und Erkenntnisse aller Professionen und das nicht nur der eben genannten, sondern noch zahlreicher anderer wie Soziale Arbeit, Medizin, Recht etc. Dann wird es spannend und sicherlich auch ein Stück weit inklusiver.

Danksagung

Danke an:

Eva Wunderer und Christiane Heigermoser, die mich von dem Projekt überzeugt und die Reise anschließend durch ihr Wissen und ihre wertschätzende Art wunderbar begleitet haben. Dem Verlag Beltz Juventa, der das Thema Lernschwierigkeiten/sogenannte geistige Behinderung in die Reihe aufnahm und damit, genauso wie mit den Therapie-Tools in leichter Sprache, dazu beträgt, die Verknüpfung zur Psychologie voranzutreiben. Karin Meixner und Oliver Basener, die nahezu jeden Buchstaben des Buches Korrektur gelesen haben und mir jedes Mal in unglaublicher Geschwindigkeit Rückmeldung gaben, durch die das Buch nicht nur fachlich differenzierter, sondern auch verständlicher geworden ist. Martin Rothaug und Anastasia Bröske, die mir aus der Sicht zweier Psycholog*innen in der Behindertenarbeit wertvolle Ratschläge gaben, ebenso wie Irmgard Salzinger als Fachfrau zum Thema Trauma. Meinen Klient*innen und Kolleg*innen, die diesem Buch das praktische Leben eingehaucht haben. Und Klaus Hermes – sowieso.

Literatur

Achilles, I. (2012). Störfaktor Sexualität – Selbstbestimmung im Spannungsfeld zwischen Betroffenen, Eltern und Pädagogen. In J. Clausen/F. Herrath, *Sexualität leben ohne Behinderung. Das Menschenrecht auf sexuelle Selbstbestimmung* (S. 111–123). Stuttgart: Kohlhammer.

Aichele, V. (2019). Eine Dekade UN-Behindertenrechtskonvention in Deutschland. *Aus Politik und Zeitgeschichte. Menschen mit Behinderungen. 69. Jahrgang, 6-7/2019,* S. 4–10.

Allport, G. (1954). *The nature of prejudice.* Reading, MA: Addison-Wesley.

AMDP. (2018). *Das AMPP-System. Manual zur Dokumentation psychiatrischer Befunde* (10. Ausg.). Göttingen: Hogrefe.

Anderson, J. (2013). *Kognitive Psychologie* (7. Ausg.). Berlin: Springer.

Antidiskriminierungsbüro Sachsen. www.adb-sachsen.de/de/glossar?letter=B#adbGlossary-11 (Abruf: 03.10.2021)

Antidiskriminierungsstelle des Bundes. www.antidiskriminierungsstelle.de/DE/ueber-diskriminierung/diskriminierungsmerkmale/behinderung-und-chronische-krankheiten/behinderung-und-chronische-krankheiten-node.html (Abruf: 03.10.2021)

Antonovsky, A./Franke, A. (1997). *Salutogenese. Zur Entmystifizierung der Gesundheit.* Tübingen: dgvt.

Appel, M./Kleine Schaars, W. (2008). *Anleitung zur Selbstständigkeit. Wie Menchen mit geistiger Behinderung Verantwortung für sich übernehmen* (4. Ausg.). Weinheim und München: Juventa.

Aronson, E., Wilson, T./Akert, R. (2014). *Sozialpsychologie* (8. Ausg.). Hallbergmoos: Pearson.

Asch, S. (1955). Opinions and social pressure. *Scientific American, 193,* S. 31–35.

Atkinson, R./Shiffrin, R. (1968). Human memory: A proposed system and its control processes. *Psychology of Learning and Motivation, 2,* 89–195.

Baddeley, A. (1986). *Working Memory.* Oxford: Oxford University Press.

Balz, H.-J. (2003). Die soziale Dimension der Inklusion – Beiträge der Psychologie. *Inklusion, Integration, Partizipation. Psychologische Beiträge für eine humane Gesellschaft.*

Bartelt, H. (2019). „Mein Kind kommt nicht ins Heim" – das „Undenkbare" als Ressource für Kind, Familie und Professionelle. In H. Bartelt/J. Glasenapp, *Behinderte Familien – behinderte Professionelle. Balancieren im Spannungfeld Professionelle – Klienten – Familien.* (S. 35–46). Berlin: dgsgb.

BDP (2013). *Inklusion, Integration, Partizipation. Psychologische Beiträge für eine humane Gesellschaft.* Berlin: Eigenverlag.

Beckrath-Wilking, U./Biberacher, M./Dittmar, V./Wolf-Schmid, R. (2013). *Traumafachberatung, Traumatherapie & Traumapädagogik.* Paderborn: Junfermann.

Beelmann, A./Neudecker, C. (2020). Entwicklungspsychologische Grundlagen für die Entstehung von Vorurteilen. In L.-E. Petersen/B. Six, *Stereotype, Vorurteile und soziale Diskriminierung* (2. Ausg., S. 113–124). Weinheim und Basel: Beltz.

Berk, L. (2020). *Entwicklungspsychologie* (7. Ausg.). Hallbergmoos: Pearson.

Bernitzke, F. (2011). *Heil- und Sonderpädagogik.* Köln: Bildungsverlag EINS.

Berret, B. (2018). *Effekte des emotionalen Entwicklungsansatzes (SEO) auf die Psychopharmakotherapie.* https://seo-gb.net/downloads/Handout%20Barrett.pdf. (Abfrage: 05.06.2020)

Biermann, J. (2019). Sonderpädagogisierung der Inklusion. *Aus Politik und Zeitgeschichte, 69. Jahrgang, 6-7/2019. Menschen mit Behinderung*, S. 19–23.

Bleidick, U. (2000). Systemtheoretische Ableitungen. In J. Borchert, *Handbuch der sonderpädagogischen Psychologie* (S. 200–209). Göttingen: Hogrefe.

BMAS (2011). *Übereinkommen der Vereinten Nationen über die Rechte von Menschen mit Behinderungen*. Bonn: Bundesministerium für Arbeit und Soziales.

Boban, I./Hinz, A. (2003). *Index für Inklusion. Lernen und Teilhabe an der Schule der Vielfalt entwickeln*. www.eenet.org.uk/resources/docs/Index%20German.pdf (Abruf: 2.10.2021)

Bohus, M./Wolf-Arehult, M. (2013). *Interaktives Skillstraining für Borderline-Patienten. Das Therapeutenmanual* (2. Ausg.). Stuttgart: Schattauer.

Bowlby, J. (2021). *Bindung als sichere Basis. Grundlagen und Anwendung der Bindungstheorie* (5. Ausg.). München: Ernst Reinhardt.

Buchner, T. (2008b). Das qualitative Interview mit Menschen mit einer so genannten geistigen Behinderung. Ethische, methodologische und praktische Aspekte. In G. Biewer/M. Luciak/M. Schwinge, *Begegnung und Differenz. Länder – Menschen – Kulturen. Dokumentation der 43. Arbeitstagung der DozentInnen der Sonderpädagogik deutschsprachiger Länder* (S. 516–528). Bad Heilbrunn: Klinkhardt.

Buijssen, H. (2014). *Demenz und Alzheimer verstehen* (8. Ausg.). Weinheim und Basel: Beltz.

Bundschuh, K. (2008). *Heilpädagogische Psychologie* (4. Ausg.). München: Ernst Reinhardt.

Buscher, M./Hennicke, K. (2017). *Psychische Störungen bei Kindern und Jugendlichen mit Intelligenzminderung*. Heidelberg: Carl Auer.

Bundesinstitut für Arzneimittel und Medizinprodukte www.dimdi.de/dynamic/de/klassifikationen/icf/ (Abruf: 02.04.2021)

BZgA. (2015). *Sexualaufklärung von Menschen mit Beeinträchtigungen*. Köln: BZgA.

Clausen, J./Herrath, F. (2012). *Sexualität leben ohne Behinderung. Das Menschenrecht auf sexuelle Selbstbestimmung*. Stuttgart: Kohlhammer.

Cloerkes, G. (2001). *Soziologie der Behinderten. Eine Einführung* (2. Ausg.). Heidelberg: Winter.

Davison, G./Neale, J. (1998). *Klinische Psychologie* (5. Ausg.). Weinheim und Basel: Beltz.

Davison, G./Neale, J./Hautzinger, M. (2007). *Klinische Psychologie* (8. Ausg.). Weinheim und Basel: Beltz PVU.

Diefenbacher, A. (2019). Aufbau eines Zentrums für Menschen mit intellektueller Entwicklungsstörung und psychischer Erkrankung in Berlin. In T. Sappok, *Psychische Gesundheit bei intellektueller Entwicklungsstörung* (S. 495–501). Stuttgart: Kohlhammer.

Doege, D./Aschenbrenner, R./Nassal, A./Holtz, K.-L./Retzlaff, R. (2011). Familienkohärenz und Resilienz bei Eltern von Kindern mit intellektuelle Behinderung. *Zeitschft für Geundheitspsychologie, 19*, S. 113–121.

Došen, A. (2010). *Psychische Störungen, Verhaltensprobleme und intellektuelle Behinderung. Ein integrativer Ansatz für Kinder und Erwachsene*. Bern: Hogrefe.

Došen, A. (2018). *Psychische Störungen und Verhaltensauffälligkeiten bei Menschen mit intellektueller Beeinträchtigung* (2. Ausg.). Bern: Hogrefe.

Ebeling, G./Konsorski, I. (2016). Milieu- und Umweltgestaltung für demenziell erkrankte Menschen mit geistiger Behinderung. In N. N. Behinderung, *Menschen mit Demenz und geistiger Behinderung begleiten. Eine Handreichung für Mitarbeitende der Behinderten- und Altenpflege* (2. Ausg., S. 38–44). Köln: Kuratorium Altershilfe Deutschland.

Ebner, S. (2018). *Kinderschutz in stationären Einrichtungen der Behindertenhilfe*. München: Deutsches Jugendinstitut.

Eggert, D. (2003). Die psychologische Diagnostik der geistigen Behinderung zwischen Klassifikation und Individualisierung. In D. Irblich/S. Burkhard, *Menschen mit geistiger Behin-*

derung. Psychologische Grundlagen, Konzepte und Tätigkeitsfelder (S. 476–501). Hogrefe: Bern.

Ekert, B./Ekert, C. (2019). *Psychologie für Pflegeberufe* (4. Ausg.). Stuttgart: Thieme.

Elvén, B. H. (2017). *Herausforderndes Verhalten vermeiden. Menschen mit Autismus und psychischen oder geistigen Einschränkungen positives Verhalten ermöglichen* (2. Ausg.). Tübingen: dgvt.

Elstner, S./Schade, C./Diefenbacher, A. (2012). *DBToP-gB-Manual für die Gruppenarbeit – an der Dialektisch Behavioralen Therapie orientiertes Programm zur Behandlung Emotionaler Instabilität bei Menschen mit geistiger Behinderung.* Bielefeld: Bethel-Verlag.

Enders, U. (2012). *Grenzen achten. Schutz vor sexeuellem Missbrauch in Institutionen. Ein Handbuch für die Praxis.* Köln: Kiepenheuer & Witsch.

Erikson, E. (1988). *Der vollständige Lebenszyklus.* Berlin: Suhrkamp.

Erretkamps, A./Kufner, K./Schmid, S./Bengel, J. (2017). *Therapie Tools. Depression bei Menschen mit geistiger Behinderung.* Weinheim und Basel: Beltz.

Fegert, J./Jeschke, K./Thomas, H./Lehmkuhl, U. (2006). *Sexuelle Selbstbestimmung uns sexuelle Gewalt. Ein Modellprojekt in Wohneinrichtungen für junge Menschen mit geistiger Behinderung.* Weinheim und München: Juventa.

Flatten, G/Gast, U./Hofmann, A./Knaevelsrud, C./Lampe, A./Liebermann, P./Wöller, W. (2011). S3-Leitlinie Postraumatische Belastungsstörung. ICD-10: F43.1. *Trauma und Gewalt* (3), S. 203–210.

Fliedner Stiftung (2016). *Demenz bei geistiger Behinderung. Handlungsempfehlungen zum Umgang mit demenziell erkrankten Menschen mit geistiger Behinderung.* https://www.fliedner.de/de/menschen_mit_behinderung/dorf_wohn_mensch_behinderungen/endversion_handlungsempfehlungen26072016.pdf (Abruf: 25.10.2021)

Fröhlich, A. (2015). *Basale Stimulation. Ein Konzept für die Arbeit mit schwer beeinträchtigten Menschen.* Düsseldorf: selbstbestimmtes Leben.

Fröhlich-Gildhoff, K./Rönnau-Böse, M. (2009). *Resilienz.* München: Reinhardt.

Gerl, W. (1998). Klientenzentrierte Gesprächspsychotherapie. In C. Kraiker/B. Peter, *Psychotherapieführer* (5. Ausg., S. 168–183). München: C. H. Beck.

Gerrig, R./Dörfler, T./Roos, J. (2018). *Psychologie* (21. Ausg.). Hallbergmoos: Pearson.

Goffman, E. (1967). *Stigma. Über Techniken der Bewältigung beschädigter Indentität.* Frankfurt am Main: Suhrkamp.

Grawe, K./Donati, R./Bernauer, F. (1994). *Psychotherapie im Wandel: von der Konfession zur Profession.* Göttingen: Hogrefe.

Green, S. (2007). „We're tired, not sad": Benefits and burdens of mothering a child with a disability. *Social Science & Medicine, Volume 64, Issue 1,* S. 150–163.

Greitemeyer, T. (2020). Sich selbst erfüllende Prophezeiungen. In L.-E. Petersen/B. Six, *Stereotype, Vorurteile und soziale Diskriminierung* (2. Ausg., S. 82–89). Weinheim und Basel: Beltz.

Guilford, J. (1982). Cognitive psychology's ambiguities: Some suggested remedies. *Psychological Review, 89,* S. 48–59.

Gümüşay, K. (2021). *Sprache und Sein* (21. Ausg.). München: Hanser Berlin.

Gysi, J. (2018). *Veränderungen im ICD-11 im Bereich Trauma und Dissoziation.* www.sollievo.net (Abruf: 10.12.2021)

Haller, D. (2005). *dtv-Atlas Ethnologie.* München: Deutscher Taschenbuchverlag.

Hartmann, B. (2016). Interdisziplinarität, Kooperation und Vernetzung. In Netzwerk NRW Demenz und geistige Behinderung, *Menschen mit Demenz und geistiger Behinderung begleiten. Eine Handreichung für Mitarbeitende in der Behinderten- und Altenhilfe* (2. Ausg., S. 52–53). Köln: Kuratorium Deutsche Altershilfe.

Hartwig, S. (2020). *Behinderung: kulturwissenschaftliches Handbuch.* Stuttgart: Metzler.

Häußler, A. (2016). *Der TEACCH Ansatz zur Förderung von Menschen mit Autismus: Einführung in Theorie und Praxis* (5. Ausg.). Dortmund: modernes lernen.

Hautzinger, M./Thies, E. (2009). *Klinische Psychologie: Anwendungsbereich psychische Störungen.* Weinheim und Basel: Beltz PVU.

Heijkoop, J. (2014). *Herausforderndes Verhalten von Menschen mit geistiger Behinderung* (6. Ausg.). Weinheim und Basel: Beltz Juventa.

Heinrichs, N./Lohaus, A. (2011). *Klinische Entwicklungspsychologie kompakt. Psychische Störungen im Kindes- und Jugendalter.* Weinheim und Basel: Beltz PVU.

Heinrichs, N./Lohaus, A. (2020). *Klinische Entwicklungspsychologie kompakt. Psychische Störungen im Kindes- und Jugendalter* (2. Ausg.). Weinheim und Basel: Beltz.

Hennicke, K. (2011). *Praxis der Psychotherapie bei erwachsenen Menschen mit geistiger Behinderung.* Marburg: Lebenshilfe.

Hennicke, K. (2015). *Seelische Verletzung (Trauma) bei Menschen mit geistiger Behinderung. Wahrnehmen, Betreuen, Behandeln.* (Bd. 33). Berlin: Eigenverlag der DGSGB.

Henning, A.-M./Bremer-Olszewski, T. (2017). *Make Love. Ein Aufklärungsbuch.* München: Goldmann.

Henning, A.-M./von Keiser, A. (2015). *Make More Love. Ein Aufklärungsbuch für Erwachsene* (5. Ausg.). Berlin: Rogner & Bernhard.

Hermann, J. (2003). *Die Narben der Gewalt* (2. Ausg.). München: Kindler.

Hermes, V. (2017). *Beratung und Therapie bei Erwachsenen mit geistiger Behinderung. Das Praxishandbuch mit systemisch-ressourcenorientiertem Hintergrund.* Bern: Hogrefe.

Heuer, J./Knappe, S. (2020). *Klinische Psychologie und Psychotherapie* (3. Ausg.). Berlin: Springer.

Irblich, D. (2003). Problematische Erlebens- und Verhaltensweisen geistig behinderter Menschen. In D. Irblich/B. Stahl, *Menschen mit geistiger Behinderung. Psychologische Grundlagen, Konzepte und Tätigkeitsfelder* (S. 312–388). Göttingen: Hogrefe.

Irblich, D./Blumenschein, A. (2011). Traumatisierung geistig behinderter Menschen und pädagogische Handlungsmöglichkeiten. *Trauma & Gewalt Heft 1/2011,* S. 84–93.

Jantzen, W. (1974/2018). *Sozialisation und Behinderung: Studien zu sozialwissenschaftlichen Grundfragen der Behindertenpädagogik.* Gießen: Psychosozial Verlag.

Kastl, J. M. (2017). *Einführung in die Soziologie der Behinderung* (2. Ausg.). Wiesbaden: Springer.

Keller, J./Dauenheimer, D. (2003). Sterotype threat in the classroom: Dejection mediates the disrupting threat effect on women's math performance. *Personality and Social Psychology Bulletin, 29,* S. 371–381.

Kienbaum, J./Schuhrke, B. (2010). *Entwicklungspsychologie in der Kindheit. Von der Geburt bis zum 12. Lebensjahr.* Stuttgart: Kohlhammer.

Kirsch, H. (2014). *Das Mentalisierungskonzept in der sozialen Arbeit.* Göttingen: Vandenhoeck & Ruprecht.

Kizilhan, J./Klett, C. (2021). *Psychologie für die Arbeit mit Migrant*innen.* Weinheim und Basel: Beltz Juventa.

Klauer, K. (2020). Soziale Kategorisierung und Stereotypisierung. In L.-E. Petersen/B. Six, *Stereotype, Vorurteile und soziale Diskriminierung* (2. Ausg., S. 23–32). Weinheim und Basel: Beltz.

Kolb, J. (2018). *Die nächste Ebene – SEO 6.* https://seo-gb.net/downloads/Handout%20Kolb.pdf (Abruf: 18.12.2021)

König, O./Schattenhofer, K. (2012). *Einführung in die Gruppendynamik* (6. Ausg.). Heidelberg: Carl Auer.

Kracke, B. (2014). Schulische Inklusion – Herausforderungen und Chancen. *Psychologische Rundschau, 65 (4),* S. 237–240.

Krahé, B. (2020). Interventionen zum Abbau von Vorurteilen gegenüber Menschen mit körperlichen Behinderungen. In L.-E. Petersen/B. Six, *Stereotype, Vorurteile und soziale Diskriminierung* (2. Ausg., S. 369–378). Weinheim und Basel: Beltz.

Kruse, B. (2017). Prävalenz und Ursachen von Demenz bei Erwachsenen mit Down-Syndrom. Konsequenzen für das praktische Vorgehen. In T. Sappok/B. Lindmeier, *Demenz bei geistiger Behinderung* (S. 14–19). Berlin: dgsgb.

Kruse, B./Sappok, T. (2019). Therapie von Demenzen. In T. Sappok, *Psychische Gesundheit bei intellektueller Entwicklungsstörung. Ein Lehrbuch für die Praxis* (S. 355–361). Stuttgart: Kohlhammer.

Kuhl, J. (2011). *Konstruktionsfähigkeit von Kindern und Jugendlichen mit geistiger Behinderung. Konstrukt, Diagnostik, Förderung.* Gießen: Inaugural-Dissertation.

Kuske, B./Müller, S. (2019). Demenzdiagnostik. In T. Sappok, *Psychische Gesundheit bei intellektueller Entwicklungsstörung. Ein Lehrbuch für die Praxis* (S. 324–330). Stuttgart: Kohlhammer.

Landespsychotherapeutenkammer Rheinland-Pfalz (2020). www.lpk-rlp.de/fileadmin/user_upload/Ergebnisse_der_Umfrage_Psychotherapie_und_geistige_Behinderung_FINAL.pdf (Abruf: 05.12.2021)

Lingg, A./Theunissen, G. (2013). *Psychische Störungen und geistige Behinderung. Ein Lehrbuch und Kompendium für die Praxis* (6. Ausg.). Freiburg: Lambertus.

Lohaus, A./Vierhaus, M. (2019). *Entwicklungspsychologie des Kindes- und Jugendalters für Bachelor* (4. Ausg.). Berlin: Springer.

Lösel, F./Bender, D. (1999). Von generellen Schutzfaktoren zu differenziellen protektiven Prozessen: Konzeptuelle Grundlagen und Ergebnisse der Resilienzforschung. In G. Opp/M. Fingerle/A. Freytag, *Was Kinder stärkt: Erziehung zwischen Risiko und Resilienz* (S. 37–58). München: Reinhardt.

Lübeck, D. (2020). *Psychologie in der Sozialen Arbeit.* Weinheim und Basel: Beltz Juventa.

Luhmann, N. (1984). *Soziale Systeme. Grundriss einer allgemeinen Theorie.* Frankfurt am Main: Suhrkamp.

Mähler, C. (2007). Arbeitsgedächtnisfunktionen bei lernbehinderten Kindern und Jugendlichen. *Zeitschrift für Entwicklungspsychologie und Pädagogische Psychologie, 39,* S. 97–106.

Makrigianni, E. (2013). *Traumatisierte Menschen mit geistiger Behinderung. Wie kann Traumapädagogik in der Praxis gestaltet werden?* Hochschule für angewandte Wissenschaften Hamburg: Bachelor-Thesis.

Meir, S. (2015). Besondere Bedingungen in der Diagnostik und der Therapie. In K. Hennicke, *Seelische Verletzung (Trauma) bei Menschen mit geistiger Behinderung. Wahrnehmen, Betreuen, Behandeln* (S. 13–18). Berlin: Eigenverlag der DGSGB.

Meir, S. (2019). Psychodiagnostik. In T. Sappok, *Psychische Gesundheit bei intellektueller Entwicklungsstörung* (S. 297–302). Stuttgart: Kohlhammer.

Meiser, T. (2020). Illusorische Korrelationen. In L.-E. Petersen/B. Six, *Stereotype, Vorurteile und soziale Diskriminierung* (2. Ausg., S. 54–62). Weinheim und Basel: Beltz.

Mohr, L./Zündel, M./Fröhlich, A. (2019). *Basale Stimulation. Handbuch.* Bern: Hogrefe.

Mühl, H. (2000). Geistige Behinderhungen. In J. Borchert, *Handbuch der sonderpädagogischen Psychologie* (S. 474–484). Göttingen: Hogrefe.

Müller, S./Kuske, B. (2017). Demenz bei geistiger Behinderung. Welches Erfahrungswissen ist bei Mitarbeiterinnen und Mitarbeitern von Einrichtungen der Behindertenhilfe vorhanden? Ergebnisse einer Befragung. In T. Sappok/B. Lindmeier, *Demenz bei geistiger Behinderung* (S. 48–59). Berlin: dgsgb.

Müller, S./Kuske, B. (2019). Demenz. In T. Sappok, *Psychische Gesundheit bei intellektueller Entwicklungsstörung. Ein Lehrbuch für die Praxis* (S. 88–94). Stuttgart: Kohlhammer.

Müller, S./Kuske, B. (2020). Demenztest für Menschen mit Intelligenzminderung. Früherkennung und Verlaufsdiagnostik. Göttingen: Hogrefe.

Netzwerk NRW Demenz und geistige Behinderung. (2016). *Menschen mit Demenz und geistiger Behinderung begleiten. Eine Handreichung für Mitarbeitende der Behinderten- und Altenhilfe* (2. Ausg.). Köln: Kuratorium Deutsche Altershilfe.

Neuhäuser, G./Steinhausen, H.-C./Häßler, F./Sarimski, K. (2013). *Geistige Behinderung. Grundlagen, Erscheinungsformen und klinische Probleme, Behandlung, Rehabilitation und rechtliche Aspekte* (4. Ausg.). Stuttgart: Kohlhammer.

Neuner, F./Catani, C./Schauer, M. (2021). *Narrative Expositionstherapie (NET).* Göttingen: Hogrefe.

Noterdaeme, M./Ullrich, K./Endres, A. (2017). *Autismus-Spektrum-Störungen (ASS): Ein integratives Lehrbuch für die Praxis* (2. Ausg.). Stuttgart: Kohlhammer.

Oerter, R./Montada, L. (1995). *Entwicklungspsychologie: ein Lehrbuch* (3. Ausg.). Weinheim und Basel: Beltz PVU.

Ortland, B. (2012). Es wurde einfach nicht darüber gesprochen. Sexualerziehung mit Menschen mit Behinderung als notwendiges schulisches Gesamtkonzept. In J. Clausen/F. Herrath, *Sexualität leben ohne Behinderung. Das Menschenrecht auf sexuelle Selbstbestimmung* (S. 187–203). Stuttgart: Kohlhammer.

Ortland, B. (2020). *Behinderung und Sexualität. Grundlagen einer behinderungsspezifischen Sexualpädagogik* (2. Ausg.). Stuttgart: Kohlhammer.

Patterson, J. (1991). Family resilience to the challenge of a child's disability. *Pediatric Annals, 20,* S. 491–499.

Paul, O. (2020). *RDI. Reaction to Diagnosis Interview – deutsche Fassung Verfahrensdokumentation aus PSYNDEX Tests-Nr. 9007985, Interviewleitfaden, Handbuch.* doi.org/10.23668/psycharchives.2754 (Abruf: 01.10.2021)

Petermann, F. (2020). Klinische Psychologie und Psychotherapie. In M. Wirtz, *Dorsch – Lexikon der Psychologie* (19. Ausg., S. 47–51). Bern: Hogrefe.

Petersen, L.-E. (2020). Die Theorie der sozialen Identität. In L.-E. Petersen/B. Six, *Stereotype, Vorurteile und soziale Diskriminierung. Theorien, Befunde und Interventionen* (2. Ausg., S. 250–257). Weinheim und Basel: Beltz.

Pfahl, L./Köbsell, S. (2014). Was sind eigentlich Disability Studies? Wechselspiel von Beeinträchtigung und Barrieren. *Forschung & amp; Lehre 7/2014,* S. 554–555.

Prasher, V./Sachdeva, N./Tarrant, N. (2015). Diagnosing dementia in adults with Down's syndrome. *Neurodegener Dis Manag 5 (3),* S. 249–256.

pro familia (2011). *Sexualität und geistige Behinderung* (4. Ausg.). Frankfurt am Main: pro familia.

Rauh, H. (1995). Geistige Behinderung. In R. Oerter/L. Montada, *Entwicklungspsychologie* (3. Ausg., S. 929–942). Weinheim und Basel: Beltz PVU.

Retzlaff, R. (2010). *Familien-Stärken. Behinderung, Resilienz und systemische Therapie.* Stuttgart: Klett-Cotta.

Rittmannsberger, D./Lueger-Schuster, B./Weber, G. (2019a). Traumafolgestörungen. In T. Sappok, *Psychische Gesundheit bei Menschen mit intellektueller Entwicklungsstörung. Ein Lehrbuch für die Praxis* (S. 169–177). Stuttgart: Kohlhammer.

Rittmannsberger, D./Lueger-Schuster, B./Weber, G. (2019b). Traumadiagnostik. In T. Sappok, *Psychische Gesundheit bei intellektueller Entwicklunsstörung. Ein Lehrbuch für die Praxis* (S. 33–337). Stuttgart: Kohlhammer.

Rogers, C. (1972). *Die klientenzentrierte Gesprächstherapie* (4. Ausg.). München: Kindler.

Rosenthal, R./Jacobson, L. (1968). *Pygmalion in the classroom: Teacher expectation and pupil's intellectual development.* New York: Holt, Rinehart and Winston.

Rost, D. (2013). *Handbuch Intelligenz.* Weinheim und Basel: Beltz.

Roth, G./Strüber, N. (2018). *Wie das Gehirn die Seele macht* (2. Ausg.). Stuttgart: Klett-Cotta.

Rothaug, M. (2012). Sexuelle Selbtbestimmung bei schwerer Behinderung. In J. Clausen/F. Herrath, *Sexualität leben ohne Behinderung. Das Menschenrecht auf sexuelle Selbstbestimmung* (S. 147–159). Stuttgart: Kohlhammer.

Sader, M. (2008). *Psychologie in der Gruppe* (9. Ausg.). Weinheim und Basel: Beltz.

Sappok, T. (2019). *Psychische Gesundheit bei intellektueller Entwicklungsstörung. Ein Lehrbuch für die Praxis.* Stuttgart: Kohlhammer.

Sappok, T./Zepperitz, S. (2016). *Das Alter der Gefühle. Über die Bedeutung der emotionalen Entwicklung bei geistiger Behinderung.* Bern: Hogrefe.

Sappok, T./Zepperitz, S. (2019). *Das Alter der Gefühle. Über die Bedeutung der emotionalen Entwicklung bei geistiger Behinderung* (2. Ausg.). Bern: Hogrefe.

Sappok, T./Zepperitz, S./Barrett, B./Došen, A. (2018). *Skala der Emotionalen Entwicklung – Diagnostik.* Bern: Hogrefe.

Sarimski, K. (2003). Kognitive Prozesse bei Menschen mit geistiger Behinderung. In D. Irblich/S. Burkhard, *Menschen mit geistiger Behinderung. Psychologische Grundlagen, Konzepte und Tätigkeitsfelder* (S. 148–204). Göttingen: Hogrefe.

Sarimski, K. (2009). Wer hat Angst vorm Erbsenzählen? Quantitative Forschung für Menschen mit geistiger Behinderung – eine Zeitschriftenanalyse von 2000–2007. In K. Terfloth/F. Janz, *Empirische Forschung im Kontext geistiger Behinderung* (S. 21–34). Heidelberg: Universitätsverlag Winter.

Sarimski, K. (2013). Psychologische Theorien der geistigen Behinderung. In N. Gerhard/H.-C. Steinhausen/F. Häßler/K. Sarimski, *Geistige Behinderung. Grundlagen, Erscheinungsformen und klinische Probleme, Behandlung, Rehabilitation und rechtliche Aspekte* (4. Ausg., S. 44–58). Stuttgart: Kohlhammer.

Sarimski, K. (2014). *Entwicklungspsychologie genetischer Syndrome* (4. Ausg.). Göttingen: Hogrefe.

Sarimski, K. (2016). Exekutive Funktionen bei Kinder mit Down-Syndrom im Vorschulalter. *Empirische Sonderpädagogik, Nr. 4,* S. 367–365.

Sarimski, K. (2021). *Familien von Kindern mit Behinderung. Ein familientorientierter Beratungsansatz.* Göttingen: Hogrefe.

Schanze, C. (2014). *Psychiatrische Diagnostik und Therapie bei Menschen mit Intelligenzminderung. Ein Arbeits- und Praxisbuch für Ärzte, Psychologen, Heilerziehungspfleger und -pädagogen* (2. Ausg.). Stuttgart: Schattauer.

Schauer, M./Neuner, F./Karunakara, U./Klaschig, C./Robert, C./Elbert, T. (2003). PTSD and the „building block" effect of psychological traumaamong West Nile Africans. *European Society for Traumatic Stress Studies Bulletin 10,* S. 5–6.

Scherwarth, C./Friedrich, S. (2012). *Soziale und pädagogische Arbeit bei Traumatisierung.* München: Ernst-Reinhardt Verlag.

Schmid Mast, M./Krings, F. (2020). Stereoype und Informationsverarbeitung. In L.-E. Petersen/B. Six, *Stereotype, Vorurteile und soziale Diskriminierung* (2. Ausg., S. 33–44). Weinheim und Basel: Beltz.

Schmidt, H./Meir, S. (2014). Strukturelle und methodologische Besonderheiten in der Diagnostik bei geistig Behinderten. In C. Schanze, *Psychiatrische Diagnostik und Therapie bei Menschen mit Intelligenzminderung. Ein Arbeits- und Praxisbuch für Ärzte, Psychologen, Heilerziehungspfleger und -pädagogen* (2. Ausg., S. 30–33). Stuttgart: Schattauer.

Schreiter, D. (2018). *Schattenspringer. Wie es ist, anders zu sein* (8. Ausg.). Stuttgart: Panini.

Schröttle, M./Hornberg, C. (2014). *Gewalterfahrungen von in Einrichtungen lebenden Frauen mit Behinderungen. Ausmaß, Risikofaktoren, Prävention.* Berlin: Bmfsfj.

Schuchardt, K. (2008). *Arbeitsgedächtnis und Lernstörungen. Differenzielle Analysen der Funktionstüchtigkeit des Arbeitsgedächtnisses bei Kindern mit Lernstörungen.* Göttingen: Dissertation.

Schuppener, S. (2008). Psychologische Aspekte. In S. Nußbeck/A. Biermann/H. Adam, *Sonderpädagogik der geistigen Entwicklung* (S. 89–114). Göttingen: Hogrefe.

Seifert, M. (2019). Stark werden. Eltern als Akteure im Geflecht unterschiedlicher Interessen. In H. Bartelt/J. Glasenapp, *Behinderte Familien – behinderte Professionelle?! Balancieren im Spannungsfeld Professionelle – Klienten – Familien* (S. 8–17). Berlin: dgsgb.

Senckel, B. (2003). Entwicklungspsychologische Aspekte bei Menschen mit geistiger Behinderung. In D. Irblich/B. Stahl, *Menschen mit geistiger Behinderung. Psychologische Grundlagen, Konzepte und Tätigkeitsfelder* (S. 71–147). Göttingen: Hogrefe.

Senckel, B. (2006). *Du bist ein weiter Baum. Entwicklungschancen für geistig behinderte Menschen durch Beziehung* (3. Ausg.). München: C. H. Beck.

Senckel, B./Luxen, U. (2017). *Der entwicklungsfreundliche Blick. Entwicklungsdiagnostik bei normal begabten Kindern und Menschen mit Intelligenzminderung.* Weinheim und Basel: Beltz.

Siegler, R./DeLoache, J./Eisenberg, N. (2011). *Entwicklungspsychologie im Kindes- und Jugendalter* (3. Ausg.). Heidelberg: Spektrum Akademischer Verlag.

Sielert, U. (2015). *Einführung in die Sexualpädagogik* (2. Ausg.). Weinheim und Basel: Beltz.

Spearman, C. (1904). The proof of measure of association between two things. *American Journal of Psychology, 15,* S. 72–101.

Stahl, B. (2003). Psychotherapie und psychologische Beratung. In D. Irblich/B. Stahl, *Menschen mit geistiger Behinderung* (S. 591–645). Bern: Hogrefe.

Stahl, B. (2006). Intelligenzdiagnostik bei Menschen mit geistiger Behinderung. Möglichkeiten und Grenzen. In T. Klauß, *Geistige Behinderung – Psychologische Perspektiven* (S. 73–92). Heidelberg: Universtitätsverlag Winter.

Stahl, E. (2017). *Dynamik in Gruppen. Handbuch der Gruppenleitung* (4. Ausg.). Weinheim und Basel: Beltz.

Stahl, S. (2012). *So und So. Beratung für Erwachsene mit sogenannter geistiger Behinderung.* Marburg: Lebenshilfe-Verlag.

Steele, C./Aronson, J. (1995). Stereotype threat and the intellectual test performance of African Americans. *Journal of Personality and Social Psychology, 69,* S. 797–811.

Stern, D. (1994). *Die Lebenserfahrung des Säuglings.* Stuttgart: Klett Cotta.

Strobach, T. (2020). *Kognitive Psychologie.* Stuttgart: Kohlhammer.

Strotzka, H. (1978). Was ist Psychotherapie. In H. Strotzka, *Psychotherapie: Grundlagen, Verfahren, Indikationen* (2. Ausg., S. 3–6). München: Urban & Schwarzenberg.

Stürmer, S./Knauff, M. (2020). Die Kontakthypothese. In L.-E. Petersen/B. Six, *Stereotype, Vorurteile und soziale Diskriminierung* (2. Ausg., S. 327–338). Weinheim und Basel: Beltz.

Stürmer, S./Siem, B. (2020). *Sozialpsychologie der Gruppe* (2. Ausg.). München: Ernst Reinhardt.

Surhweier, H. (1995). *Zur Psychologie geistiger Behinderung.* Potsdam: Potsdamer Studientexte.

Theunissen, G. (2020). *Positive Verhaltensunterstützung. Eine Arbeitshilfe für den pädagogischen Umgang mit herausforderndem Verhalten bei Kindern, Jugendlichen und Erwachsenen mit Lernschwierigkeiten, sogenannter geistiger oder mehrfacher Behinderung* (6. Ausg.). Marburg: Lebenshilfe.

Theunissen, G./Kulig, W./chirbort, K. (2007). *Handlexikon Geistige Behinderung*. Stuttgart: Kohlhammer.

Tröster, H./Pulz, I. (2020). Stigma und Stigmabewältigung. In L.-E. Petersen,/B. Six, *Stereotype, Vorurteile und soziale Diskriminierung* (2. Ausg., S. 173–184). Beltz: Weinheim.

Tsirigotis, C. (2020). Wie die Behinderung eine Familie durcheinanderwirbelt – ein systemischer Blick. *Zeitfschrift für systemische Beratung und Therapie, 2/2020*, S. 58–65.

Tuckman, B. (1965). Developmental Sequence in Small Groups. *Psychological Bulletin, 63*, S. 384–394.

Vogel, M./Feuerherd, C. (2019). Die Erhebung des psychopathologischen Befundes. In T. Sappok, *Psychische Gesundheit bei intellektueller Entwicklungsstörung. Ein Lehrbuch für die Praxis* (S. 281–289). Stuttgart: Kohlhammer.

von Wyl, A. (2014). Mentalisierung und Theory of Mind. *Praxis der Kinderpsychologie und Kinderpsychiatrie, Heft 9* (Jahrgang 63), S. 730–737.

Wehmeyer, M. (2020). *Menschen mit Intelligenzminderung und psychischer Störung: Qualitative Studie zur Überwindung von Spannungsfeldern zwischen Familie, Heim und Psychiatrie*. archiv.ub.uni-heidelberg.de/volltextserver/28297/ (Abruf: 16.08.2021)

Weinwurm-Krause, E.-M. (1990). *Soziale Integration und sexuelle Entwicklung Körperbehinderter*. Heidelberg: Schindele.

Weiß, W./Kessler, T./Gahleitner, S. (2016). *Handbuch Traumapädagogik*. Weinheim und Basel: Beltz.

WHO. (2000). *Internationale Klassifikation psychischer Störungen. ICD-10 V (F). Klinisch diagnostische Leitlinien*. Bern: Huber.

WHO. (2014). *Internationale Klassifikation psychischer Störungen. ICD-10 V (F). Diagnostische Kriterien für Forschung und Praxis* (9. Ausg.). Bern: Huber.

Woll, A. (2017). *Kontaktbedingungen zwischen Menschen mit und ohne Behinderung als Prädiktoren von Einstellung zur Inklusion*. Heidelberg: Dissertation an der pädagogischen Hochschule Heidelberg.

Wygotski, L. (1987). *Ausgewählte Schriften. Band 2. Arbeiten zur psychologischen Entwicklung der Persönlichkeit*. Berlin: Volk und Wissen.

Zemp, A. (2002). Sexualisierte Gewalt gegen Menschen mit Behinderung in Institutionen. *Praxis der Kinderpsychologie und Kinderpsychiatrie 51*, S. 610–625.

Zick, A. (2017). Sozialpsychologische Disrkiminierungsforschung. In A. Scherr/A. El-Mafaalani/G. Yüksel, *Handbuch Diskriminierung* (S. 59–80). Wiesbaden: Springer VS.

Zimbardo, P. (1995). *Psychologie* (6. Ausg.). Berlin: Springer.

Zimbardo, P./Johnson, R./McCan, V. (2016). *Schlüsselkonzepte der Psychologie* (6. Ausg.). Halbergmoos: Pearson.

Zinsmeister, J. (2017). Diskriminierung von körperlichen und geistig Beeinträchtigten. In A. Scherr/A. El-Mafaalani/G. Yüksel, *Handbuch Diskriminierung* (S. 593–612). Wiesbaden: Springer VS.